Inhalt

RUDOLF STEINER

Wiederverkörperung

Zur Idee von Reinkarnation und Karma

Vorträge, ausgewählt und herausgegeben von
Clara Kreutzer

VERLAG FREIES GEISTESLEBEN

Die Deutsche Bibliothek – CIP-Einheitsaufnahme

Steiner, Rudolf:
Themen aus dem Gesamtwerk / Rudolf Steiner. –
Stuttgart: Verlag Freies Geistesleben

NE: Steiner, Rudolf: [Sammlung]

Bd. 9. Wiederverkörperung: zur Idee von Reinkarnation
und Karma; Vorträge / ausgew. u. hrsg. von
Clara Kreutzer. – 3. Aufl. – 1993
  ISBN 3-7725-0079-x

NE: Kreutzer, Clara [Hrsg.]

Einbandgestaltung: Martin Diethelm
3. Auflage 1993

© 1982 Verlag Freies Geistesleben GmbH, Stuttgart
Gesamtherstellung: Clausen & Bosse, Leck

Vorbemerkung

Mit dem Vordringen der naturwissenschaftlichen Ideen – vor allem der Entwicklungslehre – in das allgemeine Bewußtsein seit Haeckel und Darwin traten im persönlichen Leben des Menschen die Fragen nach der seelisch-geistigen Wesenheit zurück gegenüber dem durch überzeugende Forschungsergebnisse geweckten Interesse am Werden und Sein seiner physischen Existenz. Dieses Interesse berührte zunächst die Innen-Welt des Menschen, z. B. seine Bindung an religiöse Tradition, nur wenig. Das an der sinnlichen Beobachtung Gedachte und das alte, sein individuelles Leben bestimmende Geistesgut wurden nicht als unvereinbar empfunden. Erst, als in unserer Gegenwart die einseitig-materialistische Betrachtung von Welt und Mensch zu der von Theologen vertretenen Überzeugung vom «Ganz-Tod» führte, enthüllte diese letzte und folgerichtige Konsequenz des Materialismus den Zwiespalt, der latent immer in dem Leben mit der Dualität vorhanden war. Das Bestreben, menschliches Leben auf das Dasein zwischen Geburt und Tod einzuschränken, wird zum Widerstand, der die übersinnliche Wesenheit des Menschen zur Selbst-Erkenntnis aufruft. Am Widerstand ihrer Verneinung fordert die Individualität – als Repräsentant unseres «Selbstbewußtseins-Zeitalters» (Rudolf Steiner) – ihr *Recht auf Entwicklung*.

In dem Ringen um die wahre Wesenheit des Menschen begegnet uns deshalb heute erneut der Gedanke der *Reinkarnation* in vielfältiger Gestalt: als ernste Erkenntnisfrage des mit dem Entwicklungsgedanken vertrauten modernen Bewußtseins oder als Ahnung auf dem Hintergrund persönlicher Seelenerlebnisse, aber auch rückwärts gewandt auf vorchristliche, vor allem indische Lehren der «Seelenwanderung» bis zu dem sensationellen Umgang mit z. T. selbst konstruierten Beispielen einer sogenannten Wiederverkörperung in novellistischer und dramatischer Darstellung.

Rudolf Steiner hat Reinkarnation und Karma (Wiederverkörperung und Schicksalsausgleich) als Grundmotiv aller Entwicklung auf dem Hintergrund des Menschen in seiner Ganzheit als geistig-seelisches und lebendig-physisches Wesen dargestellt. In seinem Buch- und Vortragswerk finden sich dazu in dem Zusammenhang der verschiedensten Themen bedeutsame Aussagen. Solche «Ausschnitte» konnten in dieses Taschenbuch nicht aufgenommen werden. Es handelt sich bei den hierfür ausgewählten Vorträgen um solche, die Rudolf Steiner speziell zu unserem Thema gehalten hat, und zwar in seiner frühen, mittleren und letzten Schaffensperiode. Die Reihenfolge ist jedoch nicht chronologisch angeordnet. Es wurde versucht, sie einigermaßen sinnvoll nach den Inhalten zu gliedern. Die hier wiedergegebenen – vom Autor nicht durchgesehenen, meist nur in stenographischen Nachschriften festgehaltenen – Vorträge liegen heute gedruckt vor in der «Rudolf-Steiner-Gesamtausgabe» (GA). Die Nummern der Bände sind im Inhaltsverzeichnis vermerkt. Den ersten und dritten Vortrag (GA 56 und 53) hielt Rudolf Steiner *öffentlich* in Berlin im sogenannten Architektenhaus, veranstaltet von der damaligen Theosophischen Gesellschaft in Deutschland, deren Generalsekretär er seit 1902 war. Durch diesen Zusammenhang erklärt sich auch der Ausdruck «Theosophie» in diesen Vorträgen, der dasselbe beinhaltet, was Steiner später mit dem aus der Quelle des mitteleuropäischen Geisteslebens stammenden Wort «Anthroposophie» bezeichnete. Mit Ausnahme dieser beiden öffentlichen Vorträge enthält dieser Band nur Vorträge vor *Mitgliedern der Anthroposophischen Gesellschaft*. Hier ist zu beachten, daß Rudolf Steiner nicht nur an den verschiedensten Orten, sondern unter jeweils anderen Voraussetzungen gesprochen hat. Das waren – vor allem in der Anfangszeit der Gesellschaft – oft nur kleine, aus ihren persönlichen Möglichkeiten zusammenarbeitende Gruppen. Das bedingt die intimere Sprache und macht es verständlich, daß der Redner gelegentlich an Motive eines früher in der gleichen Gruppe gehaltenen Vortrages anknüpft, sie z. T. ausführlich behandelt, obwohl sie nicht unmittelbar in Beziehung zu dem Vortragsthema zu stehen scheinen. – Alle Vorträge sind im ersten Viertel dieses Jahrhunderts gehalten. Der Leser wird die aus der damaligen Zeitsituation gegebenen Beispiele leicht auf die heutige Zeit übertragen und die Hinweise auf damalige Forschungsergebnisse in unsere Zeit hinein fortführen können. Die Gesetze von Reinkarnation und Karma bleiben in ihrer Gültigkeit von diesem Wandel unberührt. – Der erste Vortrag (GA 56) wurde in das Taschenbuch aufgenommen, um dem mit Anthroposophie nicht vertrauten Leser einen Hinweis zu geben auf die Methode geisteswissenschaftlicher Forschung und ihn bekannt zu machen mit der Terminologie, die sich für die anthroposophische Anschauung des Menschen herangebildet hat.

Auf Grundmotive der Vorträge wird im Nachwort kurz eingegangen werden. Die sachlichen und bibliographischen Anmerkungen zu den Vorträgen stammen vom Herausgeber bzw. sind aus der Steiner-Gesamtausgabe übernommen.

Clara Kreutzer

Die Erkenntnis der Seele und des Geistes

Der ganze Zyklus dieser Vorträge ist gewidmet der Erkenntnis des Geistes, und wenn heute im besonderen gesprochen werden soll über die Erkenntnis des Geistes und der Seele, so geschieht das deshalb, weil wir uns dadurch in einer gewissen Weise verständigen können über den Begriff des Geistes selbst, indem wir ihn in Beziehung bringen, in ein Verhältnis setzen zu dem Begriff der Seele. Denn für solche, welche sich mit der Geisteswissenschaft beschäftigen, wirkt es in unserer Gegenwart besonders störend, daß bei der Betrachtung des Menschen die beiden Begriffe Geist und Seele fortwährend durcheinandergeworfen werden.

Sie alle wissen wohl, daß wir eine sogenannte Psychologie oder Seelenwissenschaft haben, die heute in verhältnismäßig großem Umfang schulmäßig betrieben wird. In den Vorlesungsverzeichnissen der Hochschulen finden Sie auch Vorlesungen über Psychologie, was wörtlich die Lehre, die Kunde von der Seele wäre. Dabei ist zu bemerken, daß bei allen, die in solcher Art von Psychologie oder Seelenwissenschaft reden, kein deutliches Bewußtsein davon vorhanden ist, daß man beim Menschen sprechen muß von Seele und Geist. Es wird alles, was mit des Menschen Innenleben, also, wenn wir die Ausdrücke gebrauchen dürfen, mit des Menschen Denken, Fühlen und Wollen in Zusammenhang gebracht wird, betrachtet unter dem Begriff der Seele. Seele gilt geradezu als der Gegensatz zum Leiblichen und Körperlichen beim Menschen, und man sagt – wenn man sich überhaupt zu so etwas herbeiläßt, wenn man nicht einer vollkommen materialistischen Denkweise verfallen ist –, der Mensch bestehe aus Leib und Seele.

Wir wollen zunächst nur diejenigen Meinungen berücksichtigen, welche sich auf den Standpunkt stellen, daß die Seele ein wirkliches Wesen ist. Wenn gesagt wird, daß der Mensch aus

Leib und Seele besteht, so ist man sich meist gar nicht der Tatsache bewußt, daß man damit einer verhältnismäßig spät, im Verlaufe der christlichen Entwickelung herausgebildeten Dogmatik zum Opfer fällt. Sogar das ältere Christentum, das noch von den Weisheitslehren ausgegangen ist, unterschied, wie alle Weisheitslehren der verschiedenen Zeiten und Völker, in der menschlichen Wesenheit Leib oder Körper, Seele und Geist. Erst spätere Konzilbeschlüsse haben sozusagen den Geist abgeschafft, und erst seit dem Konzil von Konstantinopel [1] spricht man nur von Leib und Seele. Die moderne Gelehrsamkeit, die sich überhaupt mit so etwas befaßt, die also nicht materialistisch denkt, glaubt, auf dem Boden völlig freier Forschung zu stehen und ahnt gar nicht, daß sie nur diesen späteren christlichen Begriff der Seele, der vom Geist absieht, als Vorurteil, als vorgefaßte Meinung in sich aufgenommen hat. So ist es überhaupt mit vielen Begriffen, welche in unserer Gelehrsamkeit figurieren und so hingenommen werden, als wenn sie wirklich ein Ergebnis der Forschung wären, während sie nur ein jahrhundertealtes Vorurteil bedeuten.

Nun werden wir uns die landläufige Psychologie selber ansehen in den verschiedensten Richtungen. Es soll hier aber nicht kritisiert, sondern nur charakterisiert werden. Die Psychologie hat, das dürfen wir wohl sagen, am meisten und gründlichsten unter der materialistischen Gesinnung und Denkungsweise gelitten. Nach und nach ist nämlich nicht nur der äußeren Wissenschaft von den Sinneserscheinungen der Begriff des Geistes verlorengegangen, sondern der Psychologie ist sogar der Begriff der Seele, das heißt ihr eigener Gegenstand, verlorengegangen. Es ist eine interessante Entwicklung, die das Geistesleben da durchgemacht hat. Ein kühner Forscher und Denker, der auf manchem Gebiete ganz Außerordentliches geleistet hat, hat den Mut gehabt, auch auszusprechen, was bei anderen sozusagen bloß eine Grundgesinnung und Grundempfindung innerhalb der modernen Psychologie ist. Dieser kühne Denker war Friedrich Albert Lange. [2] Seine «Geschichte des Materialismus» ist ein ausgezeichnetes Buch, weil gerade derjenige, der es gründlich studiert, wenn er überhaupt denkt, zu der Überzeugung kommen muß – ich habe das im letzten Vortrage ausgeführt [3] –, daß der Materialismus als Weltanschauung zu vergleichen ist einem Mann, der sich durch eigene Kraft am eigenen Haarschopf in die Höhe zieht. Dieser Friedrich Albert Lange hat in bezug auf die Seelenkunde etwas ausgesprochen, das sich in drei Worte zusammenfassen läßt: «Psychologie ohne Seele». Das ist von Friedrich Albert Lange. Diese Konsequenz haben andere Forscher sich nicht auszusprechen getraut; aber sie handeln und forschen in der Psychologie so, als ob ein Begriff der Seele sie nichts anginge. Auch heute werden Sie allerlei Begriffe über die Seele in den berühmtesten Werken der Schulpsychologie finden. Wenn Sie aber wirklich etwas erfahren und erkennen wollen über die Seele, werden Sie sich vergeblich dort Rat holen, denn diese Psychologie hat – das soll keine Kritik, sondern nur eine Charakteristik sein – den Begriff Seele vollständig verloren, wenn dies auch nicht immer ausgesprochen wird. Ob Sie bei Wundt[4] oder anderen sich Rat holen über diejenigen Fragen, die den Menschen interessieren in bezug auf das Leben der Seele, erhalten Sie nirgends Auskunft. Sie finden allerlei Fragen beantwortet über die Art und Weise, wie die Menschen Gegenstände in ihrer Umgebung wahrnehmen. Sie finden auch allerlei Spekulationen darüber, wie sich die Wahrnehmung zum Bewußtsein verhält. So fragt man zum Beispiel: Wie lange dauert es, bis der Mensch, nachdem er einen Reiz empfangen hat, diesen zum Bewußtsein erhebt? Sie finden da Fragen behandelt über die Aufmerksamkeit, Fragen darüber, wie der Mensch urteilt, wie er die Dinge miteinander vergleicht, wie er sich erinnert und so weiter. Aber wer könnte ableugnen, daß die unbefangen empfindende Seele – jetzt im gewöhnlichen Sinne gemeint –, wenn sie nach ihrer eigenen Wesenheit fragt, vor allen Dingen eines im Auge hat: Was ist das Wesen dieser meiner Seele? Teilt sie das Schicksal des Körperlichen, zu zerfallen und aufzuhören, wenn der Tod eintritt? Nimmt sie nur teil an dem Leben der sinnlichen Umgebung, oder nimmt sie teil an einem weit höheren, einem übersinnlichen Leben, das nicht in der physischen Welt sich erschöpft? Diese Fragen, die für die Menschen Lebensfragen sind, werden Sie vergeblich in den heutigen Psychologien auch nur als Fragen suchen. Alles im Menschenleben weist auf sie hin; aber wenn das wirkliche Wesen der

Seele in Betracht kommt, so sagt man, das gehe über die Grenzen der menschlichen Erkenntnis hinaus.

Wenn Sie ein wenig Geduld haben und sich eine solche Psychologie ansehen, werden Sie gewahr, daß ganz genau dieselben Methoden und Forschungsweisen, die heute gegenüber der physischen Natur, dem Leben um uns herum geltend gemacht werden und die man gewohnt geworden ist, die naturwissenschaftlichen Methoden zu nennen, auch auf die Seelenforschung angewendet werden. Ja, wenn man diese Methoden anwendet, so kann eben nichts anderes herauskommen, als was uns in dieser psychologischen Literatur entgegentritt. Mehr als auf irgendeinem anderen Gebiete handelt es sich in der Seelenforschung darum, wer diese Forschungen anstellt. Da, wo man materialistisch denkt, ist man immer mehr zu der Überzeugung gekommen, daß die Forschungsergebnisse nur von der Art sein können, daß sie jedem von außen entgegentreten. Wer versteht heute noch ganz und gründlich den Sinn der schönen Goetheschen Worte[5]:

> Wär' nicht das Auge sonnenhaft,
> Wie könnten wir das Licht erblicken?
> Läg' nicht in uns des Gottes eigene Kraft,
> Wie könnt' uns Göttliches entzücken?

Nichts tritt uns in der Außenwelt entgegen, wenn wir nicht mit dem betreffenden Ding oder Wesen oder mit der betreffenden Kraft in der Außenwelt verwandt sind, wenn wir nicht etwas damit Verwandtes in uns selbst tragen. So kann auch nur derjenige die Seele erforschen, der außerhalb seines Selbst etwas aufsucht, was er in sich selber erlebt, erfahren hat. Nicht ein jeder – das muß insbesondere in bezug auf die Seelenforschung betont werden – kann Psychologe sein; denn der Mensch merkt nur so viel von den Geheimnissen der anderen Seelen, als in ihm selbst Wirklichkeit geworden ist.

Die Geisteswissenschaft, sagten wir gleich am Anfang, beschäftigt sich mit dem Geist als solchem. Und alle diese Vorträge sind der Betrachtung des Geistes gewidmet. Wie die Titel im einzelnen auch heißen mögen, der Geist soll überall gesucht werden. Wie schon aus dem Vortrag hervorgeht, der vor vierzehn

Tagen[6] hier gehalten worden ist, wird die Geisteswissenschaft zu zeigen haben, daß hinter allem, was uns entgegentritt, Geist lebt und Geist wirkt.

Was ist der Geisteswissenschaft die Materie? Nur eine andere Form des Geistes! Spricht die Geisteswissenschaft von Materie, Stoff und Körper, so spricht sie davon so, wie sie von Eis in Beziehung auf Wasser spricht. Eis ist Wasser in anderer Form. Nun könnte aber jemand kommen und sagen: Dann leugnet ja die Geisteswissenschaft die Materie und die Körperlichkeit, wenn sie behauptet, alles sei Geist – und dann gibt es für die Geisteswissenschaft keine Materie. Auf diesem sonderbaren Standpunkt steht die Geisteswissenschaft keineswegs. Bleiben wir bei unserem Vergleich von Eis und Wasser. Dasjenige, was in Betracht kommt für das Leben, das sind nicht leere Worte, nicht leere Definitionen, sondern Wirkungen, denen Sie im Leben begegnen. Wenn man auch sagt, Eis sei Wasser in anderer Form – und man hat damit vollständig recht –, so sind doch die Wirkungen des Wassers andere als die von Eis, wie jeder bemerken kann, wenn er sich ein Stück Eis auf die Hand legt, statt Wasser darauf zu schütten. Wer leugnen wollte, daß Eis Wasser ist in anderer Form, der würde sich gründlich blamieren. So fällt es auch der Geisteswissenschaft nicht ein, die Materie zu leugnen. Sie ist da, nur ist sie Geist in anderer Form. Und in welcher Form? In der Form, daß sie von außen durch die Sinne beobachtet, angeschaut werden kann. Das ist das Wesentliche an der Materie. Da knüpft sich der heutige Vortrag an den vor acht Tagen[3] an, wo wir haben zeigen können, wie jede materialistische Anschauung vor dem Fortschritt der Naturwissenschaft in Nichts zerfällt, wie sich der phantastische Begriff der Materie durch die neuen Forschungen in Dunst und Nebel auflöst. Das, was vor dreißig Jahren noch ein sicherer Begriff war, wie Äther, Materie, das zerstiebt heute vor den weiteren Forschungen. Und was bleibt uns übrig von dem, was in der Außenwelt an uns herantritt? Das, was wir sehen und hören, Ton, Farbe, Wärme und so weiter: das, was wir wahrnehmen. So gut wir nur können, sollen wir uns aufschwingen zu der Anschauung, daß hinter der Wärme, hinter dem Ton, hinter dem Licht nichts ist von diesem schrecklich brutalen Wirbeln von Atomen, das während der langen Zeit des Materialismus das einzig Wirkliche war. Wirklich ist in diesem Sinne das, was wir sehen, was wir hören, was wir als Wärme empfinden. Und wenn wir hinter die Farbe, hinter den Ton, hinter die Wärme, wie wir sie empfinden, schauen, was finden wir dahinter? Wir finden dahinter, wenn wir den Ton nehmen, solange er in der sinnlichen Welt bleibt, bewegte Luft. Aber wir dürfen nicht *hinter* die sinnliche Welt gehen mit unseren Spekulationen. Wir müssen *in* der Sinneswelt stehenbleiben. Ein gewaltiges Wort hat wiederum einer ausgesprochen, der von den Gelehrten nicht für voll genommen wird, der nicht nur Dichter, sondern auch Denker war, das große Wort: «Man suche nur nichts hinter den Phänomenen; sie selbst sind die Lehre.»[7]

Wenn wir hinter den Ton, hinter das Licht gehen, so finden wir nicht materielle Atome, welche in unsere Netzhaut eintauchen, sie imprägnieren und durch dieses Imprägnieren die Vorstellung der Farbe und des Lichtes hervorbringen. Wenn wir wirklich dahinterschauen, was finden wir da? – Geist! Farbe verhält sich zum Geist wie Eis zu Wasser. Ton verhält sich zum Geist wie Eis zu Wasser. Statt jener phantastischen Welt von durcheinanderwirbelnden Atomen findet der wahre Denker und Geistesforscher hinter dem, was er sieht und hört, Geist, geistige Wirklichkeit, so daß die Frage nach dem Wesen der Materie allen Sinn verliert. Denn wie beantwortet sich die Frage nach dem Wesen der Materie für den Geistesforscher? Was ist dasjenige, dem Wesen nach, was uns draußen in der Welt umgibt und uns als Materie erscheint? Geist ist es! Und den Geist kennen wir! Wir müssen sein Wesen in uns selbst aufsuchen. Was wir selbst sind in unserem innersten Wesen, das sind alle Dinge draußen in der Welt, nur in anderer Form. Sie sind es in solcher Form, daß man sie von außen ansehen kann, wenn der Geist sich eine Oberfläche gibt. Lassen Sie mich ein Wort aussprechen, das jeder Naturforscher als Tollheit ansehen wird: Wenn der Geist nach außen geht, dann erscheint er als Farbe, als Ton. Nichts anderes ist Farbe und Ton als lauter Geist, ganz dasselbe, was wir in uns selber finden, wenn wir uns richtig verstehen. So ist uns in der Geisteswissenschaft ein jedes Mineral Geist. Das niederste Glied der menschlichen Wesenheit, das, was wir den physischen Leib oder den physischen Körper nennen, ist für uns in seiner wahren Wesenheit nichts anderes als Geist in der Form, in der er eben auch vorhanden ist in der scheinbar leblosen Natur.

Wodurch unterscheidet sich nun das, was wir Menschengeist nennen, von dem Geist, der uns draußen als Mineral und Pflanze, als Berg, als Donner und Blitz, als Bäume und Gewässer und so weiter entgegentritt, wodurch unterscheidet sich von alledem der Geist, den wir im engeren Sinn als Geist ansprechen? Dadurch, daß dieser Geist im engeren Sinne sich als Geist in seiner ureigenen Gestalt zeigt, in der Gestalt, die ihm selbst als Geist zukommt. Was man gewöhnlich Natur nennt, ist zwar Geist, aber Geist, der seine Außenseite den Sinnen zuwendet, und was man im engeren Sinn Geist nennt, ist, dem Wesen nach, genau dasselbe. Die Natur ist der Form nach das, was sich, seiner ureigenen Gestalt nach, dem Innersten unseres Wesens zuwendet. Suchen wir den Geist draußen in der Natur, so finden wir ihn leblos in den Mineralien, belebt in den Pflanzen und empfindend in den Tieren. Der Mensch vereinigt in sich selbst diese dreifache Gestalt des Geistes in den drei Gliedern seiner Wesenheit, wie wir sie vom Standpunkte der Geisteswissenschaft kennen. Dadurch allein kommt man zu einer wirklichen Erkenntnis des Menschen, daß man diese komplizierte Natur des Menschen betrachtet und sich nicht begnügt mit der abstrakten Unterscheidung zwischen Leib und Seele, sondern sich fragt: Wie ist der Mensch erbaut?

Wir unterscheiden in der Geisteswissenschaft zunächst den *physischen Leib* des Menschen, dasjenige, was er an Stoffen und Kräften gemein hat mit der ganzen sogenannten leblosen Natur. In dem physischen Leib des Menschen sind dieselben Stoffe und dieselben Kräfte, die wir draußen in der mineralischen Welt finden. Aber darüber hinaus hat der Mensch ein anderes Glied, das wir seinen *Äther-* oder *Lebensleib* nennen. Wenn wir von Äther sprechen, so hat das nichts zu tun mit dem phantastischen Äther, der in der Wissenschaft so lange eine Rolle gespielt hat und in der nächsten Zeit ganz abgesetzt werden dürfte. In bezug auf den Ätherleib werden wir uns noch nicht einlassen können auf die

Methoden des höheren Schauens. Wir verstehen den Ätherleib aber dann am besten, wenn wir die Sache so fassen: Nehmen wir eine Pflanze, ein Tier, den Menschen selber: dieselben Stoffe, dieselben Kräfte hat der physische Leib, aber in einer unendlich komplizierten Mischung und Mannigfaltigkeit, so daß diese Stoffe durch sich selbst nicht den physischen Leib bilden können. Kein Pflanzenleib kann durch die physischen Kräfte das sein, was er ist, kein Tierleib, kein Menschenleib. Da ist die Komplikation, die Mannigfaltigkeit der Mischung und Mengung, die den Leib zerfallen machen würde, wenn er seinen eigenen physischen und chemischen Kräften überlassen würde. In jedem Augenblick des Lebens wirkt gegen den Zerfall der physischen Leiber ihr sogenannter Äther- oder Lebensleib. Ein immerwährender Kampf findet statt in ihnen. Und in dem Augenblick des Todes, wo sich der Äther- oder Lebensleib trennt von dem physischen Leib, da folgen die Stoffe und Kräfte des physischen Leibes ihren eigenen Gesetzen. Daher sagen wir in der Geisteswissenschaft: der physische Leib ist physisch und chemisch eine unmögliche Mischung, er kann sich nicht in sich selbst erhalten. Was in jedem Augenblick gegen den Zerfall des physischen Leibes kämpft, das ist der Ätherleib. – Das dritte Glied in der menschlichen Wesenheit ist das, was wir oft genannt haben den Träger von Lust und Schmerz, von Freude und Leid, von Instinkten und Leidenschaften. Wenn das Leben anfängt, innerlich zu werden, dann fangen wir in der Geisteswissenschaft an, von einem sogenannten *Astralleib* zu sprechen. Das ist das dritte Glied der menschlichen und das dritte Glied der tierischen Wesenheit.

Heute hat man einen so unklaren Begriff von dem, was die einzelne Wesenheit ausmacht, daß gewisse Forscher gar nicht mehr unterscheiden können zwischen einem Tier und einer Pflanze. Natürlich gibt es da Übergänge; aber die interessieren uns hier nicht. Sie können in populären Werken, die sonst sehr verdienstlich sind, lesen, daß die Pflanze dieselben Äußerungen von sich gibt wie ein Tier oder ein Mensch, und man redet daher von einer «Pflanzenseele» im gewöhnlichen Sinne. Man verwechselt die tierische Seele und die menschliche Seele mit dem, was in der Pflanze einfache Lebensäußerungen sind. Wann sprechen wir von einer tierischen oder menschlichen *Seele* oder von einem *Astralleib*? Dann, wenn zu der äußeren Erscheinung *inneres Leben, inneres Erleben* hinzukommt. Auf das Innere kommt es an. Wenn Sie eine Pflanze sehen, sie berühren, und diese Pflanze zieht ihre Blätter zusammen, so ist ein Reiz auf die Pflanze ausgeübt, und diese zeigt Ihnen eine gewisse Antwort auf diesen Reiz. Diese Antwort eine Seelenäußerung zu nennen, ist der unglaublichste Dilettantismus. Nicht dann schon darf man von Seele oder Astralleib sprechen, wenn irgendeine Gegenwirkung stattfindet; sonst müssen Sie auch dem Lackmuspapier, wenn es sich in der Säure rötet, Seele zuschreiben. Nicht auf irgendeine äußere Reaktion kommt es an, sondern ob im Innern eines solchen Wesens etwas geschieht. Wenn Sie ein Wesen anstoßen und es zeigt Ihnen eine Formveränderung oder sonst irgendeine äußere Reaktion, so mögen Sie das Lebenserscheinung nennen; aber da von Empfindung oder Seele zu reden, heißt alle Begriffe auf den Kopf stellen. Von Seele oder Astralleib kann man erst sprechen, wenn zu dem, was äußerlich vorgeht, im Innern ein neues Ereignis, eine neue Tatsache hinzukommt, wenn auf einen Stoß oder Druck Schmerz oder ein anderer Reiz hinzukommt, etwas, was als Freude erlebt wird. Das, was ein Wesen zum Seelenwesen macht, sind nicht die Äußerungen, die es nach außen kundgibt, sondern die Vorgänge, die es *in seinem Innern erlebt*. Erst wo die Empfindung anfängt, wo das Leben sich innerlich umwandelt in Lust und Leid, wo irgendein Gegenstand draußen nicht bloß eine Anziehung ausübt auf irgendein Wesen, sondern wo im Inneren des Wesens ein *Erlebnis* gegenüber dem äußeren Gegenstand auftritt, erst da können wir von Seele oder Astralleib sprechen. Wenn eine Pflanze sich spiralförmig um einen Stab oder Stock windet, so sind das Wirkungen, die die Antwort auf Reize sind: Lebenserscheinungen. Selbst wenn es bei manchen Pflanzen vorkommt, daß wenn Sie einen Finger in ihre Nähe bringen, sie dem Finger und nicht dem Stabe folgt, so haben Sie es nicht mit einem inneren Vorgang zu tun. Von einem solchen kann erst die Rede sein, wenn ein Trieb im Inneren des Wesens sich regt und es dann mittels dieses Einflusses dem Reize folgt.

Wer diese Dinge nicht strikt unterscheidet, ist unfähig, sich zu dem Begriffe der Seele, des Astralleibes, zu erheben. Diese hat der Mensch gemeinschaftlich mit den Tieren, nicht mehr aber mit den Pflanzen.

Dann haben wir, wie schon öfter erwähnt, ein viertes Glied, wodurch der Mensch in sich etwas erlebt, was ihn zur Krone der Erdenschöpfung macht, dasjenige, was wir das *Ich* nennen. Dieses Ich in seiner Wesenheit zu erkennen, ist eine außerordentlich wichtige Sache für alle Erkenntnis.

In früheren Vorträgen habe ich darauf aufmerksam gemacht, daß es im ganzen Umkreis unserer Sprache nur ein einziges Wort, einen einzigen Namen gibt, der sich von allen übrigen Namen unterscheidet. Jeden anderen Gegenstand können Sie mit seinem Namen bezeichnen, die Uhr, den Tisch, das Heft. Nicht können Sie so dasjenige, was das Ich ist, mit seinem Namen bezeichnen. Versuchen Sie einmal zu einem anderen Wesen Ich zu sagen! Sie können nur zu sich selber Ich sagen. Ein jedes Wesen ist für einen anderen ein Du, und für jedes Wesen ist der andere ein Du. Soll der Name des Ich ausgesprochen werden, so muß dieser Name aus dem Innersten des Wesens heraus erklingen. Das haben auch die Religionen, die auf Geisteswissenschaft gebaut waren, empfunden, und deshalb in richtiger Weise gesagt: Hier spricht die Gottheit einen ersten Ton, ein erstes Wort in der menschlichen Seele in ihrer ureigenen Gestalt, und so ist ihnen der Ausdruck für dieses Ich als etwas Heiliges vorgekommen. Sie haben ihn deshalb, weil kein anderer ihn aussprechen kann, weil nur die Seele ihn aussprechen kann, den «unaussprechlichen Namen Gottes» genannt. Was zu späterer Zeit die hebräische Religionslehre mit dem Ausdruck Jahve bezeichnet hat, ist nichts anderes als der Ausdruck für das Ich, das sich selbst in sich bezeichnet. Das ist das vierte Glied der menschlichen Wesenheit.

Und nun, wenn wir diese viergliedrige Wesenheit betrachten – physischer Leib, Ätherleib, Astralleib und Ich –, so müssen wir sagen: Mit diesen vier Gliedern, die kein anderes Wesen auf der Erde hat als der Mensch, steht ein jeder, der ungebildete Wilde und der höchstentwickelte Geistesmensch, vor uns. Wodurch unterscheiden sich aber die einzelnen Menschen auf der Erde, wenn alle vier Glieder haben? Dadurch, daß der eine mehr, der andere weniger von seinem Ich aus an seinen drei Gliedern gearbeitet hat. Vergleichen wir den noch ganz wilden Menschen, der jedem Trieb, jeder Begierde, jeder Leidenschaft folgt, mit einem hochsinnigen Moralisten, der reine, heilige moralische Begriffe hat und diesen folgt, der nur dasjenige gelten läßt von seinen Trieben und Leidenschaften, wozu der Geist «ja» zu sagen vermag. Wodurch unterscheiden sich beide? Dadurch, daß der hochsinnige Geistesmensch von seinem Ich aus gearbeitet hat an seinem astralischen Leibe. Der ungebildete Wilde hat an seinem astralischen Leibe wenig gearbeitet, hat ihn noch fast so, wie er ihn von der Natur, von den göttlichen Mächten empfangen hat. Der hochsinnige Moralist und Idealist hat ihn umgearbeitet, geläutert, gereinigt.

Ein astralischer Leib besteht aus zwei Gliedern; aus dem einen Glied, das der Mensch ohne sein Zutun hat, und dem anderen, das er bearbeitet hat, das die Arbeit seines Ich ist. Menschen, die auf einer solchen Höhe stehen wie zum Beispiel Franz von Assisi – Sie mögen sonst über ihn denken wie Sie wollen –, haben fast ihren ganzen astralischen Leib unter die Herrschaft des Ich gestellt, so daß nichts in ihrem astralischen Leibe geschieht, was nicht durch das Ich beherrscht ist. Wie unterscheidet sich ein solcher Mensch von dem Wilden? Im Wilden geschieht alles durch das, was das Ich nichts angeht; im hochsinnigen Menschen geschieht alles durch das, was er aus seinem astralischen Leibe gemacht hat. So viel von dem astralischen Leibe umgestaltet worden ist durch das Ich, so viel ist im Menschen *Geistselbst* oder *Manas* vorhanden.

Da haben wir fünf Glieder der menschlichen Wesenheit: physischer Leib, ätherischer Leib, astralischer Leib, Ich und Geistselbst. Und dann haben wir die Möglichkeit, als Menschen nicht nur unseren astralischen Leib, nicht nur die Summe unserer Begierden, Triebe und Instinkte umzuwandeln, zu läutern und zu veredeln, sondern wir haben auch die größere Fähigkeit, unseren Ätherleib umzuwandeln. Im gewöhnlichen Leben arbeiten die Menschen in der Geistesentwicklung daran, nach und nach ihren

Astralleib zu veredeln, schon durch die gewöhnlichen Impulse des Lebens, die moralischen Begriffe, die intellektuellen Vorstellungen. Alles, was wir lernen, gestaltet den Astralleib um. Wenn wir uns einen Begriff machen wollen von dem Gegensatz der Umgestaltung des Astralleibes und der Umgestaltung des Ätherleibes durch das Ich, so müssen wir uns einmal erinnern, wie wir als achtjährige Kinder waren. Da haben wir manches nicht gewußt, was wir heute wissen. Vieles haben wir gelernt. Unter den Empfindungen, die wir so aufgenommen haben, hat sich der Astralleib umgewandelt, hat er sich Geistselbst oder Manas eingegliedert. Alles aber, was, als wir ein achtjähriges Kind waren, unser Temperament, unsere Neigungen und so weiter ausgemacht hat, das hat sich nicht in der gleichen Weise umgestaltet. Wenn Sie mit acht Jahren ein jähzorniges, ein bockbeiniges Kind waren, dann sind Sie wahrscheinlich heute noch manchmal jähzornig oder bockbeinig. Die Umwandlung des Temperaments und der Neigungen geht viel langsamer vorwärts. Man kann das Fortschreiten des Astralleibes mit der Bewegung des Minutenzeigers und den Fortschritt des Ätherleibes mit dem Vorrücken des Stundenzeigers vergleichen. Es ändern sich die Neigungen aber nur, wenn sich der Ätherleib wandelt, und es gehören dazu stärkere Impulse als zur Umwandlung des Astralleibes. Solche starken Impulse hat der Mensch, der in der Geisteswissenschaft steht, und er kann sie schon haben, wenn er dem Eindruck eines Kunstwerks ausgesetzt wird, hinter dem der Mensch den unendlichen Sinn, sagen wir von Wagners «Parsifal» oder von Beethovens Neunter Symphonie, sieht. Diese Impulse sind nicht bloß wirksam auf den Astralleib, sondern sie sind so stark, daß der Ätherleib des Menschen geläutert, gereinigt und verwandelt wird. Ebenso ist es, wenn der Mensch vor einem Bild Raffaels oder Michelangelos steht und durch die Farbe ein Impuls von dem Ewigen ihn durchdringt. Aber die stärksten Impulse sind doch die religiösen Impulse der Menschheit. Was als religiöse Impulse durch die Zeiten hindurchgegangen ist, hat die Menschen so stark verwandelt, daß es ihren Ätherleib ergriffen hat, so daß die Menschen auch in bezug auf ihren Ätherleib zwei Teile in sich tragen, den unverwandelten, wie von der Natur empfangenen Teil, und den umgewandelten. Der umgewandelte Teil heißt *Lebensgeist* oder *Buddhi*.

Tritt dann an den Menschen das heran, was wir kennenlernen, wenn wir einen Vortrag über die Einweihung oder Initiation hören, so tritt das noch stärker hervor, was den Ätherleib umwandelt. Die Initiation besteht darin, dem Menschen die Mittel zu geben, immer mehr den Ätherleib umzuwandeln. Daher gilt es auch für den, den man Geheimschüler nennt, daß alles intellektuelle Lernen, alles, was er schulmäßig aufnehmen kann, nur Vorbereitung ist. Wichtiger als alles intellektuelle Aufnehmen ist für den, der sich einer geisteswissenschaftlichen Schulung unterwirft, nur eine einzige Neigung in bewußter Weise in eine andere umzuwandeln, und wenn es nur eine Handbewegung ist. Eine solche umzuwandeln hat unter Umständen mehr Wert als noch so viel angeeignetes theoretisches Wissen. Im Grunde genommen besteht die Einweihung, die Initiation, in Impulsen, die den menschlichen Ätherleib reinigen und läutern. Diese Impulse setzen sich dann fort in denen, die zur Reinigung und Läuterung des physischen Leibes aufsteigen, und das ist das Höchste, was der Mensch in seiner jetzigen Laufbahn erlangen kann.

Nun könnte einer sagen, der physische Leib ist doch der niederste; wenn also der Mensch auf den physischen Leib wirkt, ist das etwas Besonderes? – O ja! Eben weil der physische Leib das niederste Glied ist, müssen die stärksten Kräfte angewendet werden, um diesen in seine ursprüngliche Form, in die Form des reinen Geistes zu verwandeln. Die Läuterung dieses physischen Körpers beginnt mit bestimmten Methoden, den Atmungsprozeß zu regulieren. Deshalb nennt man den Teil, der so umgewandelt wird, *Atma* oder den eigentlichen *Geistesmenschen*; Atma heißt nur Atmen. Dann geht, wenn der Körper umgewandelt ist – der aber äußerlich bleibt wie sonst –, die menschliche geisteswissenschaftliche Schulung auf der höchsten Stufe vor sich. Dadurch erlangt dann der Mensch nicht nur die Fähigkeit, bewußt in seinem physischen Leib zu leben, sozusagen jedes Blutkügelchen, jede Nervenströmung zu kennen, er gelangt auch dazu, hinaus in die große Natur zu wirken, aus einem, wenn man so sagen darf, vorher in die Haut eingeschlossenen Menschen ein

Mensch zu werden, der auf die Kräfte des Universums und des Kosmos zu wirken vermag. So geht der Mensch in denjenigen Zustand über, durch den er eins wird mit dem Kosmos. Alles übrige Reden vom Einswerden mit dem Kosmos, das nicht auf dem Wege wahrer Schulung und Entwicklung geschieht, ist Geschwätz und Phrase.

Der Mensch wird dadurch eins mit dem Kosmos, daß er zuerst seinen astralischen Leib umwandelt, dann den Ätherleib und endlich den physischen Leib. Er wird dadurch eins mit dem ganzen Kosmos, wie der kleine Finger eins ist mit dem physischen Leib, an dem er sich befindet. Das ist ein ganz regulärer und regelmäßiger Gang der menschlichen Entwicklung, den viele Menschen durchgemacht haben, den wir alle durchmachen bis zu einem gewissen Grade schon jetzt und den alle durchmachen werden in der Zukunft.

Was geschieht da nun eigentlich? Versuchen wir uns einmal zu vergegenwärtigen: Was ist der astralische Leib? Er ist nichts anderes als die Summe von Begierden, Trieben und Leidenschaften, von Lust und Leid, Freude und Schmerz. Alles, was da zusammenwirkt im Menschen, ist Äußerung des Geistes, Geist in irgendeiner Form; weil alles Geist ist. Wodurch ist es denn möglich, daß das Ich an dem astralischen Leib arbeitet? Es ist dadurch möglich, daß sich dem *Ich* der *Geist in seiner ureigenen Gestalt* erschließt. In den Leidenschaften, Trieben und Begierden ist der Geist verborgen, da erscheint er in seinen Äußerungen. In das Ich strömt er in seiner ureigenen Gestalt ein, und das Ich läßt ihn wieder verströmen in den Astralleib, so daß das Ich vermittelt zwischen der ureigenen Gestalt des Geistigen und der seiner Äußerung. So ist es mit dem Ätherleib und endlich auch mit dem physischen Leib, und so findet eine fortwährende Vergeistigung während der Umwandlung der drei menschlichen Leiber oder Glieder der menschlichen Wesenheit statt. So wahr es ist, daß alles, was uns entgegentritt an Mineralien, Geist ist – aber Geist in seiner äußeren Wirkung –, so wahr ist es, daß das, was uns im Menschen entgegentritt, auf dem Wege zur Vergeistigung ist durch das, was das Ich selbst in die niedere Wesenheit hineingießt. Aber nur indem zwischen dieser Äußerung, dem Materiellen des Menschen, seinem physischen Leib, Ätherleib und astralischen Leib, und den Gliedern des Geistes, die hineinleuchten in die drei Leiber – Geistselbst oder Manas, Lebensgeist oder Buddhi, Geistesmensch oder Atma –, das Ich steht, ist diese Überleitung des Geistes in die drei Leiber möglich. *Das Ich muß dazwischenstehen.* Dann kann das Obere das Untere bearbeiten.

Und das Wesen dieses Ich, worin haben wir es kennengelernt? Wir haben es kennengelernt schon in seinem Namen. Niemals kann der Name, dieses Ich, von außen an unser Ohr klingen, wenn er uns selber bedeutet. Damit ist mehr gesagt als mit allen Phrasen, die in den gewöhnlichen Psychologien stehen. Würde man ordentlich begreifen, was das Ich ist dadurch, daß dieser Name niemals von außen an uns herantreten kann, dann würde man mehr geleistet haben als alle Schulpsychologie. Der Philosoph Fichte hat das schon gesagt: Das Schönste ist ein Mensch als ein Ich. Die meisten Menschen würden sich aber lieber für ein Stück Lava im Monde halten als für ein Ich[8], wozu sie die selbsteigene Kraft brauchen, um es anzuschauen, es zu erblicken.

Wir werden bei dem Vortrage über die Tierseele sehen[9], daß das Tier auch ein Ich hat, aber nicht in der physischen Welt. Der Mensch unterscheidet sich dadurch von dem Tier, daß er das Ich in der physischen Welt hat. Das *Ich* ist dasjenige, was *den Geist von innen heraus einfließen läßt* in das, was andere Form des Geistes ist, in die verschiedenen Materien, sogar in das Seelische selber, was wir als den astralischen Leib bezeichnen. Wir können daher das *Wesen des Ich* geradezu bezeichnen als *Verinnerlichung.* Diese Verinnerlichung wird beim Tiere erst vorbereitet. Da wir von der Tierseele noch sprechen werden, lassen Sie uns das heute nur andeuten. Man darf also nicht vergessen, daß auch das Tier ein Ich hat, aber nicht das einzelne Tier, sondern eine ganze Tierspezies. Alle Löwen zusammen, alle Tiger zusammen haben ein Ich, und dieses Ich ist in der übersinnlichen Welt. Es ist so, wie wenn von einem Tiere, das zu einer Gattung gehört, in die höhere Welt hinauf unsichtbare Stränge oder Fäden gingen zu der gemeinschaftlichen Gruppen- oder Gattungsseele. Und eine solche Gattungsseele ist die menschliche individuelle Seele geworden. Was eine ganze Tiergruppe hat, das hat jeder einzelne

Mensch. Daher bereitet sich beim Tier die Verinnerlichung zur Seele erst vor. Wir sehen es, wenn wir die sogenannte Seele des Tieres studieren, den Astralleib. Die eigentliche Verinnerlichung dieser Seele, das erste Einstrahlen des Geistes ist da möglich in unserer Welt, wo das Ich in dieser Welt selbst vorhanden ist, als individuelle Seele. Die Seele, die in sich das Ich hat, ist dadurch imstande, den Geist einströmen zu lassen in die Materie. So sehen wir, wie Geist und Leib oder auch Geist und Materie zwei Wesenheiten, wenn wir so sagen dürfen, sind, wovon aber die eine Wesenheit im Grunde genommen dasselbe ist wie die andere, nur in anderer Form. Materie und Körper sind Geist in anderer Form. Sie sind in der Welt überhaupt nur voneinander verschieden wie Eis und Wasser. Sie sind verschieden, trotzdem sie dasselbe sind. Und mitten drinnen steht die Seele. Sie ist das Verbindende von Geist und Leib.

So verstehen wir den Menschen nur, wenn wir ihn in dieser dreigliedrigen Zusammensetzung begreifen, bestehend aus dem Leib oder eigentlich dem dreigliedrigen *Leib*, aus physischem Leib, Ätherleib und Astralleib; bestehend aus werdendem *Geist*: Manas, Buddhi, Atma oder Geistselbst, Lebensgeist und Geistesmensch, und der *Seele* als der Wesenheit, die das eine in das andere verwandelt, die teilnimmt am Leibe und am Geist. Nur dann können wir die Seele im richtigen Lichte verstehen, wenn wir sie so vom Geiste aus am Leibe arbeiten sehen. Wenn wir sie von diesem Gesichtspunkte aus studieren, werden uns durch die Geisteswissenschaft gerade diejenigen Fragen beantwortet, die der Mensch der wirklichen Seelenwesenheit gegenüber stellen muß. Wir sehen, wie beim Menschen in jedem Augenblick seines Lebens die Seele hingestellt ist zwischen Leib und Geist. Beim Wilden zum Beispiel wird die Seele nur ein Tröpfchen Geist hereinsaugen können in den Leib. Er steht noch ganz unter dem Einfluß der äußeren Einwirkungen, unter Hunger und Durst, unter dem, was der Äther- oder Lebensleib ihm als die Lebenserscheinung aufprägt, unter dem Einfluß der bis zum Tierischen hingehenden Instinkte und Begierden. Die Seele des hochentwickelten Idealisten, wie zum Beispiel Schillers oder des Heiligen Franz von Assisi, neigt zum Geiste hin, erwirbt sich ein höheres Bewußtsein und macht sich frei vom materiellen Dasein. Die Geisteswissenschaft zeigt uns, daß Verwandlung besteht in den Formen. Das ist es, was wir den Stoff nennen. Oft wird uns das begegnen in den Vorträgen des Winters, oft können wir das vor Ihnen aufbauen, und niemand darf hoffen, daß er in einem einzigen Vortrag das Begriffliche dessen, was zur Geisteswissenschaft gehört, aufnehmen kann.

Wenn wir von diesem geisteswissenschaftlichen Standpunkte aus die Welt um uns herum betrachten, so zeigt sie sich in einer fortdauernden Verwandlung, wie sich uns auch äußerlich die Natur in einer fortdauernden Verwandlung zeigt. Wir sehen die Blume im Frühling aus dem Samenkorn heraus erstehen. Im Herbst sehen wir sie wieder verfallen, aber das Wesen wird aufbewahrt im Samenkorn, um neuerdings wieder zu erstehen. So wird auch die Geisteswissenschaft uns zeigen, wie tatsächlich der Leib vom Geist aufgebaut wird und wie das Wesen dieses Geistes, wenn der Leib zerfällt, sich erhält als geistiger Same, der immer wieder und wieder erscheint.

Wir können Eis in Wasser und Wasser in Eis verwandeln. So verwandelt sich auch Geist in Leib. Der Leib zerfällt, aber der Geist in ihm bleibt und erscheint in immer neuen Formen. Da werden wir zu dem Gesetze geführt, das wir das Gesetz des Wechsels im menschlichen Leben nennen. Der Mensch lebt hier im physischen, ätherischen und astralischen Leib. Aber er hat noch ein anderes Leben, das da war vor diesem Leben und sein wird nach diesem Leben. Da lebt er, so wie er hier in diesen drei Leibern lebt, in der geistigen Welt. Und von dorther bringt er sich die Kräfte, die seine Leiber aufbauen, die ihm diejenige Form geben, die er hat, wenn auch im Geist das Leben anders ist. Das ist es, was sich uns zeigt, wenn wir die Geisteswissenschaft in der richtigen Weise verstehen. Es zeigt sich da, wie der Mensch ein Wechselleben führt zwischen Geburt und Tod: das Leben im Leib und das zwischen dem Tod und einer neuen Geburt, bis er zu einer neuen Verkörperung schreitet, das Leben im Geistigen. Und das, was hier im Leibe und dort im Geiste lebt und wechselt zwischen dem Leben im Leibe und dem Leben im Geiste, ist die Seele. Jedesmal aber, wenn sie eine Verkörperung durchgemacht hat, hat der Mensch an seinem Leib gearbeitet und kommt als Seele mit den Früchten des Erdenlebens bereichert in das Geisterland zurück. Die Seele entwickelt sich immer weiter, immer höher. So ist sie auch die Vermittlerin zwischen Geist und Leib. Und so werden wir an die Grenze geführt, die uns bei richtiger Betrachtung von Geist, Seele und Leib zeigt, wie das Verhältnis der drei zueinander ist. Wir lernen alles das, was zerfällt, was zerstäubt, als eine Verwandlung dessen erkennnen, was das innerste Wesen der Seele ausmacht, wie wir alles Zeitliche als Form des Ewigen erkennen. Eine solche Geisteswissenschaft führt zu einer Wissenschaft, die wirklich die Fragen beantwortet nach dem Zeitlichen und Ewigen und nach dem Schicksal des Menschen nach dem Tode, die Fragen, die das menschliche Herz überhaupt hat, wenn es von einer solchen Wissenschaft etwas wissen will. Eine Wissenschaft, die sich Grenzen setzt, sieht das Wichtigste nicht. Daher ist unsere Schulpsychologie so begrenzt. In gewissem Sinne ist es wichtig, zu lernen, was sie bietet. Die Geisteswissenschaft verschmäht es nicht, aber sie findet es unzureichend, solange nicht auf das Wesen des Geistes und der Seele eingegangen wird. Das ist der richtige Weg zur Erkenntnis des Geistes und der Seele: Die Seele hängt dadurch, daß sie ein zeitliches Leben durchmacht, mit ihren Leibern zusammen, wenn wir so sagen dürfen, sie ist verstrickt in diese Leiber, und das, was sie zu diesen Leibern hinzieht, ist derjenige Teil, der ein Hindernis ist für das reine, geläuterte Leben im Geiste zwischen dem Tode und einer neuen Geburt. Da lernen wir allmählich begreifen, wo die Hindernisse der Seele sind für die neue Geburt. Wir lernen auch begreifen, daß die Seele nach dem Tode sich erst ganz freimachen muß nicht nur von dem Leibe – denn das tut schon der Tod –, sondern von dem Hang zum Leibe. Durch die richtigen Begriffe von Geist, Seele und Leib kommen wir auch zum Schicksal der Seele auf der leiblichen und geistigen Lebenspilgerschaft.

Heute habe ich versucht, Ihnen ohne Rücksicht auf das, was durch die Methoden des Hellsehens und der Initiation, von denen wir in den nächsten Vorträgen sprechen werden, gewonnen wird, bloß durch Anwendung der gewöhnlichen menschlichen

Verstandesweisheit zu zeigen, wie auf diese Art zu reinen richtigen Begriffen über die Seele und den Geist zu gelangen ist. Das müssen wir festhalten: Was im Verlaufe dieses Winters uns entgegentreten wird, das werden Ergebnisse der Geistesforschung sein. Aufgefunden können sie nur werden durch die Methoden, wie sie in den Vorträgen über Einweihung und so weiter angegeben sind. Begriffen und verstanden können sie aber werden durch die gewöhnliche Logik und gründliches Denken. Derjenige, der die Ausflucht gebraucht: Was geht mich die Geisteswissenschaft an, da ich kein Hellseher bin? – der wendet sich von der Geisteswissenschaft nicht aus Mangel an Hellsehen ab, sondern deshalb, weil er nicht sein Denken gründlich und umfassend genug auf sie anwendet. Gerade die Seelenwissenschaft hat in unserer Zeit des Materialismus – den manche für abgetan halten, der auch abgetan ist in der Philosophie, aber gerade in der Denkweise der Psychologie floriert – viel gelitten. Heute haben die Begriffe von Seele und Geist am meisten gelitten unter diesem Materialismus. Die Geisteswissenschaft wird es zu ihrer Mission machen müssen, reine und geläuterte Begriffe über Seele und Geist wieder in die Menschheit zu bringen. Dadurch wird sie die beste Dienerin sein der hohen Religionsüberlieferungen, die den Unterschied machen zwischen dem Menschengeist und dem umfassenden Weltengeist, den die Religionsüberlieferungen den Heiligen Geist nennen. Nur dann verstehen wir diese Schriften, wenn wir sie tief genug fassen und alles in großen und gewaltigen umfassenden Bildern betrachten, die der Ausdruck wahrer Tatsachen sind, als Mittel zum Verständnis. Wir verstehen aus der Geisteswissenschaft heraus auch noch vieles, was die Menschheit in Zukunft wissen wird und was sie in früheren Zeiten durch ihre bedeutendsten Geister nur geahnt hat. Viele merkwürdige Gefühle gehen durch die menschliche Seele, wenn sie sich hineinfühlt in das geistige Getriebe. Diejenigen, die zu der Geisteswissenschaft sagen: Du gibst uns etwas für den Geist, aber nichts für die Seele; ich suche Seele und du gibst mir geistige Errungenschaften, – die wissen nicht, daß das, was sie ablehnen, gerade dasjenige ist, was der Seele das gibt, was sie verlangen. Sie dürsten nach den Willensimpulsen der Seele. Die Seele kann aber nur glücklich und selig sein, wenn sie den Geist in sich einfließen läßt und von ihm aus die Leiber gestaltet.

Was uns von außen entgegentritt, ist gestalteter Geist, und was die Materie zu Gestalt ruft, das strömt aus der geistigen Welt herunter. Was das Auge an der Gestalt sieht als Farbe, das ist sozusagen verdichteter Geist, und die Kraft, die hineinschießt in die Materie und die Gestalt bewirkt, stammt aus dem Ewigen. So kann leicht einem Geist, der sich das zwar nicht in geisteswissenschaftlicher Weise zur Klarheit bringt, es aber empfindet und ahnt, das, was um ihn herum lebt, so erscheinen, daß er sich sagt: Alles, was hier ist, erscheint mir wie aus der geistigen Welt heraus gestaltet. Die Gestalt erscheint mir als das Heilige, das wie ein Blitz hineingefahren ist in den bloßen Stoff, und wenn ich die Gestalt selbst erblicke, so scheint sie sich hineinzusenken und wieder zurückzuziehen aus dem Stoff. Das ahnte der Dichter von der Geisteswissenschaft, als er den Gegensatz aufstellte zwischen dem Körper, der menschlichen Seele und dem Geist, die beide im Leib gestaltend sind. Schiller kam es als eine Ahnung, eine Empfindung, wie die Seele in Realität den Geist in die Materie einfließen läßt, wodurch die Materie vor den Blicken verschwindet. Indem er das bedachte, ließ er die Empfindung ausfließen in die schönen Worte:

> Nur der Körper eignet jenen Mächten,
> Die das dunkle Schicksal flechten.
> Aber fern von jeder Zeitgewalt,
> Die Gespielin seliger Naturen
> Wandelt oben in des Lichtes Fluren,
> Göttlich unter Göttern, die Gestalt.

Wesen und Bedeutung des Karma

Dieser Zyklus von Vorträgen soll Fragen behandeln aus dem Gebiete der Geisteswissenschaft, die tief in das Leben einschneidend sind. Aus den verschiedenen Darstellungen, die im Laufe der Zeit gegeben worden sind, ist es uns ja geläufig, daß Geisteswissenschaft nicht eine abstrakte Theorie sein soll, nicht eine bloße Doktrin oder Lehre, sondern ein Quell für Leben und Lebenstüchtigkeit, und sie erfüllt erst dann ihre Aufgabe, wenn durch das, was sie an Erkenntnissen zu geben vermag, etwas hineinfließt in unsere Seelen, was das Leben reicher, verständlicher, was unsere Seelen tüchtiger und tatkräftiger machen kann. Wenn sich nun allerdings derjenige, der sich zu dieser unserer Weltanschauung bekennt, jenes Ideal, das eben mit ein paar Worten gekennzeichnet worden ist, vorhält und in der Gegenwart dann ein wenig Umschau hält, inwiefern er imstande ist, das, was ihm aus der Theosophie erfließt, in diesem Leben umzusetzen, dann könnte er vielleicht zu einem recht wenig erfreulichen Eindruck kommen. Denn wenn man unbefangen alles betrachtet, was heute die Welt meint zu «wissen», was in unserer Gegenwart die Menschen zu diesen oder jenen Gefühlen oder Handlungen treibt, so könnte man sagen, daß dies alles von den theosophischen Ideen und Idealen so unendlich weit verschieden ist, daß der Theosoph gar keine Möglichkeit habe, unmittelbar in das Leben einzugreifen mit dem, was er aus den Quellen der Geisteswissenschaft heraus sich aneignet. – Das wäre aber dennoch eine recht oberflächliche Betrachtung der Sachlage, oberflächlich aus dem Grunde, weil bei einer solchen Betrachtung nicht gerechnet würde mit dem, was wir aus unserer Weltanschauung selber dadurch entnehmen müssen, daß wir uns sagen: Wenn einmal wirklich jene Kräfte, die wir durch Theosophie aufnehmen, stark genug sein werden, dann werden sie auch die Möglichkeit finden, in die Welt einzugreifen; wenn aber niemals etwas dazu getan würde, diese Kräfte immer stärker und stärker zu machen, so würde eben ihr Eingreifen in die Welt unmöglich sein.

Aber es ist noch etwas anderes, was uns sozusagen Trost geben kann, selbst wenn wir durch eine solche Betrachtung trostlos werden möchten, und das ist es gerade, was uns aus den Betrachtungen dieses Vortragszyklus folgen soll: Betrachtungen über das, was man menschliches Karma und Karma überhaupt nennt. Denn wir werden mit jeder Stunde, die wir hier verbringen, mehr sehen, wie wir gar nicht genug tun können an der Herbeiführung der Möglichkeit, mit theosophischen Kräften in das Leben einzugreifen, und wie wir, wenn wir ernsthaft an Karma glauben und festhalten, voraussetzen müssen, daß uns Karma selber dasjenige zuwerfen wird, was wir über kurz oder lang zu tun haben werden für unsere Kräfte. Wir werden sehen: Wenn wir vermeinen, wir könnten die aus unserer Weltanschauung gewonnenen Kräfte noch nicht anwenden, dann haben wir eben diese Kräfte noch nicht genügend stark gemacht, damit sie bewirken können, daß Karma es uns auch ermögliche, in die Welt mit diesen Kräften einzugreifen. So soll nicht nur eine Summe von Erkenntnissen über Karma in diesen Vorträgen leben, sondern es soll mit jeder Stunde mehr das Vertrauen in Karma geweckt werden, die Gewißheit, daß, wenn die Zeit gekommen sein wird, ob es nun morgen oder übermorgen oder nach vielen Jahren sein wird, unser Karma uns Aufgaben bringen wird, insofern wir als Bekenner unserer Weltanschauung Aufgaben zu verrichten haben. Karma wird sich uns darstellen als eine Lehre, welche uns nicht nur sagt, wie dieses oder jenes in der Welt sich verhält, sondern welche mit den Aufschlüssen, die sie uns bringt, zu gleicher Zeit uns Lebensbefriedigung und Lebenserhöhung bringen kann.

Allerdings, wenn Karma eine solche Aufgabe erfüllen soll, ist es schon notwendig, daß wir das damit gemeinte Gesetz etwas tiefer ins Auge fassen, sozusagen in seiner Ausbreitung über die Welt. Dazu ist aber diesmal etwas notwendig, was sonst nicht eigentlich in meinem Gebrauche liegt bei geisteswissenschaftlichen Betrachtungen, nämlich eine Definition, eine Worterklärung zu geben. Ich pflege das sonst nicht zu tun, weil mit solchen Worterklärungen in der Regel nicht viel getan ist. Bei unseren Betrachtungen wird in der Regel begonnen mit der Darstellung von Tatsachen, und wenn diese Tatsachen in der entsprechenden Weise gruppiert und geordnet sind, ergeben sich die Begriffe und Vorstellungen von selbst. Wollten wir nun allerdings für die umfassenden Fragen, die wir in den nächsten Tagen zu besprechen haben, einen ähnlichen Gang einschlagen, so müßten wir viel mehr Zeit zur Verfügung haben, als uns geboten ist. Deshalb ist es diesmal zur Verständigung notwendig, daß wir, wenn auch nicht eine Definition, so doch eine Art Beschreibung des Begriffes geben, der uns längere Zeit beschäftigen wird. Definitionen haben ja auch nur den Zweck, sich darüber zu verständigen, was man meint, wenn man dieses oder jenes Wort anschlägt oder ausspricht. In diesem Stile soll eine Beschreibung des Begriffes «Karma» gegeben werden, damit wir wissen, wovon wir sprechen, wenn in diesen Vorträgen der Ausdruck «Karma» gebraucht wird.

Aus mancherlei Betrachtungen hat wohl ein jeder von uns sich schon einen Begriff gebildet von dem, was Karma ist. Ein recht abstrakter Begriff von Karma ist wohl der, wenn man Karma das *«geistige Ursachengesetz»* nennt, das Gesetz, wonach auf gewisse Ursachen, die im geistigen Leben liegen, gewisse Wirkungen folgen. Das ist aber ein zu abstrakter Begriff von Karma, weil er zum Teil zu eng, zum Teil aber auch viel zu weit sein würde. Wenn wir Karma überhaupt auffassen wollen als ein Ursachengesetz, so stellen wir es zusammen mit dem, was wir sonst in der Welt als das Gesetz der Kausalität, als das Gesetz von Ursache und Wirkung bezeichnen. Verständigen wir uns einmal darüber, was wir sonst unter dem Ursachengesetz auf dem allgemeinen Gebiete verstehen, wo wir noch nicht von geistigen Tatsachen und geistigen Ereignissen sprechen.

Es wird heute so oft von der äußeren Wissenschaft betont, daß die eigentliche Bedeutung dieser Wissenschaft darinnen liege, daß sie baue auf das umfassende Ursachengesetz, daß sie überall Wirkungen auf entsprechende Ursachen zurückführe. Wie dieses Zurückführen von Wirkungen auf Ursachen geschieht, darüber sind sich allerdings die Menschen schon viel weniger klar. Denn Sie werden wohl auch heute noch in Büchern, die da glauben, recht gelehrt zu sein und recht philosophisch die Begriffe klarzulegen, immer noch Aussprüche finden können wie etwa den: Eine Wirkung ist dasjenige, was aus einer Ursache folgt. – Wenn man aber sagt, daß eine Wirkung aus einer Ursache folge, dann redet man an den Tatsachen ganz gewaltig vorbei. Denn wenn wir zum Beispiel den erwärmenden Sonnenstrahl betrachten, der auf eine Metallplatte auffällt, so daß diese Metallplatte dadurch wärmer geworden ist, dann werden wir von Ursache und Wirkung in der Welt draußen reden. Aber werden wir jemals sagen können, daß die Wirkung – die Erwärmung der Metallplatte – aus der Ursache des warmen Sonnenstrahles folge? Wenn der warme Sonnenstrahl diese Wirkung schon in sich hätte, so würde es die Tatsache nicht geben, da der warme Sonnenstrahl eine Metallplatte gar nicht erwärmt, wenn sie ihm nicht entgegenkommt. Damit in der Welt der Erscheinungen, in der leblosen Welt, die wir zunächst um uns herum haben, eine Wirkung auf eine Ursache folge, ist stets notwendig, daß dieser Ursache etwas entgegenkommt. Und ohne daß etwas der Ursache entgegenkommt, ist niemals von dem Folgen einer Wirkung auf eine Ursache zu sprechen. – Es ist nicht überflüssig, daß wir eine solche scheinbar recht philosophisch und abstrakt klingende Bemerkung vorausschicken; denn man muß sich schon einmal angewöhnen, wenn man fruchtbar vorwärtskommen will auf theosophischem Gebiete, die Begriffe recht genau zu fassen und nicht so nachlässig, wie sie zuweilen in den andern Wissenschaften gefaßt werden.

Nun aber dürfte niemand von Karma sprechen, wenn bloß in einer solchen Weise eine Wirkung eintreten würde, wie sie vorhanden ist, wenn der wärmende Sonnenstrahl eine Metallplatte erwärmt. Da ist zwar die Kausalität vorhanden, der Zusammenhang von Ursache und Wirkung, aber wir würden niemals zu einem gehörigen Begriff von Karma kommen, wenn wir nur auf diesem Gebiete von Karma sprechen würden. Wir können also nicht von Karma sprechen, wenn bloß eine Wirkung mit einer Ursache in Zusammenhang steht.

Wir können nun weitergehen und uns einen etwas höheren Begriff von dem Zusammenhang zwischen Ursache und Wirkung bilden. Wenn wir zum Beispiel einen Bogen haben, ihn spannen und dann mit diesem Bogen einen Pfeil abschießen, dann ist durch das Spannen des Bogens eine Wirkung eingetreten. Diese Wirkung des abgeschossenen Pfeiles im Zusammenhang mit seiner Ursache werden wir ebensowenig mit dem Ausdruck «Karma» belegen dürfen wie das, was eben gesagt worden ist. Wenn wir aber bei diesem Vorgang etwas anderes betrachten, kommen wir in gewisser Weise schon dem Karma nahe, wenn wir auch dabei noch immer nicht den Karmabegriff fassen: wenn wir nämlich bedenken, daß der Bogen, wenn er recht oft gespannt wird, mit der Zeit schlaff wird. Da wird durch das, was der Bogen tut, was mit ihm geschieht, nicht bloß eine Wirkung folgen, die sich nach außen hin zeigt, sondern es wird eine Wirkung folgen, die auf den Bogen selber zurückgeht. Es geschieht durch das fortwährende Spannen des Bogens etwas mit dem Bogen selbst. Etwas, das durch das Spannen geschieht, fällt also sozusagen wieder auf den Bogen selbst zurück. Eine Wirkung wird also erzielt, welche auf den Gegenstand zurückfällt, von dem diese Wirkung selbst veranlaßt worden ist.

Das gehört nun schon in den *Karmabegriff* hinein. Ohne daß eine Wirkung erzeugt wird, die wieder zurückfällt auf das Ding oder die Wesenheit, welche diese Wirkung hervorbringt, ohne diese Eigentümlichkeit des *Zurückwirkens der Wirkung auf das verursachende Wesen* ist der Karmabegriff nicht zu denken. Da kommen wir also dem Karmabegriff schon insofern etwas näher, als uns klar wird, daß die von einem Ding oder Wesen verursachte Wirkung wieder zurückschlagen muß auf dieses Ding oder Wesen selber. Aber dennoch dürfen wir das Schlaffwerden des Bogens durch das fortwährende Spannen nicht das Karma des Bogens nennen, und zwar aus folgendem Grunde nicht: Wenn wir den Bogen etwa drei bis vier Wochen recht oft gespannt haben, und er ist nach vier Wochen schlaff geworden, dann haben wir in dem schlaffen Bogen eigentlich etwas ganz anderes vor uns, als vor vier Wochen in dem straffen Bogen; der Bogen ist etwas anderes geworden, er ist nicht dasselbe geblieben. Wenn also die zurückschlagende Wirkung so ist, daß sie durchaus etwas anderes aus dem Ding oder Wesen macht, dann dürfen wir doch noch nicht von einem Karma sprechen. Wir dürfen erst von einem Karma sprechen, wenn die Wirkung, die auf das Wesen zurückschlägt, beim Zurückschlagen auf *dasselbe* Wesen trifft oder wenn das Wesen wenigstens in einem gewissen Sinne dasselbe geblieben ist.

So also sind wir dem Karmabegriff wieder um ein Stück nähergekommen. Aber wir bekommen, wenn wir den Karmabegriff so beschreiben wollen, im Grunde genommen von ihm doch nur eine recht abstrakte Vorstellung. Dennoch werden wir diesen Begriff, wenn wir ihn abstrakt fassen wollen, kaum genauer fassen können, als wenn wir ihn in der Weise ausdrücken, wie wir es eben jetzt getan haben. Nur das eine müssen wir zum Karmabegriff noch hinzufügen: Wenn die Wirkung, die auf das Wesen zurückschlägt, in demselben Zeitpunkte erfolgt, wenn also Verursachung und zurückschlagende Wirkung in demselben Zeitpunkte stattfinden, dann werden wir kaum von Karma sprechen können. Denn in diesem Falle würde das Wesen, von dem die Wirkung ausgeht, im Grunde genommen die Wirkung unmittelbar hervorbringen wollen, würde also diese Wirkung voraussetzen, würde durchschauen alle Elemente, die zu dieser Wirkung führen. Wenn das der Fall ist, sprechen wir doch nicht von Karma. So zum Beispiel werden wir nicht von Karma sprechen, wenn wir einen Menschen vor uns haben, der eine bestimmte Tat vollbringt, mit der er dieses oder jenes beabsichtigt, und wenn dann – gemäß seiner Absicht – diese oder jene Wirkung, die er eben gewollt hat, eintritt. Das heißt, es muß zwischen der Ursache und der Wirkung etwas liegen, was sich dem Wesen bei der Herbeiführung der Ursache unmittelbar entzieht, so daß der Zusammenhang von Ursache und Wirkung zwar vorhanden ist, aber nicht eigentlich von dem Wesen selber beabsichtigt ist. Wenn dieser Zusammenhang von dem Wesen, das verursacht, nicht beabsichtigt ist, dann muß der Grund, warum ein Zusammenhang besteht zwischen Ursache und Wirkung, woanders liegen als in den Absichten des betreffenden Wesens. Das heißt, es muß dieser Grund liegen in einer bestimmten Gesetzmäßigkeit. Das gehört also noch zum Karma dazu, daß der *Zusammenhang zwischen Ursache und Wirkung ein gesetzmäßiger ist, der hinausgeht über das, was das Wesen unmittelbar beabsichtigt.*

So hätten wir einige Elemente zusammengetragen, welche uns

den Karmabegriff erläutern können. Aber wir müssen alle diese Elemente in dem Karmabegriff darinnen haben und nicht bei einer abstrakten Definition stehenbleiben. Denn sonst werden wir nicht die Offenbarungen des Karma auf den verschiedenen Gebieten der Welt begreifen können. Diese Offenbarungen des Karma werden wir nun zuerst dort aufzusuchen haben, wo uns Karma zunächst entgegentritt: im einzelnen Menschenleben. Können wir im einzelnen Menschenleben so etwas finden und wann können wir es finden, was wir jetzt eben durch unsere Erläuterung des Karmabegriffes dargestellt haben?

Wir würden so etwas finden, wenn zum Beispiel ein Erlebnis in unser Leben hineinträte, bei dem wir uns sagen könnten: Dieses Erlebnis, das da für uns auftritt, steht in einem gewissen Zusammenhange mit einem früheren Erlebnis, an dem wir selber beteiligt sind, zu dem wir selber Veranlassung gegeben haben. Versuchen wir einmal – zunächst rein durch *Beobachtung des Lebens* – festzustellen, ob es so etwas gibt. Wir wollen uns jetzt also rein auf den Standpunkt der äußeren Beobachtung stellen. Wer solche Beobachtungen nicht anstellt, kann auch nie zum Erkennen eines gesetzmäßigen Zusammenhanges im Leben kommen; er kann es ebensowenig, wie derjenige das Gesetz des elastischen Stoßes an zwei Billardkugeln kennenlernen kann, der diesen Stoß nicht beobachten will. Beobachtung des Lebens kann uns in der Tat zu der Anschauung eines gesetzmäßigen Zusammenhanges führen. Greifen wir dazu gleich einen bestimmten Zusammenhang heraus.

Sagen wir, ein junger Mensch wäre im achtzehnten Jahre seines Lebens aus dem Berufe, der ihm bis dahin vorgezeichnet zu sein schien, durch irgendein Ereignis herausgeworfen worden. Nehmen wir an, dieser Mensch hätte bis dahin ein Studium betrieben, hätte sich durch das Studium vorbereitet zu einem Berufe, wie er aus solchem Studium hervorgehen kann, und nun wäre er, zum Beispiel durch einen Unglücksfall seiner Eltern, daraus herausgeworfen worden und mit achtzehn Jahren in den Kaufmannsberuf hineingetrieben worden. Wer solche Fälle unbefangen im Leben beobachtet – mit einem solchen Blick, wie man in der Physik die Erscheinung des Stoßes elastischer Kugeln betrachtet –, der wird dann zum Beispiel finden, daß die Erlebnisse des Kaufmannsberufes, in den der junge Mensch hineingetrieben worden ist, zunächst anregend wirken, daß er darin seine Pflichten ausführt, etwas lernt, vielleicht auch etwas ganz Tüchtiges wird. Aber man kann auch beobachten, daß nach einiger Zeit etwas ganz anderes auch eintritt: ein gewisser Überdruß, eine gewisse Unzufriedenheit. Nicht gleich wird eine solche Unzufriedenheit eintreten. Wenn mit achtzehn Jahren sich der Berufswechsel vollzogen hat, werden vielleicht die nächsten Jahre ruhig vorübergehen. Aber vielleicht um das dreiundzwanzigste Jahr herum wird es deutlich werden, daß sich etwas in der Seele festsetzt, was sich wie etwas Unerklärliches zeigt. Wenn man dann weiter nachforscht, kann man häufig bemerken, wenn der Fall klarliegt, daß der Überdruß fünf Jahre nach dem Berufswechsel seine Erklärung findet durch das dreizehnte oder vierzehnte Jahr. Denn die Ursachen für eine solche Erscheinung werden wir sehr häufig zu suchen haben ungefähr eine ebensolche Zeitspanne vor dem Berufswechsel, wie nach demselben ein Ereignis eingetreten ist, wie wir es eben beschrieben haben. Da kann der betreffende Mensch in seinem dreizehnten Jahre während seiner Lernzeit – also fünf Jahre vor seinem Berufswechsel – etwas in seine Gefühlswelt aufgenommen haben, was ihm eine gewisse innere Beseligung gewährte. Nehmen wir an, der Berufswechsel wäre nicht eingetreten; dann würde das, woran sich der junge Mensch im dreizehnten Jahre gewöhnt hatte, im späteren Leben sich ausgelebt und diese oder jene Frucht getragen haben. Nun kam aber der Berufswechsel, der zunächst den jungen Menschen interessiert hat, der seine Seele eingenommen hat. Was dadurch in sein Seelenleben gekommen ist, das hat zurückgedrängt, was früher darinnen war. Eine gewisse Zeit hindurch kann das zurückgedrängt werden, aber indem es zurückgedrängt wird, gewinnt es gerade im Inneren eine besondere Kraft; da sammelt es sozusagen Spannkraft im Inneren an. Da ist es ähnlich, wie wenn wir einen elastischen Ball zusammendrücken: Wir können ihn bis zu einer gewissen Grenze drücken, dann leistet er Widerstand; und wenn er zum Zurückschnellen veranlaßt wird, wird er mit einer um so größeren Kraft zurückschnellen, je mehr wir ihn vorher zusammengedrückt haben. Solche Erlebnisse, wie die eben angedeuteten, die ein junger Mensch aufgenommen hat im dreizehnten Jahre seines Lebens und welche sich dann bis zum Berufswechsel befestigt haben, können auch in gewisser Weise zurückgedrängt werden; dann aber macht sich nach einiger Zeit ein Widerstand in der Seele geltend. Und dann kann man sehen, wie dieser Widerstand stark genug geworden ist, um sich nun in seiner Wirkung zu zeigen. Weil der Seele das fehlt, was sie sonst haben würde, wenn der Berufswechsel nicht gekommen wäre, macht sich das Zurückgedrängte geltend und kommt jetzt so zum Vorschein, daß Unbefriedigung, Überdruß an dem, was die Umgebung bietet, eintritt.

Da also haben wir einen Fall, wo der betreffende Mensch etwas erlebt hat, etwas getan hat in seinem dreizehnten bis vierzehnten Lebensjahre und wo er später etwas anderes getan hat, nämlich den Berufswechsel vollzogen hat, und wir sehen, wie diese Ursachen so sich ausleben, daß sie in ihrer Wirkung später zurückfallen, zurückschlagen auf dasselbe Wesen. In einem solchen Falle würden wir den Karmabegriff zunächst auf das Einzelleben des Menschen anwenden müssen. – Man sollte aber nun nicht dagegen einwenden: Wir haben aber Fälle kennengelernt, wo sich so etwas ganz und gar nicht zeigte! – Das kann sein. Aber es wird auch keinem Physiker einfallen, wenn er die Gesetze des fallenden Steines untersuchen will, der mit dieser oder jener Geschwindigkeit fällt, daß er sich sagen müßte, das Gesetz wäre nicht richtig, wenn der Stein etwa durch einen Schlag aus seiner Richtung geschleudert würde. Man muß lernen, in der richtigen Weise zu beobachten, und diejenigen Erscheinungen ausschließen, welche nicht zur Bildung des Gesetzes gehören. Gewiß würde ein solcher Mensch, der, wenn nichts anderes eintreten würde, mit dreiundzwanzig Jahren die Eindrücke seines dreizehnten Jahres in ihrer Wirkung als Überdruß empfindet, zu diesem Überdruß nicht kommen, wenn er zum Beispiel in der Zwischenzeit geheiratet hätte. Aber da hätten wir es mit etwas zu tun, was für die Feststellung des Grundgesetzes ohne Einfluß ist. Darauf aber kommt es an, daß wir die richtigen Faktoren finden, die uns auf ein Gesetz führen können. Beobachtung an sich ist noch gar nichts; erst *geregelte Beobachtung* bringt uns zur Erkenntnis des Gesetzes. Nun handelt es sich aber auch darum, solche geregelte Beobachtungen, wenn wir das Gesetz des Karma studieren wollen, in der rechten Weise anzustellen.

Nehmen wir an, um für einen einzelnen Menschen das Karma zu erkennen, jemanden träfe im fünfundzwanzigsten Lebensjahre ein schwerer Schicksalsschlag, der ihm Schmerz und Leid verursacht. Wenn wir nun einfach unsere Beobachtungen so anstellen, daß wir sagen, dieser schwere Schicksalsschlag ist eben in das Leben hereingebrochen und hat es mit Schmerz und Leid erfüllt, wenn wir also bei der bloßen Beobachtung stehenbleiben, werden wir nie zum Erkennen des karmischen Zusammenhanges kommen. Wenn wir aber weiterschreiten und das Leben eines solchen Menschen, der im fünfundzwanzigsten Jahre einen derartigen Schicksalsschlag erlebt hat, in seinem fünfzigsten Jahre betrachten, dann werden wir vielleicht zu einer Anschauung kommen, die wir etwa so ausdrücken können: Der Mensch, den wir da betrachten, ist ein Mensch geworden, fleißig und regsam, der tüchtig im Leben dasteht; jetzt schauen wir weiter zurück in sein Leben. Mit zwanzig Jahren – so finden wir dann – war er noch ein Taugenichts und hat überhaupt nichts tun wollen; mit fünfundzwanzig Jahren hat ihn dann der schwere Schicksalsschlag getroffen. Hätte ihn dieser Schlag nicht getroffen – so können wir jetzt sagen –, so wäre er ein Taugenichts geblieben. Also ist der schwere Schicksalsschlag die Ursache dazu gewesen, daß wir im fünfzigsten Jahre einen regsamen und tüchtigen Menschen vor uns haben.

Eine solche Tatsache lehrt uns, daß wir fehlgehen, wenn wir den Schicksalsschlag vom fünfundzwanzigsten Jahre als eine bloße Wirkung betrachten. Denn wenn wir fragen: was hat er verursacht?, können wir nicht bei der bloßen Beobachtung stehenbleiben. Wenn wir aber einen solchen Schlag nicht als Wirkung betrachten und an das Ende der Erscheinungen stellen, die vorausgegangen sind, sondern wenn wir ihn an den *Anfang* der nachfolgenden Ereignisse stellen und ihn *als Ursache* betrachten, dann lernen wir erkennen, daß wir allerdings sogar unser Gefühlsurteil, unser Empfindungsurteil ganz wesentlich ändern können gegenüber diesem Schicksalsschlag. Wir werden vielleicht traurig sein, wenn wir ihn bloß als Wirkung betrachten, daß diesen Menschen dieser Schlag getroffen hat. Betrachten wir ihn dagegen als Ursache eines Späteren, dann können wir vielleicht froh sein und Freude darüber empfinden. Denn diesem Schicksalsschlag ist es zu verdanken – so können wir sagen –, daß der Betreffende ein ordentlicher Mensch geworden ist.

So sehen wir, daß es an unseren Empfindungen etwas Wesentliches ändern kann, je nachdem wir eine Tatsache des Lebens als Wirkung oder als Ursache betrachten. Es ist also nicht gleichgültig, ob wir irgend etwas, was im Leben den Menschen trifft, als bloße Wirkung oder als Ursache betrachten. Freilich, wenn wir in dem Zeitpunkt die Beobachtung anstellen, wo das schmerzliche Ereignis eingetreten ist, können wir noch nicht die unmittelbare Wirkung wahrnehmen. Wenn wir uns aber das Karmagesetz gebildet haben aus ähnlichen Beobachtungen, dann kann dieses Karmagesetz selber uns sagen: Jetzt ist vielleicht ein Ereignis schmerzlich, weil es uns bloß als Wirkung des Vorhergehenden entgegentritt; aber es kann auch so betrachtet werden, daß es als Ausgangspunkt für ein Folgendes angesehen wird. Dann können wir sagen: Wir ahnen, daß hier der Ausgangspunkt die Ursache ist von Wirkungen, welche die Sache in ein ganz anderes Licht stellen! So kann das Karmagesetz selber der Quell sein einer Tröstung. Die Tröstung wäre nicht da, wenn wir uns gewöhnten, ein Ereignis nur an das Ende und nicht an den Anfang einer Erscheinungsreihe zu setzen.

Es kommt also darauf an, daß wir lernen, das Leben geregelt zu beobachten und in entsprechender Weise die Dinge als Wirkung und Ursache zueinanderzustellen. Wenn wir solche Beobachtungen wirklich durchgreifend anstellen, werden uns im einzelnen Menschenleben Ereignisse zutage treten, die mit einer gewissen Regelmäßigkeit für das einzelne Menschenleben ablaufen, und andere Ergebnisse werden zutage treten, die uns unregelmäßig in diesem Leben erscheinen. So kann der, welcher das Menschenleben beobachtet – und zwar nicht nur so weit, als gerade die Nase reicht –, merkwürdige Zusammenhänge in diesem Menschenleben finden. Nur werden die Erscheinungen des menschlichen Lebens leider heute nur über kurze Zeitspannen, kaum über einige Jahre, beobachtet; und was nach einer größeren Anzahl von Jahren eintritt, das ist man nicht gewohnt, mit dem in Zusammenhang zu bringen, was etwa früher als Ursache vorhanden sein konnte. Daher werden nur wenige Menschen sich heute finden, die Anfang und Ende des Menschenlebens in einen gewissen Zusammenhang bringen. Dennoch ist dieser Zusammenhang außerordentlich lehrreich.

Nehmen wir an, wir haben ein Kind in den ersten sieben Jahren seines Lebens so erzogen, daß also wir nicht das getan haben, was gewöhnlich geschieht, daß wir nicht von dem Glauben ausgegangen sind: Wenn einer ein ordentlicher Mensch im Leben werden soll, muß er so und so sein, muß unseren Anschauungen von einem ordentlichen Menschen unbedingt entsprechen. Denn in einem solchen Falle würden wir dem Kinde möglichst genau das alles eintrichtern wollen, was es eben in unserem Sinne zu einem ordentlichen Menschen machen sollte. Wenn wir aber von der Erkenntnis ausgehen, daß man ein ordentlicher Mensch auf vielerlei Arten sein kann und daß man noch gar keine Vorstellung zu haben braucht, auf welche Art der, der als Kind erst heranwächst, ein ordentlicher Mensch werden soll nach seiner individuellen Anlage, dann werden wir sagen: Was ich auch immer für Begriffe von einem ordentlichen Menschen habe, der Mensch, der aus diesem Kinde entstehen soll, muß dadurch entstehen, daß die besten Anlagen aus ihm herausgeholt werden – was ich vielleicht erst als Rätsel lösen muß! Und man wird sich daher sagen: Was kommt es darauf an, daß ich diesen oder jenen Geboten und dergleichen verpflichtet bin? Das Kind selbst muß ein Bedürfnis fühlen, dieses oder jenes zu tun! Wenn ich das Kind nach seinen individuellen Anlagen entwickeln will, werde ich versuchen, diejenigen Bedürfnisse, die in ihm veranlagt sind, zu entwickeln, herauszuholen, so daß vor allen Dingen ein Bedürfnis nach den Handlungen eintritt, das Kind also die Handlungen aus eigenem Bedürfnis tut. – Wir sehen daraus, daß es zwei ganz verschiedene Methoden gibt, auf ein Kind in den ersten sieben Jahren seines Lebens zu wirken.

Wenn wir nun das weitere Leben des Kindes beobachten, wird

sich uns lange Zeit nicht zeigen, was die ausgesprochenste Wirkung dessen sein wird, was wir in den ersten Jahren auf diese Weise in das Kind hineingebracht haben. In der Lebensbeobachtung ergibt sich nämlich, daß die eigentlichen Wirkungen dessen, was als Ursachen in die kindliche Seele hineingelegt worden ist, am allerspätesten erst eintreten, das heißt am Lebensabend. Der Mensch kann einen in sich regen Geist bis an sein Lebensende dadurch haben, daß wir ihn als Kind in der Weise erzogen haben, wie es jetzt eben beschrieben worden ist: daß wir auf sein Seelenleben, auf alles, was lebendig in ihm sitzt, Rücksicht genommen haben. Wenn wir das herausgeholt und zur Entwicklung gebracht haben, was an inneren Kräften in ihm vorhanden ist, dann werden wir die Früchte am Lebensabend herauskommen sehen in Gestalt eines reichen Seelenlebens. Dagegen in einer verdorrten und verarmten Seele und demgemäß auch – weil, wie wir später sehen werden, eine verdorrte Seele auch auf den Leib wirkt – in den leiblichen Gebresten des Alters tritt das auf, was wir in der frühesten Kindheit an dem Menschen Unrichtiges getan haben. Da sehen wir etwas, was sich in gewisser Weise regulär, so daß es für jeden Menschen gültig ist, im Menschenleben als Zusammenhang von Ursache und Wirkung darstellt.

So könnten wir auch für die mittleren Lebensabschnitte solche Zusammenhänge finden, und wir werden darauf noch aufmerksam machen. – Wie wir einen Menschen vom siebenten bis vierzehnten Jahre behandeln, das tritt in seinen Wirkungen wieder im vorletzten Lebensabschnitt hervor.

So sehen wir Ursache und Wirkung *zyklisch*, wie im Kreise, sich abspielen. Was an Ursachen am frühesten vorhanden war, das tritt als Wirkung am spätesten auf. Aber nicht nur solche Wirkungen und Ursachen sind im einzelnen Menschenleben vorhanden, sondern es geht neben dem zyklischen Verlauf ein *geradliniger* einher.

An unserem Beispiel, wie das dreizehnte Jahr in das dreiundzwanzigste hineinspielen kann, haben wir gesehen, wie Ursache und Wirkung im Menschenleben so zusammenhängen, daß dasjenige, was der Mensch in sich erlebt hat, Wirkungen nach sich zieht, die dann wieder auf dasselbe Menschenwesen zurückschlagen. So erfüllt sich Karma im einzelnen Menschenleben. Wir werden aber zu einer Erklärung des Menschenlebens nicht kommen, wenn wir Zusammenhänge zwischen Ursache und Wirkung nur in diesem einzelnen Menschenleben suchen. Wie der Gedanke, der jetzt angeschlagen ist, weiter zu begründen und auszuführen ist, darüber werden wir in den nächsten Stunden sprechen. Jetzt soll nur auf etwas hingedeutet werden, das ja bereits bekannt ist: daß die Geisteswissenschaft zeigt, wie dieses Menschenleben zwischen Geburt und Tod die Wiederholung ist früherer Menschenleben.

Wenn wir nun das Charakteristische aufsuchen für das Leben zwischen Geburt und Tod, so können wir als solches bezeichnen die *Ausdehnung eines und desselben Bewußtseins* – im wesentlichen wenigstens – für die ganze Zeit zwischen Geburt und Tod. Wenn Sie sich zurückerinnern an Ihre früheren Lebensabschnitte, so werden Sie sagen: Es gibt einen Zeitpunkt, der nicht mit meiner Geburt zusammenfällt, sondern etwas später liegt, wo meine Lebenserinnerungen beginnen. Das werden alle Menschen sagen, die nicht zu den Eingeweihten gehören; und sie werden dann davon sprechen, daß ihr Bewußtsein so weit nur reicht. Im Grunde genommen haben wir es in dem Zeitraum von der Geburt bis zum Tod in bezug auf den Beginn dieser Lebenserinnerungen mit etwas sehr Eigentümlichem zu tun, und wir werden auch darauf noch zurückkommen; das wird uns in bedeutsame Dinge hineinleuchten. Wenn wir das aber nicht berücksichtigen, können wir sagen: Charakteristisch für das Leben zwischen Geburt und Tod ist es, daß *ein* Bewußtsein sich ausdehnt für diese Zeit.

Wenn nun auch der Mensch im gewöhnlichen Leben, wenn ihn im späteren Lebensalter etwas trifft, die Ursachen dazu in früheren Lebensabschnitten nicht aufsucht, so könnte er es aber dennoch, wenn er nur auf alles aufmerksam genug wäre und alles erforschen würde. Er könnte es mit dem Bewußtsein, das ihm als Erinnerungsbewußtsein zur Verfügung steht. Und wenn er durch die Erinnerung versuchte, sich den Zusammenhang zwischen Früherem und Späterem im karmischen Sinne vor die Seele zu stellen, so würde er zu folgendem Ergebnis kommen.

Er würde zum Beispiel sagen: Ich sehe, daß gewisse Ereignisse, die bei mir eingetreten sind, nicht gekommen wären, wenn nicht das oder jenes in einem früheren Lebensabschnitt eingetreten wäre. – Er würde vielleicht sagen: Für das, was meine Erziehung an mir getan hat, muß ich jetzt büßen. – Aber wenn er auch nur den Zusammenhang einsieht zwischen dem, was nicht er gesündigt hat, sondern was an ihm gesündigt worden ist, und späteren Ereignissen, dann wird ihm schon das eine Hilfe sein. Er wird leichter Mittel und Wege finden, um Schäden, die an ihm begangen worden sind, auszugleichen. Die Erkenntnis eines solchen Zusammenhanges zwischen Ursachen und Wirkungen in unseren einzelnen Lebensabschnitten, die wir durch unser gewöhnliches Bewußtsein überschauen können, kann uns schon im höchsten Grade förderlich sein im Leben. Ja, wenn wir uns diese Erkenntnis erwerben, können wir vielleicht noch etwas anderes tun. – Wenn allerdings ein Mensch achtzig Jahre alt geworden ist und dann zurückschaut auf das, was man als Ursachen zu Ereignissen im achtzigsten Jahre in frühester Kindheit zu suchen hat, so wird es für ihn vielleicht recht schwierig sein, Gegenmittel zu finden, um auszugleichen, was an ihm getan worden ist, und wenn er sich dann belehren läßt, so wird das nicht mehr allzuviel helfen. Wenn er sich aber vorher belehren läßt und hinblickt auf die Sünden, die an ihm begangen sind, und, sagen wir, schon im vierzigsten Jahre dagegen Vorsorge trifft, dann hat er vielleicht doch noch Zeit, um gewisse Gegenmittel zu ergreifen.

Wir sehen also, daß wir uns nicht allein für das unmittelbar Nächstliegende des Lebenskarma belehren lassen sollen, sondern über Karma und den gesetzmäßigen Zusammenhang, den Karma bedeutet, überhaupt. Das kann uns förderlich sein für unser Leben. – Was tut denn aber ein Mensch, der im vierzigsten Jahre etwas unternimmt, damit die Schäden gewisser Sünden nicht eintreten, die zum Beispiel im zwölften Jahre an ihm begangen worden sind oder die er selbst begangen hat? Er wird versuchen, was er gesündigt hat oder was an ihm getan worden ist, auszugleichen und alles zu tun, was der Wirkung, die eintreten müßte, vorbeugt. Er wird in gewisser Weise sogar die notwendige Wirkung, die ohne sein Zutun eintreten würde, durch eine andere ersetzen. Die Erkenntnis dessen, was es im zwölften Jahre gegeben hat, wird ihn selbst zu einer bestimmten Handlung im vierzigsten Jahre führen. Diese Handlung hätte er nicht getan, wenn er nicht erkannt hätte, daß es dieses oder jenes im zwölften Jahre gegeben hat. Was hat der Mensch also durch sein Zurückblicken auf sein früheres Leben getan? Er hat selber *durch sein Bewußtsein* folgen lassen auf eine Ursache eine bestimmte Wirkung. Er hat gewollt die Wirkung, welche er jetzt herbeigeführt hat. – Das zeigt uns, wie in die Linie der karmischen Folgen *unser Wille* eingreifen und etwas schaffen kann, was an Stelle von sonst eingetretenen karmischen Wirkungen steht. Nehmen wir einen solchen Zusammenhang, wo unser Bewußtsein ganz bewußt eine Verbindung zwischen Ursache und Wirkung im Lebenslauf herbeiführt, so werden wir uns sagen: Bei einem solchen Menschen ist Karma oder karmische Gesetzmäßigkeit ins Bewußtsein hineingetreten, er hat selbst in gewisser Weise die karmische Wirkung herbeigeführt.

Nehmen wir nun aber einmal an, wir legen einer ähnlichen Betrachtung dasjenige zugrunde, was wir über die wiederholten Erdenläufe eines Menschen wissen. Das Bewußtsein, von dem wir eben gesprochen haben, das sich ausdehnt mit der angedeuteten Ausnahme auf unser Leben zwischen Geburt und Tod, das entsteht dadurch, daß sich der Mensch des Instrumentes seines Gehirns bedienen kann. Wenn der Mensch durch die Pforte des Todes schreitet, tritt ein andersgeartetes Bewußtsein auf, das unabhängig ist vom Gehirn und an wesentlich andere Bedingungen gebunden ist. Und wir wissen, daß für dieses Bewußtsein, das bis zur neuen Geburt dauert, eine Art Rückblick auftritt über alles, was der Mensch in dem Leben zwischen Geburt und Tod vollbracht hat. Im Leben zwischen Geburt und Tod muß sich der Mensch erst die Absicht bilden, zurückzublicken auf irgendwelche Sünden, die an ihm begangen worden sind, wenn er die Wirkung dieser Sünden wirklich karmisch in sein Leben einführen soll. Nach dem Tode schaut der Mensch im Zurückblicken auf sein Leben auf dasjenige, was er an Sünden oder überhaupt an Handlungen vollbracht hat. Da schaut er auch zugleich das, was diese Handlungen an seiner Seele oder aus seiner Seele gemacht haben. Da sieht der Mensch, wie er dadurch, daß er eine bestimmte Handlung getan hat, in seinem Werte gesunken oder gestiegen ist. Haben wir einem andern zum Beispiel irgendein Leid zugefügt, so ist unser Wert dadurch gesunken; wir sind sozusagen weniger wert geworden, sind unvollkommener geworden, indem wir dem andern das Leid zugefügt haben. Wenn wir nun nach dem Tode zurückblicken, sehen wir auf zahlreiche solche Fälle zurück, bei denen wir uns sagen: Wir sind dadurch unvollkommener geworden. Daraus aber folgt für das Bewußtsein nach dem Tode, daß in ihm die Kraft und der Wille entstehen, wenn es wieder Gelegenheit dazu hat, alles zu tun, um jenen Wert wieder zu erringen, welchen es verloren hat, das heißt der Wille, alles Leid auszugleichen, das es zugefügt hat. Der Mensch nimmt also zwischen Tod und neuer Geburt die Tendenz, die Absicht auf, was er Schlechtes getan hat, wieder auszugleichen, damit er überhaupt den Standpunkt der Vollkommenheit wieder erringen kann, den er als Mensch haben soll und der verhindert worden ist durch die entsprechende Tat.

Nun tritt der Mensch wieder ins Dasein. Sein Bewußtsein wird wieder ein anderes; er erinnert sich nicht zurück an die Zeit zwischen Tod und neuer Geburt und auch nicht daran, wie er die Absicht gefaßt hat, etwas auszugleichen. Aber diese Absicht sitzt in ihm. Und wenn er auch nicht weiß: du mußt dies oder das tun, um das oder jenes auszugleichen! –, so wird er doch durch die Kraft, die in ihm sitzt, zu irgendeiner Handlung hingetrieben, die ein Ausgleich ist. Und jetzt können wir uns eine Vorstellung machen, was vor sich geht, wenn einen Menschen zum Beispiel im zwanzigsten Jahre etwas sehr Schmerzliches trifft. Mit seinem Bewußtsein, das er hat zwischen Geburt und Tod, wird er niedergedrückt sein durch seinen Schmerz. Würde er sich aber daran erinnern, was er in dem Leben zwischen Tod und neuer Geburt an Absichten aufgenommen hat, dann würde er auch die Kraft spüren, die ihn hingetrieben hat an die Stelle, wo er diesen Schmerz hat erleiden können, weil er gefühlt hat, daß er den Grad von Vollkommenheit, den er sich verscherzt hat und den er wiedererringen soll, nur dadurch wieder erreichen kann, daß er diesen Schmerz durchmacht. Wenn also auch das gewöhnliche Bewußtsein sagt: der Schmerz ist da; du leidest darunter! – und nur den Schmerz in der Wirkung betrachtet, so könnte doch für das Bewußtsein, welches auch die Zeit zwischen Tod und neuer Geburt überblickt, gerade das Aufsuchen des Schmerzes oder irgendeines Unglückes in der Absicht liegen.

Das stellt sich uns tatsächlich dar, wenn wir von einem höheren Gesichtspunkt aus das Menschenleben betrachten. Da können wir sehen, daß im Menschenleben Schicksalsfälle eintreten, die sich nicht darstellen als Wirkungen von Ursachen des einzelnen Lebenslaufes, sondern die aus einem andern Bewußtsein heraus verursacht sind, nämlich aus einem solchen Bewußtsein, das jenseits der Geburt liegt und das unser Leben fortsetzt in frühere Zeiten, als diejenigen sind, die erst seit unserer Geburt abgelaufen sind. Wenn wir diesen Gedanken genau fassen, werden wir sagen: Wir haben zunächst ein Bewußtsein, das sich ausdehnt über die Zeit zwischen Geburt und Tod und welches wir das *Bewußtsein der Einzelpersönlichkeit* nennen wollen, und wir wollen als Einzelpersönlichkeit dasjenige bezeichnen, was zwischen Geburt und Tod verläuft. Sodann sehen wir, wie *ein Bewußtsein wirken kann über Geburt und Tod hinaus*, von dem der Mensch in seinem gewöhnlichen Bewußtsein nichts weiß, das aber gerade so wirken kann wie dieses gewöhnliche Bewußtsein. Wir haben deshalb zunächst geschildert, wie jemand selbst sein Karma übernimmt und im vierzigsten Jahre zum Beispiel etwas ausgleicht, damit ihn die Ursachen vom zwölften Jahre nicht treffen. Da nimmt er Karma in sein Einzelpersönlichkeits-Bewußtsein hinein. Wenn dagegen der Mensch irgendwohin getrieben wird, wo er einen Schmerz erleiden kann, um etwas auszugleichen, um ein besserer Mensch zu werden, so kommt das auch aus dem Menschen; nur kommt es nicht aus dem Einzelpersönlichkeits-Bewußtsein, sondern aus einem umfassenderen Bewußtsein, das mitumfaßt die Zeit zwischen Tod und neuer Geburt. Dasjenige Wesen im Menschen, welches von diesem Bewußtsein umfaßt wird, wollen wir die *Individualität* des Menschen nennen; und dieses Bewußtsein, das also fortwährend unterbrochen wird durch das Persönlichkeits-Bewußtsein, wollen wir das *individuelle Bewußtsein* nennen, im Gegensatz zum

Einzelpersönlichkeits-Bewußtsein. So sehen wir Karma wirksam in bezug auf die Individualität des Menschen.

Nun würden wir das menschliche Leben aber trotzdem nicht verstehen, wenn wir nur die Reihe der Erscheinungen verfolgen würden, wie wir es bis jetzt getan haben, indem wir nur dasjenige ins Auge faßten, was im Menschen um des Menschen selber willen an Ursachen liegt und an Wirkungen aufgesucht wird. Wir brauchen uns nur einen einfachen Fall vor die Seele zu führen, der nur so dargestellt werden soll, daß er anschaulicher wirkt, und wir werden gleich sehen, daß wir das menschliche Leben nicht verstehen, wenn wir nur dasjenige in Betracht ziehen, was wir jetzt eben gesagt haben. – Nehmen wir einen Erfinder oder Entdecker, zum Beispiel Kolumbus oder den Entdecker der Dampfmaschine oder irgendeinen andern. In der Entdeckung liegt eine bestimmte Handlung, eine bestimmte Tat. Wenn wir diese Tat ins Auge fassen, so wie sie der Mensch getan hat, und dann die Ursache suchen, warum sie der Mensch getan hat, dann werden wir immer solche Ursachen finden, welche in der Richtung liegen, wie wir sie jetzt angegeben haben. Warum Kolumbus zum Beispiel nach Amerika fuhr, warum er gerade in einem bestimmten Zeitpunkt diese Absicht faßte, dazu werden wir die Ursachen finden in seinem individuellen und persönlichen Karma. Aber wir werden uns jetzt fragen können: Wird diese Ursache nur im persönlichen und individuellen Karma gesucht werden müssen? Und wird die Tat als Wirkung nur betrachtet werden müssen für die Individualität, die in Kolumbus wirksam war? – Daß Kolumbus Amerika entdeckt hat, hat eine bestimmte Wirkung für ihn gehabt. Er ist dadurch gestiegen, ist vollkommener geworden. Das wird sich zeigen in der Fortentwicklung seiner Individualität im folgenden Leben. Aber welche Wirkungen hat diese Tat noch für andere Menschen gehabt? Müßte sie nicht auch als Ursache betrachtet werden, die in unzählige Menschenleben eingegriffen hat?

Das ist aber noch eine ziemlich abstrakte Betrachtung einer solchen Sache, die wir viel tiefer erfassen können, wenn wir das Menschenleben über große Zeitspannen hin betrachten. Nehmen wir an, wir betrachten das Menschenleben, wie es sich abgespielt hat im ägyptisch-chaldäischen Zeitalter, das dem griechisch-lateinischen vorangegangen ist. Wenn wir dieses Zeitalter prüfen in bezug auf das, was es den Menschen gegeben hat und was die Menschen damals erfahren haben, dann zeigt sich uns etwas höchst Eigentümliches. Wenn wir diese Epoche vergleichen mit unserer eigenen, dann werden wir erkennen, daß dasjenige, was in unserem eigenen Zeitalter geschieht, zusammenhängt mit dem, was in der ägyptisch-chaldäischen Kulturperiode vor sich gegangen ist. Das griechisch-lateinische Zeitalter steht zwischen beiden darinnen. In unserer Zeit würden gewisse Dinge nicht geschehen, wenn nicht gewisse Dinge in der ägyptisch-chaldäischen Kultur geschehen wären. Wenn die gegenwärtige Naturwissenschaft dieses oder jenes an Ergebnissen zustande gebracht hat, so rührt das allerdings auch von Kräften her, welche sich aus der Menschenseele entwickelt und entfaltet haben. Aber die Menschenseelen, die in unserer Zeit gewirkt haben, waren auch verkörpert im ägyptisch-chaldäischen Zeitalter und haben dort gewisse Erlebnisse aufgenommen, ohne welche sie das nicht verrichten könnten, was sie heute verrichten. Hätten nicht die Schüler der altägyptischen Tempelpriester die ägyptische Astrologie über die Zusammenhänge des Himmels aufgenommen, so hätten sie nicht auf ihre Art später eindringen können in die Weltengeheimnisse, und es wären in gewissen Seelen unserer Zeit nicht die Kräfte gewesen, welche die Menschheit jetzt in unserer Zeit hinausgeführt haben in die Himmelsräume. Wie kam zum Beispiel Kepler zu seinen Entdeckungen? Er kam dazu, weil eine Seele in ihm lebte, die im ägyptisch-chaldäischen Zeitraum die Kräfte zu jenen Entdeckungen aufgenommen hatte, welche sie im fünften Zeitraum dann machen konnte. Es erfüllt uns mit einer gewissen inneren Befriedigung, wenn in einzelnen Geistern gleichsam Erinnerungen auftauchen in der Art, daß die Keime zu dem, was sie jetzt tun, in der Vergangenheit gelegt worden sind. Einer der Geister, der Wichtiges geleistet hat in bezug auf die Erforschung der Himmelsgesetze, Kepler, sagt von sich selbst[11]: «Ja, ich bin es, ich habe die goldenen Gefäße der Ägypter geraubt, um meinem Gott aus ihnen ein Heiligtum zu errichten, fern von den Grenzen Ägyptens. Wenn ihr mir vergebt, werde ich mich freuen, wenn ihr zürnt, werde ich es tragen; – hier werf ich den Würfel und schreibe dies Buch für den heutigen wie den dereinstigen Leser – was liegt daran? Und wenn es auf seinen Leser hundert Jahre warten muß: Gott selbst hat sechs Jahrtausende dessen geharrt, der sein Werk erkennend erblickt.»

Das ist eine sporadisch auftauchende Erinnerung des Kepler an das, was er als Keim aufgenommen hat zu dem, was er in seinem persönlichen Dasein als Kepler vollbringen konnte. So könnten Hunderte von ähnlichen Beispielen angeführt werden. – Da sehen wir aber noch etwas anderes als bloß die Tatsache, daß bei Kepler etwas auftaucht, was die Wirkung ist von Erlebnissen eines früheren Erdenlebens. Wir sehen etwas auftauchen, was als die gesetzmäßige Wirkung erscheint für die ganze Menschheit von etwas, was wiederum bedeutsam war für die Menschheit in einer früheren Zeit. Wir sehen, wie der Mensch hingestellt wird an einen Ort, um für die ganze Menschheit etwas zu leisten. Wir sehen, daß nicht nur im individuellen Menschenleben, sondern daß in der ganzen Menschheit Zusammenhänge bestehen zwischen Ursachen und Wirkungen, die sich über weite Zeiträume hin erstrecken. Und wir können daraus entnehmen, daß sich das individuelle Karmagesetz kreuzen wird mit den Gesetzen, welche wir nennen können die karmischen Menschheitsgesetze. Manchmal ist dieses Kreuzen allerdings wenig durchsichtig. Denken Sie, was wäre aus unserer Astronomie geworden, wenn einstmals nicht das Fernrohr erfunden worden wäre, das in einer bestimmten Zeit erfunden worden ist. Verfolgen Sie unsere Astronomie zurück, und Sie werden sehen, daß unendlich vieles an der Erfindung des Fernrohres hängt. Nun ist es ja bekannt, daß das Fernrohr dadurch erfunden worden ist, daß in einer optischen Werkstatt einmal Kinder mit Linsen gespielt haben, wobei sie durch einen «Zufall», so könnte man sagen, optische Linsen so zusammengestellt haben, daß hernach jemand darauf gekommen ist: dadurch könnte sich so etwas ergeben wie ein Fernrohr. – Denken Sie, wie tief Sie suchen müssen, um zu dem individuellen Karma der Kinder und dem Karma der Menschheit zu kommen, daß in einem bestimmten Zeitpunkt das Fernrohr erfunden worden ist! Versuchen Sie das zusammenzudenken, und Sie werden sehen, wie in merkwürdiger Art *das Karma einzelner Individualitäten und das Karma der ganzen Menschheit sich kreuzen und ineinanderweben!* Da werden Sie sich sagen: Man müßte sich die ganze Menschheitsentwicklung anders denken, wenn nicht zu einer bestimmten Zeit dies oder jenes eingetreten wäre.

Die Frage ist gewöhnlich ganz müßig: Was wäre mit dem Römischen Reiche geworden, wenn nicht die Griechen in einer bestimmten Zeit den persischen Angriff in den Perserkriegen zurückgeschlagen hätten? – Aber nicht müßig ist die Frage: Wodurch ist es gekommen, daß die Perserkriege gerade in dieser Weise verlaufen sind? – Wer dieser Frage nachgeht und eine Antwort sucht, der wird sehen, daß im Orient ganz bestimmte Errungenschaften nur dadurch zustande kamen, daß gewisse despotische Herrscher da waren, die nur für ihre Person etwas wollten und sich zu diesem Zwecke verbanden mit den Opferpriestern und so weiter. Die ganzen damaligen Staatseinrichtungen waren notwendig, damit im Orient etwas geschaffen werden konnte, aber diese Einrichtungen haben es mit sich gebracht, daß auch alle die Schäden eintraten, die dann eingetreten sind. Und damit hängt es zusammen, daß ein andersgeartetes Volk – die Griechen – im entsprechenden Moment den morgenländischen Angriff zurückschlagen konnte. Wenn wir das bedenken, werden wir fragen: Wie steht es mit dem Karma der Persönlichkeiten, die in Griechenland gewirkt haben, um den persischen Angriff zurückzuschlagen? – Da werden wir manches Persönliche finden im Karma der betreffenden Menschen; aber wir werden auch finden, daß das persönliche Karma mit dem Volks- und Menschheitskarma verknüpft ist, so daß es berechtigt ist zu sagen: Das ganze Menschheitskarma hat gerade diese bestimmten Persönlichkeiten an diesen Ort in diese Zeit gestellt! – Wir sehen da hineinspielen Menschheitskarma in das Einzelkarma. Und wir werden uns weiter fragen müssen, wie diese Dinge zusammenspielen. Aber wir können noch weitergehen und einen andern Zusammenhang betrachten.

Wir können zurückblicken im Sinne der Geisteswissenschaft auf eine Zeit unserer Erdenentwicklung, in der es auf unserer

Erde noch kein Mineralreich gegeben hat. Unserer Erdenentwicklung gingen voran die Saturn-, die Sonnen- und die Mondenentwicklung, wo es noch kein mineralisches Reich in unserem Sinne gegeben hat.[12] Erst auf der Erde sind unsere heutigen Mineralien in ihren heutigen Formen entstanden. Dadurch aber, daß sich das Mineralreich ausgeschieden hat im Verlaufe der Erdenentwicklung, ist es als ein besonderes Reich für alle Folgezeit da. Vorher haben sich Menschen, Tiere und Pflanzen so entwickelt, daß kein ihnen zugrunde liegendes Mineralreich vorhanden war. Damit die andern Reiche einen späteren Fortschritt erreichen konnten, mußten sie das Mineralreich ausscheiden. Aber nachdem sie es ausgeschieden haben, können sie sich nur so entwickeln, wie sie sich entwickeln auf einem Planeten, der eine feste mineralische Grundlage hat. Und nie wird etwas anderes entstehen als das, was unter der Voraussetzung geschah, daß die Bildung eines Mineralreiches zustande kam. Das Mineralreich ist da, und alle späteren Schicksale der andern Reiche hängen ab von der Entstehung des Mineralreiches, das sich einmal in unserem Erdendasein in einer urfernen Vergangenheit gebildet hat. – So ist mit der Tatsache der Entstehung des Mineralreiches etwas geschehen, womit alle spätere Erdenentwicklung zu rechnen hat. Es wird sich an allen andern Wesen erfüllen, was aus der Entstehung des Mineralreiches folgt. Da haben wir wieder in späteren Zeitaltern die karmische Erfüllung für etwas, was früher geschehen ist. Auf der Erde erfüllt sich, was sich auf der Erde vorbereitet hat. Es ist ein Zusammenhang von dem, was früher, und dem, was später geschehen ist, aber auch ein solcher Zusammenhang, der in der Wirkung zurückschlägt auf das verursachende Wesen. Menschen, Tiere und Pflanzen haben das Mineralreich ausgeschieden, und das Mineralreich schlägt wieder auf sie zurück. Da sehen wir, daß es möglich ist, von einem Karma der Erde zu sprechen.

Und endlich können wir etwas hervorheben, wozu sich die Grundlagen in den allgemeinen Ausführungen der «Geheimwissenschaft im Umriß» finden.[12]

Wir wissen, daß gewisse Wesenheiten zurückgeblieben sind auf der Stufe der alten Mondentwicklung und daß diese Wesen zurückgeblieben sind, um dem Menschen der Erde ganz bestimmte Eigenschaften beizubringen. Aber nicht nur Wesenheiten sind zurückgeblieben von der alten Mondenzeit der Erde, sondern auch Substantialitäten. Auf der Mondenstufe sind Wesen stehengeblieben, die als luziferische Wesenheiten in unser Erdendasein hineinwirken. Durch diese Tatsache des Stehenbleibens und des Hereinwirkens in unser Erdendasein vollziehen sich im Erdendasein Wirkungen, zu denen die Ursachen schon im Mondendasein gelegt worden sind. Aber auch substantiell vollzieht sich so etwas. – Wenn wir heute unser Sonnensystem ansehen, finden wir es zusammengesetzt aus Weltenkörpern, die regelmäßig wiederkehrende und eine gewisse innere Geschlossenheit zeigende Bewegungen ausführen. Aber andere Weltenkörper finden wir, die sich zwar auch mit einem gewissen Rhythmus bewegen, die aber sozusagen die gewöhnlichen Gesetze des Sonnensystems durchbrechen, nämlich die Kometen. Nun ist die Substanz eines Kometen nicht eine solche mit Gesetzen, wie sie in unserem gewöhnlichen, regulären Sonnensystem bestehen, sondern mit Gesetzen, wie sie im alten Mondendasein existiert haben. In der Tat hat sich im kometarischen Dasein erhalten die Gesetzmäßigkeit des alten Mondendaseins. Ich habe schon öfter erwähnt, daß die Geisteswissenschaft diese Gesetzmäßigkeit nachgewiesen hat, bevor eine Bestätigung von seiten der Naturwissenschaft eingetreten ist. Im Jahre 1906 habe ich in Paris auf die Tatsache aufmerksam gemacht[13], daß während des alten Mondendaseins gewisse Verbindungen von Kohlenstoff und Stickstoff eine ähnliche Rolle spielten wie heute auf der Erde Verbindungen von Sauerstoff und Kohlenstoff, also Kohlensäure, Kohlendioxyd und so weiter. Diese letzteren Verbindungen haben etwas Ertötendes. Eine ähnliche Rolle haben Zyanverbindungen, blausäureartige Verbindungen während des alten Mondendaseins gespielt. Auf diese Tatsache wurde hingewiesen von der Geisteswissenschaft 1906. Auch in andern Vorträgen wurde darauf hingewiesen, daß das kometarische Dasein die Gesetze des alten Mondendaseins hineinführt in unser Sonnensystem, so daß also nicht nur zurückgeblieben sind die luziferischen Wesen, sondern auch die Gesetzmäßigkeit der alten Mondensubstanz, die in unregelmäßiger Weise hineinwirkt in unser Sonnensystem. Und es wurde immer gesagt, das kometarische Dasein müsse heute noch etwas enthalten wie Zyanverbindungen in der Kometenatmosphäre. Erst viel später, als das durch die Geisteswissenschaft verkündet worden ist, in diesem Jahre erst, ist durch die Spektralanalyse das Blausäurespektrum im Kometendasein gefunden worden.

Hier haben Sie einen der Beweise dafür, wenn gesagt wird: Zeigt uns einmal, wie man wirklich mit der Geisteswissenschaft etwas finden kann! – Solche Dinge gibt es mehr; sie sollten nur beobachtet werden. So wirkt also etwas hinein von unserem alten Mondendasein in das jetzige Erdendasein.

Nun fragen wir uns: Darf behauptet werden, daß äußeren sinnlichen Erscheinungen zugrunde liegt ein Geistiges? – Für den, der sich zur Geisteswissenschaft bekennt, ist es klar, daß hinter allem sinnlich Wirklichen auch ein Geistiges liegt. Wenn substantiell etwas vom alten Mondendasein hineinwirkt in unser Erdendasein, wenn der Komet unser Erdendasein bestrahlt, so wirkt dahinter auch etwas Geistiges. Und wir könnten sogar angeben, welches Geistige sich zum Beispiel anzeigt durch den Halleyschen Kometen. Der Halleysche Komet ist der äußere Ausdruck – jedesmal, wenn er in die Sphäre unseres Erdendaseins hineinkommt – zu einem neuen Impuls zum Materialismus. Das mag der heutigen Welt abergläubisch erscheinen. Aber die Menschen sollten sich dann nur darauf besinnen, wie sie selbst geistige Wirkungen von Konstellationen der Sterne herleiten. Oder wer würde nicht sagen, daß der Eskimo deshalb ein andersgeartetes Menschenwesen ist als zum Beispiel der Hindu, weil in der Polargegend die Sonnenstrahlen unter einem andern Winkel einfallen? Überall führen auch die Naturwissenschaftler auf Sternkonstellationen geistige Wirkungen in der Menschheit zurück. – Also ein geistiger Impuls zum Materialismus erfolgt parallel dem Halleyschen Kometen. Dieser Impuls kann nachgewiesen werden: Auf das Erscheinen des Halleyschen Kometen vom Jahre 1835 folgte jene materialistische Zeitströmung, die man bezeichnen kann als den Materialismus der zweiten Hälfte des vorigen Jahrhunderts; auf die Erscheinung vorher folgte die materialistische Aufklärerei der französischen Enzyklopädisten. Das ist der Zusammenhang.

Damit gewisse Dinge eintreten im Erdensein, mußten die Ursachen dazu früher, außerhalb des Erdenseins gelegt werden. Und hier haben wir es sogar mit einem Weltenkarma zu tun. Denn warum ist auf dem alten Monde Geistiges und Substantielles ausgeschaltet worden? Damit gewisse Wirkungen wieder zurückstrahlen können auf diejenigen Wesenheiten, welche dieses ausgeschieden haben. Die luziferischen Wesenheiten sind ausgeschieden worden, haben eine andere Entwicklung durchmachen müssen, damit für die Wesen, die auf der Erde sind, freier Wille und die Möglichkeit zum Bösen auf der Erde entstehen konnten. Da haben wir etwas, was an karmischen Wirkungen über unser Erdendasein hinausgeht: einen Ausblick auf das Weltenkarma.

So konnten wir heute sprechen über den Karmabegriff, über seine Bedeutung für die einzelne Persönlichkeit, für die Individualität, für die ganze Menschheit, innerhalb der Wirkungen unserer Erde und über die Erde hinaus – und wir haben noch etwas gefunden, was wir als Weltenkarma ansprechen können. So finden wir das *Karmagesetz*, das wir nennen können ein Gesetz vom Zusammenhang zwischen Ursache und Wirkung, aber in der Weise, daß die Wirkung wieder auf die Ursache zurückschlägt und daß sich beim Zurückschlagen noch das Wesen erhalten hat, dasselbe geblieben ist. Wir finden diese karmische Gesetzmäßigkeit überall in der Welt, insofern wir die Welt als eine geistige betrachten. Wir ahnen, daß sich das Karma auf den verschiedensten Gebieten in der verschiedensten Weise offenbaren wird. Und wir ahnen, wie die verschiedenen karmischen Strömungen – persönliches Karma, Menschheitskarma, Erdenkarma, Weltenkarma und so weiter – sich kreuzen werden und daß uns gerade dadurch die Aufschlüsse werden, die wir brauchen, um das Leben zu verstehen. Und an seinen einzelnen Punkten ist das Leben nur zu verstehen, wenn wir das Zusammenwirken der verschiedensten karmischen Strömungen finden können.

Reinkarnation und Karma

Vor acht Tagen sprach ich über die Zusammensetzung des Menschen und über die verschiedenen Teile seiner Wesenheit.[14] Wenn Sie absehen von der feineren Einteilung, die wir damals besprochen haben, so können wir sagen, daß die menschliche Wesenheit zerfällt in die drei Glieder: Leib, Seele und Geist. Nun führt eine Betrachtung dieser drei Glieder der menschlichen Wesenheit zu den großen Gesetzen des menschlichen Lebens, zu ebensolchen Gesetzen der Seele und des Geistes, wie uns die Betrachtung der Außenwelt zu den Gesetzen des physischen Lebens führt. Unsere gebräuchliche Wissenschaft kennt ja nur die Gesetze des physischen Lebens. Sie weiß nichts zu sagen über die Gesetze des seelischen und geistigen Lebens auf den höheren Gebieten. Aber es gibt auf diesen höheren Gebieten ebensolche Gesetze, und diese Gesetze des seelischen und geistigen Lebens sind unzweifelhaft für den Menschen noch wichtiger und bedeutungsvoller als das, was äußerlich im physischen Raume geschieht. Aber die hohe Bestimmung des Menschen, das Begreifen unseres Schicksals, das Begreifen, warum wir in diesem Leibe sind, welchen Sinn dieses Leben hat – die Beantwortung dieser Fragen kann einzig und allein auf den höheren Gebieten des geistigen Lebens gefunden werden.

Eine Betrachtung des *seelischen Lebens* zeigt dessen großes Grundgesetz, das *Gesetz der Entwicklung* auf dem seelischen Gebiet auf, das Gesetz der Wiederverkörperung. Und eine Betrachtung des geistigen Lebens zeigt uns das Gesetz von Ursache und Wirkung im geistigen Leben, das Gesetz, das wir im Physischen genau kennen, daß jegliche Tatsache ihre Ursache hat. Jede Tat des Geisteslebens hat ihre Ursache und muß ihre Ursache haben, und dieses Gesetz im geistigen Leben heißt das Gesetz des Karma. Das *Gesetz der Reinkarnation* oder Wiederverkörperung besteht darin, daß der Mensch nicht nur einmal lebt, sondern daß das Leben des Menschen in einer ganzen Anzahl von Wiederholungen verläuft, die allerdings einmal einen Anfang genommen haben und einmal ein Ende finden werden. Von anderen Zuständen des Lebens ausgehend ist der Mensch, wie wir in späteren Stunden noch sehen werden, in dieses Gesetz der Reinkarnation eingetreten, und er wird dieses Gesetz später wieder überwinden, um zu anderen Phasen seiner Entwicklung überzugehen. Das Gesetz des Karma sagt, daß unser Schicksal, dasjenige, was wir im Leben erfahren, nicht ohne Ursache ist, sondern daß unsere Taten, unsere Erfahrungen, unsere Leiden und Freuden in einem Leben abhängen von den vorhergehenden Leben, daß wir uns in den verflossenen Lebensläufen unser Schicksal selbst gezimmert haben. Und so, wie wir jetzt leben, schaffen wir uns die Ursachen für das Schicksal, das, wenn wir wiederverkörpert werden, uns treffen wird.

Nun wollen wir uns etwas genauer auf diese Vorstellungen der seelischen Entwicklung und der geistigen Verursachung einlassen. Das Gesetz von der Reinkarnation oder Wiederverkörperung handelt davon, daß die menschliche Seele nicht einmal, sondern viele Male auf dieser Erde erscheint und lebt. Dieses Gesetz in seiner unmittelbaren Tatsächlichkeit kann natürlich nur derjenige vollständig einsehen, der durch die mystischen, theosophischen Methoden[17] sich so weit bringt, daß er imstande ist, auf den seelischen Gebieten des Daseins ebenso zu beobachten wie der gewöhnliche Mensch auf den äußeren Gebieten des sinnlichen Daseins und der sinnlichen Tatsachen. Erst wenn die höheren Tatsachen sich vor seinen seelischen Augen abspielen, wie für den sinnlichen Menschen die Tatsachen der physischen Welt vor den physischen Sinnen sich abspielen, dann ist für ihn die Reinkarnation eine Tatsache. Auch gibt es noch vieles, was der Mensch heute seiner eigentlichen Wesenheit nach noch nicht einsieht, aber er kann es in seinen Wirkungen sehen und deshalb glaubt er daran. In der Wiederverkörperung ist etwas, was die meisten Menschen nicht als Tatsache sehen können, was sie sich auch nicht gewöhnt haben als eine äußere Wirkung zu betrachten, und deshalb glauben sie nicht daran. Auch die Erscheinungen der Elektrizität sind derart, daß jeder Physiker sagen wird, die eigentliche Wesenheit der Elektrizität sei uns unbekannt; aber die Menschen zweifeln nicht daran, daß so etwas wie eine Wesenheit der Elektrizität existiert. Sie sehen die Wirkungen der Elektrizität, das Licht und die Bewegung. Könnten die Menschen die äußere Wirkung dessen, was Erinnerung ist, vor ihren physischen Augen sich abspielen sehen, dann könnten sie nicht zweifeln, daß es eine Wiederverkörperung gibt.[14a] Die Erinnerung kann man noch erkennen. Dennoch muß man sich zuerst bekanntmachen mit dem, was äußerlich sich ausdrückt von der Wiederverkörperung, um dadurch sich allmählich an den Gedanken zu gewöhnen, um dahin zu kommen, in der richtigen Weise das zu sehen, was die Theosophie Wiederverkörperung nennt.

Ich möchte daher zunächst rein äußerlich diejenigen Tatsachen betrachten, die jedem zugänglich sind, die jeder beobachten kann, die er nur nicht gewohnt ist, in die richtigen Gesichtspunkte hineinzurücken. Wenn er sich aber gewöhnte, diese äußeren Tatsachen in die richtigen Gesichtspunkte hineinzurücken, so würde er sich sagen: Ich kenne die Reinkarnation noch nicht als Tatsache, aber ich kann, wie bei der Elektrizität, voraussetzen, daß es so etwas gibt. Wer die äußeren physischen Tatsachen im richtigen Licht sehen will, muß das Gesetz der Entwicklung, das wir seit der naturwissenschaftlichen Forschung des 19. Jahrhunderts in der Außenwelt überall wahrnehmen, aufmerksam verfolgen. Er muß sich fragen: Was geschieht vor unseren Augen in der Lebewelt? Ich bemerke von vornherein, daß ich nur im allgemeinen diese Tatsache streifen will, weil ich in den nächsten Vorträgen über Darwinismus und Theosophie sprechen werde. Alle diejenigen Fragen, die sich an diesen Teil des heutigen Vortrages knüpfen können, knüpfen an an Zweifel und Gedanken darüber, ob die Theosophie durch den modernen Darwinismus zu widerlegen wäre. Diese Fragen werden Sie in dem Vortrage, den ich über acht Tagen halten werde, beantwortet erhalten.[15]

Also, diese Entwicklung müssen wir in der richtigen Weise erfassen. Im 18. Jahrhundert hat noch der große Naturforscher Linné gesagt, daß so viele Pflanzen- und Tierarten nebeneinander existieren als ursprünglich geschaffen worden sind.[16] Diese Idee wird von keinem Naturforscher mehr geteilt. Die vollkommeneren Lebewesen – so wird angenommen – haben sich aus unvollkommeneren Organismen entwickelt. So hat die Naturwissenschaft das, was man früher nur nebeneinander betrachten konnte, in ein Nacheinander in der Zeit verwandelt. Wenn wir uns nun fragen: Wodurch ist es möglich, daß die Entwicklung geschieht, wodurch ist es möglich, daß im Laufe der Aufeinanderfolge der verschiedenen Arten und Gattungen im Tier- und Pflanzenreiche ein Zusammenhang existiert? – dann kommen wir auf ein Gesetz, welches allerdings für unsere Naturwissenschaft etwas dunkel ist, aber doch zusammenhängt mit dem Gesetz der physischen Entwicklung. Und das ist die Tatsache, die sich in der sogenannten Vererbung ausdrückt. Nicht verschieden ist bekanntlich der Nachkomme eines Organismus von seinem Vorfahren. Die Ähnlichkeit tritt uns also entgegen zwischen Vorfahren und Nachkommen. Und dadurch, daß zu dieser Ähnlichkeit im Laufe der Zeit eine Verschiedenheit hinzutritt, entsteht die Mannigfaltigkeit. Sie ist sozusagen ein Ergebnis zweier Faktoren: dessen, worin die Nachkommen ihren Vorfahren gleichen, und dessen, worin sie sich verschieden zeigen. Dadurch entsteht auch die Mannigfaltigkeit der Tier- und Pflanzengestalt von der unvollkommensten bis zur vollkommensten. Niemals wäre einzusehen, warum die Verschiedenheit vorhanden ist, wenn nicht das Gesetz der Vererbung da wäre. Und es könnte auch nicht eingesehen werden, warum der Nachkomme verschieden ist, so daß sich diese Verschiedenheit zu der Ähnlichkeit hinzugesellt. Diese Verbindung zwischen Ähnlichkeit und Verschiedenheit gibt den Begriff der physischen Entwicklung. Sie finden ihn im Pflanzen-, Tier- und Menschenleben. Wenn Sie aber fragen: Was entwickelt sich im Physischen, was im Pflanzenleben, was im Tier- und was im Menschenleben? – dann bekommen wir einen durchgreifenden Unterschied heraus zwischen dem Menschenleben und dem Tierleben. Diesen Unterschied muß man sich klargemacht haben, vollständig durchdacht haben, dann wird man nicht stehenbleiben dort, wo der physische Forscher stehenbleibt. Man wird sich gezwungen fühlen, weiterzuschreiten, man wird den Gedanken der Entwicklung wesentlich erweitern müssen. Nur das Hängen an alten Denkgewohnheiten macht es, daß die Menschen nicht zu höheren Entwicklungsstufen kommen können.

Diesen Unterschied möchte ich nun bei der Menschheit und bei der Tierheit klarmachen. Er drückt sich in einer Tatsache aus, die unbestreitbar ist, aber nur nicht genügend berücksichtigt wird. Wenn man sie aber gefaßt hat, dann ist sie lichtbringend und durchaus aufklärend. Diese Tatsache kann man mit dem Schlagworte ausdrücken: Der Mensch hat eine *Biographie*, das Tier hat keine Biographie. Natürlich wird jeder Hunde-, Pferde-, Affenbesitzer einwenden, daß ein Tier eigentümliche, individuelle Neigungen und in gewisser Beziehung ein individuelles Dasein hat und daß man daher auch die Biographie eines Hundes, eines Pferdes oder eines Affen schreiben kann. Das soll nicht bezweifelt werden. Aber in demselben Sinne kann man auch die Biographie einer Schreibfeder schreiben. Niemand wird aber bestreiten, daß es nicht dasselbe ist, wenn wir von einer menschlichen Biographie sprechen. Überall sind nur Übergänge, Gradunterschiede, und daher gilt das, was für den Menschen vorzugsweise gilt, im übertragenen Sinne auch für untergeordnete Wesen, ja es kann sogar auf Dinge angewendet werden. Warum sollten wir nicht die Eigenschaften eines Tintenfasses beschreiben können? Aber Sie werden doch finden, daß ein radikaler Unterschied besteht zwischen der Biographie eines Menschen und der Biographie eines Tieres. Wenn wir sprechen wollen von dem, was uns beim Tiere in gleichem Maße interessiert wie beim einzelnen Menschen die Biographie, dann müssen wir die Beschreibung der Gattung liefern. Wenn wir einen Hund, einen Löwen beschreiben, dann hat das, was wir beschreiben, Gültigkeit für alle Hunde oder für alle Löwen. Wir brauchen dabei nicht an Biographien hervorragender Menschen zu denken. Wir können die Biographie eines Herrn Lehmann oder eines Herrn Schulze schreiben. Sie unterscheidet sich doch wesentlich von jeder Tierbiographie, und sie ist für den Menschen von gleichem Interesse wie die Beschreibung der Gattung für das Tierleben ist.

Damit ist gesagt für jeden, der in dieser Weise ganz und gar präzis denkt: Die Biographie bedeutet für den Menschen das, was die Gattungsbeschreibung für das Tier bedeutet. Im Tierreich spricht man daher von einer Entwicklung der Gattung und der Arten, beim Menschen muß man beim Individuum einsetzen. Der Mensch ist eine Gattung für sich, nicht im physischen Sinne, insofern der Mensch auf der höchsten Stufe der Tierheit ist, denn in bezug auf das Gattungsmäßige ist es beim Menschen ebenso wie bei den Tieren: Wenn wir Menschen als Gattung beschreiben, beschreiben wir ihn so, wie wir die Löwengattung oder die Tigerart, die Katzenart beschreiben. *Das Individuelle des Menschen ist eine Gattung für sich.* Dieser Satz, durch und durch begriffen, ist das, was uns zu einer höheren Fassung des Beschreibens der Evolution innerhalb des Menschenreiches führt. Wenn Sie über das Gattungsmäßige des Menschen sich unterrichten wollen, wenn Sie sich unterrichten wollen über dasjenige, was äußerliche Gestalt ist – denn das ist das Gattungsmäßige am Menschen –, dann werden Sie ganz wie in der tierischen Entwicklung zum Begriffe der Vererbung Ihre Zuflucht nehmen, dann werden Sie wissen, warum Schiller eine bestimmte Gestalt der Nase, eine bestimmte Physiognomie trug, dann werden Sie die Gestalt Schillers mit mehr oder weniger Glück von seinen Ahnen herleiten. Darüber hinaus geht das, was die Biographie des Menschen ist. Da handelt es sich erst um dasjenige, wodurch sich der eine Mensch von allen anderen radikal unterscheidet. Von diesen zwei Gebieten ist das Gattungsmäßige für den Begriff der Reinkarnation oder Wiederverkörperung nicht wichtig. Das, worauf es ankommt, ist das andere Gebiet, das wir als das eigentliche Seelische, als das Innenleben des Menschen von dem Gattungsmäßigen unterscheiden, dasjenige, was den einen Menschen unterscheidet von jedem anderen.

Sie alle wissen, daß ein jeder von uns ein ganz besonderes Seelenleben hat und daß es sich ausdrückt in dem, was wir unsere eigentlichen Sympathien und Antipathien nennen, was wir unseren Charakter nennen, was wir als die eigentümliche Art erkennen, wie wir uns seelisch darleben können. So wie dasjenige, wodurch die Löwen etwas leisten, den spezifischen Stempel der Löwen, der Löwenart trägt, so trägt die spezifische Leistung eines Herrn Müller oder Lehmann die spezifische Prägung dieser einzelnen Seelen. Sympathie, Antipathie, Neigungen, Gewohnheiten, kurz alles, was wir das Temperament eines Menschen und was wir seinen Charakter nennen, seine Begierden, Triebe, Leidenschaften, die Art und Weise, ob er stark oder schwach wünscht –, das können wir nur im Menschen als Individuelles ansprechen. Wir finden nämlich schon im Tierreich überall dasselbe, was wir jetzt lebenden Menschen als das Eigentümliche der Seele betrachtet haben. Wir finden da auch Sympathien und Antipathien, Neigungen, Triebe, ja einen bestimmten Charakter. Wir nennen im allgemeinen, wiederum von feineren Unterschieden abgesehen, die Summe dessen, was wir beim Tier als seine Gewohnheiten beobachten, die Äußerung der tierischen Instinkte. Nun hat die Naturwissenschaft des 19. Jahrhunderts versucht, auch diesen Instinkt, dieses Seelische im Tier, zu erklären wie die äußere Gestalt, nämlich durch Vererbung. Man hat gesagt, die Tiere verrichten gewisse Tätigkeiten, und dadurch, daß sie viele Tätigkeiten oft und oft verrichtet haben, prägen sich diese Tätigkeiten in ihre Natur ein, so daß sie gewohnheitsmäßig werden; dann erscheinen sie bei den Nachkommen vererbt als bestimmte Instinkte, etwa wenn man bestimmte Hunde anhält, schnell zu laufen, indem man sie zur Jagd verwendet. Durch diese Übung des Schnellaufens werden die Nachkommen dieser Hunde dann schon mit dem Instinkt des Schnellaufens als so veranlagte Jagdhunde geboren. Das ist die Art und Weise, wie Lamarck die Instinkte der Tiere zu erklären sucht; sie sollen vererbte Übungen sein.

Eine wirkliche Überlegung zeigt aber sehr bald, daß gerade die komplizierten Instinkte unmöglich vererbt sein können und unmöglich zusammenhängen können mit einer vererbten Übung. Gerade diejenigen Instinkte, die am kompliziertesten sind, zeigen ihrer bloßen Natur nach den Beobachtern, daß man unmöglich davon sprechen kann, daß sie von der Vererbung herrühren. Nehmen Sie eine Fliege, welche davonfliegt, wenn man in ihre Nähe kommt. Das ist eine instinktive Äußerung. Wodurch soll die Fliege diesen Instinkt erworben haben? Die Vorfahren müßten diesen Instinkt nicht gehabt haben. Sie müßten die bewußte oder unbewußte Erfahrung gemacht haben, daß ihnen das Sitzenbleiben unter gewissen Umständen schädlich ist, und dadurch müßten sie sich angewöhnt haben wegzufliegen, um den Schaden zu vermeiden. Wer den Zusammenhang wirklich übersieht, wird kaum in der Lage sein, zu sagen, daß soundso viele Insekten, weil sie gefunden haben, daß sie getötet werden, sich angewöhnt haben fortzufliegen, um nicht getötet zu werden. Um diese Erfahrungen an ihre Nachkommen weiterzugeben, hätten sie ja am Leben bleiben müssen. Also, Sie sehen, es ist unmöglich, so von Vererbung zu sprechen, ohne sich in die schlimmsten Widersprüche zu verwickeln. Wir könnten von hundert und tausend Fällen sprechen, wo Tiere nur ein einziges Mal etwas tun. Nehmen Sie die Einpuppung: Das wird nur einmal im Leben gemacht, und daraus geht schlagend hervor, daß es nicht möglich ist, von einer Vererbung wie im physischen Leben zu sprechen. Daher verläßt der Naturforscher den Satz vollständig, daß die Instinkte vererbte Übungen sind. Hier haben wir es nicht zu tun mit einer Übertragung dessen, was im physischen Leben unmittelbar erfahren ist, sondern mit einer Wirkung der Tierseelenwelt. Wir werden in den nächsten Vorträgen etwas genauer über diese Tierseelenwelt sprechen. Wir können uns heute begnügen mit der Feststellung der Unmöglichkeit, von der Übertragung seelischer Eigenschaften von Vorfahren auf Nachkommen in demselben Sinne zu sprechen, wie man im Physischen spricht von Vererbung. Dennoch aber muß der Mensch, wenn er überhaupt Sinn und Verstand in der Welt sehen will, einen Zusammenhang in die Welt hineinbringen; er muß in der Lage sein, eine jegliche Wirkung auf ihre Ursache zurückzuführen. Es muß also dasjenige, was im individuellen Seelenleben auftritt, was auftritt beim einzelnen menschlichen Individuum an Sympathien und Antipathien, an Äußerungen des Temperamentes und des Charakters, auf Ursachen zurückgeführt werden können.

Nun treten uns die Menschen verschieden in bezug auf ihre Eigenschaften entgegen. Wir müssen daher die Verschiedenheit der menschlichen Individuen erklären. Wir können sie nicht anders erklären, als daß wir auf seelischem Gebiete denselben Begriff der Entwicklung einführen, wie wir ihn im Physischen haben. So unsinnig es wäre, wenn man glauben wollte, daß ein vollkommener Löwe als Gattung plötzlich aus der Erde herausgewachsen sei oder daß ein unvollkommenes Tier sich plötzlich entwickelt habe, ebenso unmöglich ist es, daß das Individuelle des Menschen sich aus dem Unbestimmten heraus entwickelt hat. Wir müssen das Individuelle ebenso ableiten, wie wir die vollkommene Gattung von einer unentwickelten Gattung ableiten. Niemand wird, wenn er wirklich nachdenkt, die seelischen Eigenschaften eines Menschen ebenso wie die körperlichen Eigenschaften in ehrlicher Weise durch Vererbung erklären wollen. Was mit dem Körper zusammenhängt, was dadurch bedingt ist, daß ich schwächere Hände habe als der andere, das ist physische Vererbung. Dadurch, daß ich eine schwache Körpergestalt habe, wird auch die Schwäche der Hand eine größere sein als bei einem anderen, der eine stärkere Körpergestalt hat. Alles, was mit dem physischen Leib zusammenhängt, kann seiner Entwicklung nach mit dem Worte Vererbung getroffen werden, nicht aber das, was dem inneren Seelenleben angehört. Wer wollte Schillers charakteristische Eigenart, seine Begabung, sein Temperament usw., oder das Talent eines Newton auf die Vorfahren zurückführen? Wer die Augen verschließt, wird das tun können. Aber es ist unmöglich, zu einer solchen Betrachtung zu kommen für den, der sich nicht so verschließt. Wenn der Mensch als seelisches Wesen seine eigene Gattung ist, so müssen die komplizierten seelischen Eigenschaften, die uns bei diesem oder jenem Wesen entgegentreten, nicht auf seine physischen Vorfahren zurückgeführt werden, sondern sie müssen zurückgeführt werden auf andere Ursachen in der Vorzeit, die anderswo gestanden haben als bei den Vorfahren. Und wie wir beim Tier den Löwen nicht verfolgen können in der Bärengattung, so kann auch die Individualität nicht von einem anderen Menschen abgeleitet werden, sondern nur von dem Menschen selbst, weil der Mensch das Individuum der eigenen Gattung ist. Deshalb kann er nur *von ihm selber* abgeleitet werden. Weil der Mensch gewisse Eigenschaften mitbringt, die ihn ebenso bestimmen, wie den Löwen die Gattung bestimmt, so müssen sie auch von dem Individuum selber abgeleitet werden. Wir kommen so zu der Kette der verschiedenen Verkörperungen, die der einzelne Mensch ebenso wie die Löwengattung, die ganze Gattung, bereits durchgemacht haben muß. Das ist die äußere Betrachtungsweise. Wenn wir im physischen Leben uns umsehen, so erscheint es uns nur verständlich, wenn wir imstande sind, über die bloße Vererbung hinauszugehen und ein Gesetz der Wiederverkörperung zu denken, das das Naturgesetz auf der seelischen Stufe ist.

Für denjenigen, der überhaupt seelisch beobachten kann, liegt hier nicht eine Hypothese, sondern eine Schlußfolgerung vor. Was ich gesagt habe, ist doch nur eine Schlußfolgerung. Die Tatsache der Wiederverkörperung selbst liegt für denjenigen vor, der sich durch die Methoden der Mystik und Theosophie [17] erheben kann zu dem direkten Beobachten. In der letzten Stunde wollten wir gleichsam theosophisch mikroskopieren lernen. Heute wollen wir konstatieren, daß Theosophen so weit sind, daß das, was wir Sympathien und Antipathien, Leidenschaften und Wünsche, kurz, Charakter nennen, vor ihrem seelischen Auge als eine Tatsache daliegt, wie vor dem Auge des physischen Beobachters die äußere physische Gestalt. Wenn das der Fall ist, dann ist der Seelenbeobachter in derselben Lage wie der äußere Forscher, dann hat der Seelenbeobachter dieselben Tatsachen vorliegen, dann betrachtet er das komplizierte Gebilde, jene Lichtgestalt, die in der äußeren Gestalt eingebettet ist, ebenso als äußere Wirklichkeit, wie die äußere Gestalt für den physischen Beobachter Wirklichkeit ist. Dieses aurische Gebilde drückt für ihn in dem einen Falle die Tatsache aus, daß er es zu tun hat mit einem hohen, vollkommenen seelischen Lebewesen, mit einer differenzierten, organisierten, mit vielen Organen ausgestatteten Aura, wie etwa beim Löwen; in einem anderen Falle mit einem primitiveren Wesen wie etwa einer Schnecke.

Und wenn wir die Seele, die Aura betrachten bei unvollkommenen Wilden, dann erscheint sie relativ einfach, sie erscheint in einfachen Farben, erscheint so, daß wir diese einfache Aura, diese undifferenzierte, farbenarme Aura des Wilden in bezug auf ihre Vollkommenheit zu der komplizierten Aura eines europäischen Kulturmenschen in denselben Gegensatz bringen können wie eine unvollkommene Schnecke oder Amöbe zu einem vollkommenen Löwen. Und dann verfolgen wir auf dem seelischen Gebiete die Entwicklung geradeso wie die Aura. Dann sehen wir, daß eine vollkommene Aura nur entstehen kann auf dem Wege der Entwicklung, indem wir nämlich sehen, daß die Aura, wenn wir nach rückwärts gehen, eine unvollkommenere war. Das liefert für denjenigen, der auf diesem Gebiete beobachten kann, eine unmittelbare Beobachtung des seelischen Lebens selbst.

Wenn wir nun zum *Geistesleben* aufsteigen, dann tritt uns das physische Gesetz von Ursache und Wirkung im höheren Leben entgegen, das Gesetz des Karma. Dieses *Gesetz des Karma* besagt für den Geist genau dasselbe, was das Gesetz von Ursache und Wirkung, das Gesetz der Kausalität, für die äußeren, physischen Erscheinungen besagt. Wenn Sie irgendeine Tatsache in der äußeren physischen Welt sehen, wenn Sie sehen, daß ein Stein zur Erde fällt, dann fragen Sie: Warum fällt der Stein? Und Sie ruhen so lange nicht, bis Sie die Ursache festgestellt haben. Wenn Sie geistige Erscheinungen haben, müssen Sie ebenso nach den geistigen Ursachen fragen. Und wie nahe liegen uns die geistigen Tatsachen! Der eine ist ein Mensch, den wir einen glücklichen nennen, ein anderer ist sein ganzes Leben hindurch zum Unglück verurteilt. Was wir Menschenschicksal nennen, schließt in sich die Frage ein: Warum ist dieses und jenes? Vor diesem Warum steht die ganze äußere Wissenschaft vollständig ratlos da, weil sie ihr Gesetz von Ursache und Wirkung nicht anzuwenden weiß auf die geistigen Erscheinungen. Wenn Sie eine Metallkugel haben und Sie werfen diese Metallkugel ins Wasser, so wird eine ganz bestimmte Tatsache geschehen. Die Tatsache wird aber eine ganz andere, wenn Sie die Metallkugel zuerst glühend gemacht haben. Die verschiedenen Erscheinungen werden Sie sich nach Ursache und Wirkung klarzumachen versuchen. Und ebenso müssen Sie im geistigen Leben fragen: Warum glückt etwas dem einen Menschen, dem anderen nicht? Warum glückt mir dieses, warum ein anderes nicht? Dies führt dazu, zu erkennen, woran es liegt, daß eine bestimmte Tatsache eine ganz bestimmte Charaktereigenschaft in der Wirklichkeit aufweist.

Dadurch, daß ich die Metallkugel erst erhitzt habe, entsteht jenes Sieden im Wasser. Nicht vom Wasser hängt es ab, sondern die Veränderung, die vorher mit der Metallkugel vorgegangen ist, bewirkt das Schicksal, welches die Metallkugel im Wasser erfährt. So hängt das Schicksal der Metallkugel davon ab, welche Zustände sie vorher durchgemacht hat; davon hängt ab, was für Erscheinungen, bei einem nachfolgenden Erlebnis dieser Kugel, an sie herantreten – um bei dem Beispiel zu bleiben.

Wir müssen also sagen: Jede Handlung, die ich begehe, trägt ebenso zu meinem geistigen Menschen bei, verändert meinen geistigen Menschen, wie die Erhitzung die physische Metallkugel verändert hat. Hier ist noch ein feineres Denken notwendig als auf dem seelischen Gebiet. Hier muß man mit Geduld und Ruhe sich klarmachen, daß durch eine Handlung der geistige Mensch verändert wird. Wenn heute jemand etwas stiehlt, so ist das eine Handlung, die den geistigen Menschen mit einer niedrigeren Eigenschaft stempelt, als wenn ich einem Menschen wohltue. Es ist nicht dasselbe, ob ich eine moralische Handlung begehe oder eine physische. Was die erhitzte Metallkugel für Wasser ist, das ist der moralische Stempel für den Menschen. Ebensowenig wie etwas Physisches ohne Wirkung bleiben wird für die Zukunft, ebensowenig wird der moralische Stempel für die Zukunft ohne Wirkung bleiben. Auch im Geistigen gibt es keine Ursachen ohne entsprechende Wirkung. Daraus folgt das große Gesetz, daß jede Handlung notwendigerweise eine Wirkung hervorbringen muß, eine Wirkung für das betreffende Geistwesen. An dem Geistwesen selbst, an dem Schicksal des Geistwesens, muß sich der moralische Stempel zum Ausdruck bringen.

Dieses Gesetz, durch das der moralische Stempel einer Handlung unter allen Umständen zur Wirkung kommen muß, ist das Gesetz des Karma. So haben wir die Begriffe von Reinkarnation und Karma kennengelernt. Mancherlei wird eingewendet gegen diese Begriffe; gegen deren allgemeinen Charakter kann aber bei dem wirklichen Denker nichts eingewendet werden. Das menschliche Leben zeigt uns in allen Erscheinungen, und die äußeren Tatsachen beweisen es, daß Entwicklung auch in dem geistigen Leben da ist, daß Ursache und Wirkung auch im geistigen

Leben vorhanden sind. Auch diejenigen, welche nicht auf dem Standpunkte der Theosophie stehen, haben versucht, Ursache und Wirkung auch auf dem geistigen Gebiete zu suchen, so zum Beispiel ein Philosoph der neueren Zeit, Paul Rée, der Freund Friedrich Nietzsches. Er hat eine geistige Erscheinung auf äußerliche Weise durch die Entwicklung zu erklären versucht.[18] Er frägt: Ist das *Gewissen* immer dagewesen in der Entwicklung? Und er zeigt dann, daß es Menschen gibt, die das nicht haben, was wir in unserer Entwicklung Gewissen nennen. Er sagt, es hat Zeiten gegeben, in denen so etwas in der menschlichen Seele noch nicht entwickelt war, was wir Gewissen nennen. Dazumal haben die Menschen bestimmte Erfahrungen gemacht. Die Menschen haben gefunden, daß, wenn sie gewisse Taten vollziehen, ihnen diese Taten Bestrafung einbringen, daß die Gesellschaft sich rächt an denjenigen, die der Gesellschaft schaden. Dadurch hat sich innerhalb der menschlichen Seele ein Gefühl für dasjenige, was sein soll, und für dasjenige, was nicht sein soll, entwikkelt. Das ist im Laufe der Zeit in eine Art Vererbung übergegangen, und heute werden die Menschen mit dem Gefühl, das sich eben im Gewissen ausdrückt – etwas soll sein oder etwas soll nicht sein –, schon geboren. So hat sich im allgemeinen, so meint Rée, bei der ganzen Menschheit das Gewissen entwickelt. Rée hat hier in schöner Weise gezeigt, daß wir auch den Begriff der Entwicklung auf die seelischen Eigenschaften, auf das Gewissen also, anwenden können. Hätte er noch einen Schritt weiter gemacht, so wäre er in das Gebiet der Theosophie hineingekommen.

Nur noch eine Erscheinung möchte ich erzählen. Wir können nämlich in der europäischen Kulturgeschichte geradezu den Punkt genau angeben, wo überhaupt zuerst vom Gewissen gesprochen wird. Wenn Sie die ganze alte griechische Welt durchgehen und die Beschreibungen und Schilderungen verfolgen, so finden Sie nirgends, nicht einmal in der alten griechischen Sprache, ein Wort für dasjenige, was wir Gewissen nennen. Man hatte kein Wort dafür. Besonders auffallend dürfte sein das, was wir bei Platon über Sokrates erzählen hören. In allen sokratischen Gesprächen ist noch nicht das Wort enthalten, das später – erst im letzten Jahrhundert vor Christi Geburt – in Griechenland aufgetreten ist. Einige meinen, daß das Dämonium das Gewissen sei. Das kann aber leicht widerlegt werden, und es kann nicht ernsthaft in Betracht gezogen werden. Das Gewissen finden wir nur in der christlichen Welt. Es gibt eine Dramen-Trilogie, die Orestie von Äschylos. Da steht Orest unter dem unmittelbaren Eindruck des Muttermordes. Er hat die Mutter gemordet, weil die den Vater getötet hat. Nun wird uns vorgeführt, wie Orestes verfolgt wird von den Erinnyen, und es wird uns gezeigt, wie er sich dem Gerichte stellt und das Gericht ihn freispricht. Nichts tritt auf als der Begriff der äußerlich sich rächenden Götter. Es drückt sich der Vorgang aus in der Furcht vor äußeren Gewalten. Nichts ist darin von dem, was den Begriff des Gewissens einschließt.

Dann folgt Sophokles und dann Euripides. Bei ihnen tritt uns Orest ganz anders entgegen. Warum er sich schuldig fühlt – das tritt uns hier in einer ganz anderen Weise entgegen. Bei diesen Dichtern fühlt Orest sich schuldig, weil er jetzt ein Wissen davon besitzt, ein Unrecht getan zu haben. Und daraus bildet sich im Griechischen und ebenso im Lateinischen das Wort Gewissen. Ein Wissen von seiner eigenen Tat haben, sich beobachten können, bei seiner eigenen Tat sein – das muß sich also erst entwikkelt haben. Wenn nun Paul Rée recht hätte, daß das Gewissen eine Folge allgemeiner menschlicher Entwicklung wäre, daß es sich herausentwickelt aus dem, was der Mensch beobachtet, indem er Strafe erhält für dasjenige, was den Mitmenschen schadet, und daß es somit ihm selbst schadet, wenn er etwas tut, was nicht im Sinne einer vernünftigen Weltordnung ist, – wenn das die Ursache wäre, dann hätte zweifellos dieses Gewissen auch generell auftreten müssen. Weil die äußere Veranlassung im gleichen Sinne verläuft, so müßte es bei größeren Menschenmassen auftreten, es müßte in einem Stamme zu gleicher Zeit auftreten, artgemäß sich entwickeln. Hier müßte man die griechische Geschichte als Seelengeschichte studieren. Damals nämlich, als in Griechenland bei einzelnen sich der Begriff entwickelt hat, den wir im älteren Griechenland noch nicht finden, da war eine Zeit, in welcher geradezu die öffentliche Gewissenlosigkeit an der Tagesordnung war. Lesen Sie die Schilderungen der Zeit der Kriege zwischen Athen und Sparta! Wir können also in bezug auf das Gewissen nicht von etwas Artgemäßem sprechen wie beim Tier.

Ein weiterer Einwand wird gemacht. Wenn der Mensch wiederholt lebt, so müßte er sich doch an die früheren Leben erinnern. Das ist allerdings nicht so von vornherein einzusehen, warum das zumeist nicht der Fall ist. Man muß sich klarmachen, was Erinnerung heißt und wodurch Erinnerung zustande kommt. Ich habe das letzte Mal bereits ausgeführt, daß der Mensch heute im gegenwärtigen Entwicklungsstadium zwar lebt im seelisch-astralischen und im geistig-mentalen Bereich, daß er sich aber nicht bewußt ist dieser zwei Welten, daß er sich bewußt nur ist der physischen Welt und erst in der Zukunft und auf höheren Stufen das erreichen wird, was heute schon einzelne erreicht haben. Daß er sich bewußt wird im Seelischen und Geistigen, das wird der Durchschnittsmensch erst später erreichen. Der Durchschnittsmensch ist in der physischen Welt bewußt und lebt in der seelischen und geistigen Welt. Das rührt davon her, daß seine eigentliche denkende Kraft, das Gehirn, die physische Welt braucht, um tätig sein zu können. Physisch tätig sein heißt, im physischen Leben sich bewußt werden. Im Schlafe ist der Mensch sich seiner nicht bewußt. Wer sich in mystischen Methoden[17] entwickelt, entwickelt auch das Bewußtsein während des Schlafes und in den höheren Zuständen. Es macht die Erinnerung möglich an das, was der Mensch im Verlaufe des Lebens erlebt. Weil sein Gehirn existiert in der physischen Welt, erinnert er sich an das, was ihm physisch begegnet. Der Mensch, der nicht nur mit dem physischen Gehirn arbeitet, sondern des Seelenmaterials sich bedienen kann, um innerhalb der Seele ebenso bewußt zu sein wie der gewöhnliche Mensch innerhalb des physischen Körpers bewußt ist, bei dem reicht nun auch die Erinnerung weiter. Geradeso wie das unvollkommene Tier noch nicht die Fähigkeit des entwickelten Löwen hat, aber diese Eigenschaft einst haben wird, so wird auch der Mensch, der noch nicht die Fähigkeit hat, sich an die früheren Leben zu erinnern, diese später erringen.

Auf den noch höheren Gebieten ist es schwierig, zur Einsicht in den Zusammenhang von Ursache und Wirkung auf geistige Weise zu kommen. Das ist nur in der mentalen Welt möglich, wenn der Mensch nicht nur im physischen und astralen Körper zu denken vermag, sondern im rein geistigen Leben. Dann ist er auch imstande, bei jeder Begebenheit zu sagen, warum sie eingetreten ist. Dieses Gebiet ist so hoch, daß viel Geduld dazu gehört, um diejenigen Eigenschaften sich anzueignen, die es ermöglichen, Ursache und Wirkung im geistigen Leben zu durchschauen. Wer im Physischen bewußt ist und im Seelischen und Geistigen nur lebt, der hat nur die Erinnerung an das, was ihm passiert ist seit der Geburt bis zum Tode. Der im Seelischen Bewußte hat die Erinnerung der Geburt bis zu einem gewissen Grade. Wer aber auf geistigem Gebiet bewußt ist, der sieht das Gesetz von Ursache und Wirkung in seinem wirklichen Zusammenhang.

Ein weiterer Einwand, der gemacht wird, liegt in der Frage: Kommen wir da nicht in den Fatalismus hinein? Wenn alles verursacht ist, dann steht der Mensch ja unter dem Fatum, indem er sich immer wieder sagen wird: Das ist mein Karma, und wir können das Schicksal nicht ändern. Das kann man ebensowenig sagen, wie man sagen kann: Ich kann meinem Mitmenschen nicht helfen, und es macht mich so trostlos, wenn ich ihm nicht helfen kann; ich muß daran verzweifeln, ihn besser zu machen, denn es liegt ja in seinem Karma. Wer nur einigermaßen das Gesetz des Lebens mit den Naturgesetzen vergleicht und weiß, was Gesetz ist, der wird zu einer solchen irrtümlichen Auffassung des Karmagesetzes niemals kommen können. Wie sich Schwefel, Wasser- und Sauerstoff zu Schwefelsäure verbinden, das unterliegt einem unabänderlichen Naturgesetz. Wenn ich gegen das Gesetz handle, das in den Eigenschaften der drei Stoffe liegt, so werde ich niemals Schwefelsäure zustande bringen. Es gehört meine persönliche Verrichtung dazu. Es liegt in meiner Freiheit, die Stoffe zusammenzuführen. Trotzdem das Gesetz ein absolutes ist, kann es durch meine freie Handlung in Wirksamkeit gesetzt werden. So ist es beim Karmagesetz auch. Unabänderlich zieht eine Handlung, die ich in den verflossenen Leben begangen habe, in diesem Leben ihre Wirkung nach sich. Aber es steht mir frei, der Wirkung entgegenzuarbeiten, eine andere Handlung zu schaffen, die in gesetzmäßiger Weise etwa schädliche Folgen der früheren Handlung aufhebt. Wie nach unabänderlichem Gesetze eine glühende Kugel, auf den Tisch gelegt, den Tisch verbrennen wird, geradeso kann ich die Kugel abkühlen und sie dann auf den Tisch legen. Sie wird den Tisch nicht mehr verbrennen. In dem einen und in dem anderen Fall habe ich nach dem Gesetze gehandelt. Eine Handlung in der Vergangenheit bestimmt mich zu einer Handlung; die Wirkung meiner Handlung im vergangenen Leben kann nicht beseitigt werden, aber ich kann eine andere Handlung vornehmen und ebenso gesetzmäßig die schädliche Wirkung in eine nützliche Wirkung abändern, nur daß das alles nach den Gesetzen der geistigen Ursachen und Wirkungen verläuft. Das Gesetz von Karma läßt sich vergleichen mit dem, was ich in einem Kontobuch habe. Links und rechts haben wir bestimmte Zahlen. Wenn wir links und rechts addieren und dann voneinander abziehen, bekommen wir den Stand der Kasse. Das ist ein unabänderliches Gesetz. Je nachdem meine vorhergehenden Geschäfte verlaufen sind, wird der Stand der Kasse gut oder schlecht sein. Aber so bestimmt dieses Gesetz auch wirkt – ich kann doch neue Geschäfte hinzufügen, und der ganze Stand ändert sich ebenso gesetzmäßig, wie er sich früher geändert hat. Ich bin in ganz bestimmter Art verursacht durch Karma, aber in jedem Augenblick kann das Kontobuch meines Lebens durch neue Eintragungen verändert werden. Wenn ich einen neuen Posten hinzufügen will, muß ich erst die beiden Seiten addiert haben, um zu sehen, ob ich einen Kassenbestand oder Schulden habe. So ist es auch mit den Erfahrungen im Kontobuche des Lebens. Sie fügen sich dem Leben ein. Wer sehen kann, wie sein Leben verursacht ist, der kann sich auch sagen: mein Konto schließt aktiv oder passiv ab, und ich muß diese oder jene Handlung hinzufügen, um das Gute oder Schlechte im Leben aufzuheben, um allmählich befreit zu werden von dem, was ich als mein Karma angesammelt habe. Das ist es, was wir als das große Ziel des menschlichen Lebens sehen, von dem Karma, das einmal verursacht worden ist, wieder befreit zu werden. Zielpunkte zu finden für das Kontobuch des Lebens, das liegt in der Hand eines jeden einzelnen Menschen.

Dadurch haben wir die zwei großen Gesetze, das Gesetz des Seelenlebens und das Gesetz des Geisteslebens. Es entsteht heute schon die Frage: Was entsteht zwischen den beiden Leben, wie wirkt der Geist zwischen dem Tod und der nächsten Geburt? Wir müssen das menschliche Schicksal betrachten in der Zeit während zweier Leben und wollen die Situation durchgehen zwischen dem Tod und einem neuen Leben. Wir werden dann sehen, was an Glauben und Wissen und Religiosität in das abendländische Wissen hineindringen kann. Nicht nur zu den Sinnen sprechen die großen Gesetze, sondern auch zu dem Geistigen und zu dem Seelischen, so daß der Mensch nicht nur von Ursache und Wirkung im Physischen, sondern auch im geistigen Leben zu sprechen versteht; denn das, was die großen Geister gesagt haben, wird sich erfüllen, es wird sich zeigen, daß wir die Welt nur zum Teil verstehen, wenn wir nur das nehmen, was wir hören, sehen und tasten. Wir müssen, um die Welt ganz zu begreifen, hinaufsteigen und die Gesetze, die das ganze Sinnen des Menschen ausmachen, erforschen, um zu lernen, woher der Mensch kommt und in welche Zukunft er geht. Diese Gesetze müssen auf dem geistigen Gebiet gesucht werden, und dann werden wir den Ausspruch Goethes [19], der ein Repräsentant der Theosophie war, verstehen und erkennen, was er damit sagen wollte:

Geheimnisvoll am lichten Tag
Läßt sich Natur des Schleiers nicht berauben,
Und was sie deinem Geist nicht offenbaren mag,
Das zwingst du ihr nicht ab mit Hebeln und mit Schrauben ...

Erst wenn der Mensch hinausschreitet über das bloß Persönliche, wenn er sich des Übergewichtes der Individualität, des höheren Persönlichen über das Persönliche bewußt ist, wenn er versteht, unpersönlich zu werden, unpersönlich zu leben, das Unpersönliche in sich walten zu lassen, dann lebt er aus der in der äußeren Form verstrickten Kultur heraus in eine lebensvolle Kultur der Zukunft hinein. Ist es auch nicht das, was die Theosophie als ihr höchstes Ideal erkennt, ist es auch nicht die letzte ethische Konsequenz, die wir aus der Theosophie ziehen, so ist es ein Schritt dem Ideale entgegen, das der Mensch nur dann zu leben lernt, wenn er nicht auf das Persönliche sieht, sondern auf das Ewige und Unvergängliche. Dieses Ewige und Unvergängliche, die Buddhi, der Weisheitskeim, der in der Seele ruht, ist dasjenige, was die bloße Verstandeskultur ablösen muß. Daß die Theosophie mit dieser Anschauung von der Zukunft der Menschheitsentwicklung recht hat, dafür gibt es viele Beweise. Der wichtigste aber ist derjenige, daß sich Kräfte im Leben selbst geltend machen, die es gilt, wirklich zu erfassen und zu verstehen, um uns dann selbst mit deren Ideal zu erfüllen. Das ist das Große bei Tolstoi, daß er den Menschen aus dem engen Kreis seiner Gedanken herausheben und spirituell vertiefen will, daß er ihm nicht die Ideale unserer materiellen Welt, nicht unseres irgendwie gestalteten sozialen Lebens zeigen will, sondern die Ideale, die nur in der Seele erquellen können. Wenn wir richtige Theosophen sind, dann werden wir die Kräfte, die in der Weltevolution wirken, erkennen, dann werden wir nicht blind und taub bleiben gegenüber dem, was uns an theosophischem Sinn in unserer Gegenwart entgegenleuchtet, sondern wir werden diese Kräfte, von denen gewöhnlich in der Theosophie prophetischerweise gesprochen wird, erkennen. Das muß gerade das Charakteristische eines Theosophen sein, daß er die Finsternis und den Irrtum überwindet, daß er das Leben und die Welt in der richtigen Weise einzuschätzen und zu erkennen lernt. Ein Theosoph, welcher sich zurückziehen, kalt und fremd dem Leben gegenüberstehen würde, wäre ein schlechter Theosoph, auch wenn er noch so viel von theosophischen Dogmen zu predigen hätte.

Solche Theosophen, welche uns von der sinnlichen Welt hinaufführen in die höheren Welten, welche selbst hineinblicken in die übersinnlichen Welten, sie sollen uns auch auf der anderen Seite lehren, wie wir auf unserem physischen Plan das Übersinnliche beobachten und uns nicht verlieren im Sinnlichen. Wir erforschen die Ursachen, die aus dem Geistigen kommen, um das Sinnliche, das die Wirkung des Geistigen ist, vollkommen zu verstehen. Das Sinnliche verstehen wir nicht, wenn wir innerhalb des Sinnlichen stehenbleiben, denn die Ursachen zum sinnlichen Leben kommen aus dem Geistigen. Hellsehend im Sinnlichen will uns die Theosophie machen. Deshalb redet sie von der «uralten Weisheit». Aufgeschlossen will sie uns machen für das Geistige. Sie will den Menschen umgestalten, damit er hellsichtig hineinschauen kann in die höheren, übersinnlichen Geheimnisse des Daseins. Aber das soll nicht erkauft werden mit dem Unverstand für dasjenige, was unmittelbar um uns herum vorhanden ist. Der wäre ein schlechter Hellseher, der blind und taub wäre für dasjenige, was in der sinnlichen Welt sich abspielt, für das, was seine Zeitgenossen in der unmittelbaren Umgebung zu vollbringen in der Lage sind. Und außerdem wäre er ein schlechter Hellseher, wenn er nicht imstande wäre, das von einer Persönlichkeit zu erkennen, wodurch in unserer Zeit die Menschen in das Übersinnliche hineingeführt werden. Was nützte es uns, wenn wir hellsehend würden und nicht imstande wären, das zu erkennen, was als unsere nächste Aufgabe unmittelbar vor uns liegt!

Erfahrungen über Reinkarnation und Karma durch Gedankenübungen

Wenn wir das Leben in Betracht ziehen, wie es sich um uns herum abspielt, wie es sozusagen seine Wogen hereinwirft in unser Inneres, in all das, was wir selber während unseres physischen Erdendaseins zu empfinden und zu leiden haben oder worüber wir uns zu freuen haben, so können wir mehrere besondere Gruppen oder Arten von Erlebnissen ins Auge fassen.

Wir finden zunächst, wenn wir mehr auf uns selbst schauen, auf dasjenige, was in unseren Fähigkeiten, in unseren Talenten liegt, wir finden, wenn uns dieses oder jenes gelingt, daß wir uns sagen können: Nun, nachdem wir schon einmal dieser oder jener Mensch sind, ist es ganz natürlich und begreiflich, daß uns dieses oder jenes gelingen mußte. – Wir können aber auch gewisse Mißerfolge, die uns betroffen haben, vielleicht gerade das, was wir als Mißgeschick und Unglück bezeichnen müssen, weil es uns nicht gelungen ist, im ganzen Zusammenhang unseres Wesens begreiflich finden.

Vielleicht gelingt es uns nicht immer in solchen Fällen, genau nachzuweisen, wie dieser oder jener Mißerfolg, dieses oder jenes, was uns nicht gelungen ist, zusammenhängt mit unserer Unfähigkeit nach dieser oder jener Richtung. Aber wenn wir uns dann im allgemeinen sagen müssen: Du warst ja in vielen Beziehungen im jetzigen Erdendasein ein leichtsinniges Subjekt, da kannst du begreifen, daß du unter Umständen verdientermaßen diesen oder jenen Mißerfolg haben mußtest, – dann können wir vielleicht nicht ganz unmittelbar den Zusammenhang einsehen zwischen Mißerfolg und Unfähigkeit, aber im allgemeinen doch begreiflich finden, daß, wenn wir leichtsinnig waren, nicht alles am Schnürchen gelingen konnte.

Von dem, was jetzt besprochen worden ist, können Sie sich denken, daß wir gewissermaßen eine Art ursächlichen Zusammenhangs einsehen könnten zwischen dem, was geschehen mußte aus unseren Fähigkeiten und unseren Unfähigkeiten heraus. Es gibt aber viele Dinge im Leben, bei denen wir, auch wenn wir noch so genau zu Werke gehen, nicht erreichen, das, was uns gelingt oder mißlingt, ohne weiteres in Zusammenhang zu bringen mit unseren Fähigkeiten oder Unfähigkeiten, bei denen uns gewissermaßen undurchsichtig bleibt, wie wir dieses oder jenes verschuldet haben oder wie wir es verdient haben. Kurz, wenn wir mehr unser Innenleben ins Auge fassen, werden wir unterscheiden können zwischen zwei Gruppen von Erlebnissen. Die eine Gruppe ist die, bei der wir uns bewußt sind, wie es mit den Ursachen unseres Gelingens und Mißlingens bestellt ist; bei der anderen Gruppe werden wir einen solchen Zusammenhang nicht überschauen können. Bei dieser letzten Gruppe wird es uns mehr oder weniger als Zufall erscheinen, daß gerade dieses uns mißlungen, ein anderes uns gelungen ist. Wir wollen uns zunächst merken, daß es im Leben diese letztere Gruppe von Tatsachen und Erfahrungen hinlänglich gibt, und wollen später einmal das Augenmerk auf diese Gruppe lenken.

Wir können dann, entgegen dem, was jetzt besprochen worden ist, unser äußeres Schicksal mehr ins Auge fassen. Da werden wir eigentlich wiederum zwei Gruppen von Tatsachen in bezug auf unser äußeres Geschick ins Auge fassen müssen. Wir können solche Fälle ins Auge fassen, bei denen wir innerlich einsehen, daß wir in bezug auf diese Ereignisse, die uns treffen – also nicht, was wir selber unternommen haben –, gewisse Dinge sozusagen selber herbeigeführt haben, schuld sind an solchen Dingen. Aber von einer anderen Gruppe werden wir sehr geneigt sein zu sagen: Wir können den Zusammenhang nicht einsehen mit dem, was wir gewollt, was wir beabsichtigt haben. Es sind diejenigen Ereignisse, bei denen man im gewöhnlichen Leben davon spricht, daß sie wie ein Zufall, der anscheinend mit nichts, was wir selber herbeigeführt haben, zusammenhängt, in unser Leben hereingebrochen sind.

Diese zweite Gruppe ist es, die wir jetzt ins Auge fassen wollen mit Bezug auf das innere Leben, also diejenigen Ereignisse, von denen wir nicht einsehen können, daß sie als etwas Direktes, Unmittelbares mit unseren Fähigkeiten und Unfähigkeiten zu tun haben; äußere Ereignisse also, das, was wir Zufallsereignisse nennen, von denen wir von vornherein nicht die Einsicht gewinnen können, daß sie durch irgend etwas Vorhergehendes herbeigeführt worden sind.

Nun kann man einmal probeweise sozusagen mit diesen beiden Gruppen von Erlebnissen eine Art Experiment machen. Das Experiment verpflichtet einen ja zunächst zu nichts. Man probiere sozusagen nur einmal dasjenige, was jetzt gesagt, was jetzt charakterisiert werden soll.

Wir können das Experiment machen, indem wir uns vorstellen: Wie wäre es denn, wenn wir einmal eine Art von künstlichem Menschen konstruieren würden, so einen künstlichen Menschen uns ausdenken würden, daß wir von diesem künstlichen Gedankenmenschen, den wir uns ausgedacht haben, sagen würden, gerade diejenigen Dinge, von denen wir keinen Zusammenhang wissen mit unseren Fähigkeiten, die seien so, daß wir den künstlichen Menschen, den wir uns ausdenken, begaben mit den Eigenschaften und Fähigkeiten, welche diese bei uns unbegreiflichen Dinge herbeigeführt haben. Also ein Mensch, der solche Fähigkeiten hat, daß ihm das gelingen oder mißlingen muß, wovon wir uns nicht zuschreiben können, daß es uns nach unseren Fähigkeiten oder Unfähigkeiten gelinge oder mißlinge. Wir stellen ihn uns also vor als einen solchen Menschen, welcher künstlich, ganz absichtlich herbeigeführt hätte die Dinge, welche zufällig in unserem Leben eingetreten zu sein scheinen.

Man kann von einfachen Beispielen ausgehen, um das zu erläutern. Nehmen wir an, ein Ziegelstein wäre auf unsere Schulter gefallen und hätte uns an der Schulter verletzt. Da werden wir zunächst geneigt sein zu sagen: Das ist ein Zufall. – Aber konstruieren wir einen künstlichen Menschen probeweise zunächst wie ein Experiment, der folgende sonderbare Sache machen würde. Wir konstruieren einen Menschen, der auf das Dach steigt und dort rasch einen Ziegelstein loslöst, aber nur so weit, daß der Stein noch einen gewissen Halt behält; dann läuft der künstliche Mensch schnell wieder hinunter, so daß, wenn der Stein sich loslöst, er gerade auf seine Schultern fällt. So machen wir es in bezug auf alle Ereignisse, von denen uns einfällt, daß sie zufällig in unserem Leben eingetreten sind. Einen künstlichen Menschen konstruieren wir, der alles verschuldet oder herbeiführt, wovon wir im gewöhnlichen Leben nicht einsehen können, wie es mit uns zusammenhängt.

Wenn man das tut, so könnte es zunächst ausschauen wie ein bloßes Gedankenspiel. Und es verpflichtet zu nichts, wenn man das tut. Aber eine Merkwürdigkeit stellt sich heraus, wenn man das tut. Wenn man einen solchen Menschen ausgedacht hat und ihn begabt hat mit den geschilderten Eigenschaften, dann macht dieser künstliche Gedankenmensch einen ganz merkwürdigen Eindruck auf uns. Wir kommen nämlich von dem Bilde eines Menschen, das wir uns da gemacht haben, obwohl es scheinbar so künstlich konstruiert ist, nicht mehr los; es fasziniert uns, es macht den Eindruck, als ob es doch irgend etwas mit uns zu tun haben müßte. Dafür sorgt schon die Empfindung, die man gegenüber dem künstlichen Gedankenmenschen hat. Wenn man sich recht sehr hineinvertieft in dieses Bild, so läßt es einen ganz sicher nicht mehr los. Ein merkwürdiger Prozeß bildet sich in unserem Gemüt; ein Prozeß, den man vergleichen kann mit folgendem: Wir kommen zu einem inneren Gemütsprozeß, den der Mensch alle Augenblicke durchmacht. Wir können irgend etwas denken, können einen Entschluß fassen; wir brauchen dazu etwas, was wir einmal gewußt haben, und wir wenden alle möglichen künstlichen Mittel an, um uns auf das zu besinnen, was wir gewußt haben. Bei diesem Anstrengen, in das Gedächtnis etwas heraufzurufen, was uns entfallen ist, machen wir natürlich einen Gemütsprozeß durch, das Uns-Besinnen, wie wir es im gewöhnlichen Leben nennen. Und alle die Gedanken, die wir zu Hilfe nehmen, um uns auf etwas zu besinnen, sind Hilfsgedanken. Versuchen Sie nur einmal, darauf zu kommen, wieviel solcher Hilfsgedanken Sie oftmals aufwenden müssen, die Sie dann wieder fallen lassen, um auf das zu kommen, was Sie wissen wollen. Solche Hilfsgedanken sind dazu da, daß sie den Weg eröffnen auf das zu Besinnende, was wir eigentlich gegenwärtig brauchen.

Gerade so, nur wie etwas weit Umfassenderes, ist jener Gedankenmensch, den wir geschildert haben, ein Hilfsprozeß. Er läßt uns nicht mehr los; er arbeitet in uns so, daß wir sagen, er ist etwas, was als Gedanke in uns wohnt, etwas, was da fortwirkt, was sich umwandelt in uns; was tatsächlich sich umwandelt zu der Idee, zu dem Gedanken, der nun auftritt wie etwas, was uns einfällt, wenn wir uns im gewöhnlichen Erinnerungsprozeß besinnen, der auftritt wie etwas, was uns überwältigt. Wie wenn etwas sagen würde: So kann er nicht bleiben, er ändert sich um in dir, er entfaltet Leben, er wird zu etwas anderem! Das drängt sich uns auf – machen Sie das Experiment! –, es drängt sich uns so auf, daß es uns sagt: Ja, das ist etwas, was mit einem anderen als deinem jetzigen Erdendasein einiges zu tun hat. Eine Art Besinnung auf ein anderes Erdendasein, *der* Gedanke tritt ganz bestimmt auf. Es ist mehr ein Gefühl als ein Gedanke, eine Empfindung, aber eine solche, wie wenn wir das, was im Gemüt auftritt, so fühlen wie das, was wir selber einmal in einer früheren Inkarnation auf dieser Erde waren.

Anthroposophie ist eben durchaus, wenn wir sie als etwas Ganzes betrachten, nicht bloß eine Summe von Theorien, von Mitteilungen von Tatsachen, die da bestehen, sondern sie gibt uns Vorschriften und Anweisungen, wie man dies oder jenes erreichen kann. Die Anthroposophie sagt: Du wirst mehr und mehr dahin geführt, daß du dich leichter besinnen kannst, wenn du dies oder jenes machst. – Man kann auch sagen, und das ist durchaus aus dem Gebiet der Erfahrung geschöpft: Wenn du so vorgehst, bekommst du einen Gemütseindruck, einen Gefühlseindruck von dem Menschen, der du früher warst. – Wir kommen da zu dem, was man nennen könnte: eine Erweiterung unseres Gedächtnisses. Nun ist dies, was sich uns da eröffnet, wirklich zunächst nur eine Gedankentatsache, solange wir den geschilderten Gedankenmenschen konstruieren. Aber der Gedankenmensch bleibt nicht Gedankenmensch. Er verwandelt sich in Empfindungs-, in Gemütseindrücke, und indem er dies tut, wissen wir: In dem, was wir empfinden, haben wir etwas, was zu tun hat mit unserer vorhergehenden Inkarnation. Unser Gedächtnis erweitert sich auf unsere frühere Inkarnation.

In dieser Inkarnation erinnern wir uns an die Dinge, bei denen wir mit unseren Gedanken zugegen sind. Sie alle wissen, daß man sich verhältnismäßig leicht erinnert an die Dinge, in welche unsere Gedanken hereingespielt haben. Im gewöhnlichen Leben bleibt aber nicht so leicht lebendig dasjenige, was in unser Gefühl hereingespielt hat. Wenn Sie versuchen, zurückzudenken an das, was Ihnen großen Schmerz gemacht hat vor zehn, zwanzig Jahren, so werden Sie sich leicht an die Vorstellung erinnern; Sie werden sich in das, was sich da abgespielt hat, in Ihren Vorstellungen zurückversetzen; aber zu einer lebendigen Empfindung des damals empfundenen Schmerzes können Sie nicht gelangen. Der Schmerz verblaßt, die Erinnerung an ihn ergießt sich in unsere Vorstellung. Was jetzt geschildert worden ist, ist ein Gemütsgedächtnis, ein *Gefühlsgedächtnis*. Und in der Tat, als solches fühlen wir unsere frühere Inkarnation. In der Tat tritt das auf, was wir nennen können: eine *Erinnerung an frühere Inkarnationen*. Es kann ja nicht so ohne weiteres angesehen werden wie das, was in die gegenwärtige Inkarnation hereinspielt, was Träger der Erinnerung ist an frühere Inkarnationen. Bedenken Sie nur einmal, wie innig verwachsen unsere Vorstellungen mit dem Ausdruck der Vorstellungen sind, mit unserer Sprache. Die Sprache ist die verkörperte Vorstellungswelt. Und die Sprache muß ein jeder Mensch in den einzelnen Leben wieder lernen. Der größte Sprachforscher oder Sprachkenner muß als Kind mit Mühe seine Muttersprache erlernen. Es ist noch nicht der Fall vorgekommen, daß ein Gymnasiast das Griechische deshalb leicht lernte, weil er sich rasch erinnert hätte an das Griechisch, das er in früheren Inkarnationen gesprochen hat!

Der Dichter Hebbel hat mit einigen Gedanken den Plan eines Dramas aufgezeichnet, das er schreiben wollte. Schade, daß er es nicht getan hat, es wäre ein sehr interessantes Drama geworden. Die Handlung war so gedacht, daß der wiederverkörperte Platon als Gymnasiast bei der Erklärung des alten Platon die allerschlechteste Zensur bekäme! Leider ist der Plan Hebbels nicht zur Ausführung gekommen. Wir brauchen nicht bloß daran zu denken, daß die Lehrer zum Teil pedantisch sind und so weiter. Wir wissen, daß das, was Hebbel aufzeichnete, darauf beruht, daß das Vorstellungsmäßige, was sich in den unmittelbaren Erfahrungsvorstellungen abspielt, mehr oder weniger unmittelbar beschränkt ist auf die gegenwärtige Inkarnation. Und es ist so, wie jetzt angedeutet worden ist, daß die erste Impression, der erste Eindruck von der vorhergehenden Inkarnation unmittelbar auftritt als Gefühlsgedächtnis, als eine neue Art von Gedächtnis. Was wir als Eindruck haben, wenn dieses Gedächtnis von dem Gedankenmenschen her entsteht, den wir konstruiert haben, ist mehr ein Gefühl, aber ein solches Gefühl, daß man versteht: Der Eindruck rührt von einem Kerl her, der einmal existiert hat und der du selber warst! – Man bekommt etwas wie ein Erinnerungsgefühl als ersten Eindruck an die vorhergehende Inkarnation.

Was da geschildert worden ist als Konstruktion eines Gedankenmenschen, das ist nur ein Mittel. Dieses Mittel wandelt sich um in einen solchen Gemüts- oder Gefühlseindruck. Jeder Mensch, der an die Anthroposophie herantritt, hat eigentlich mehr oder weniger Gelegenheit, leicht dasjenige auszuführen, was jetzt geschildert worden ist. Und wenn er dieses ausführt, wird er schon sehen, daß er wirklich in seinem Inneren einen Eindruck erhält, sagen wir – um ein anderes Beispiel zu gebrauchen – einen Eindruck, den er so schildern könnte: Ich habe einmal eine Landschaft gesehen, ich habe vergessen, wie sie aussieht, sie hat mir aber gefallen! – Nun wird, wenn es in diesem Leben war, die Landschaft keinen sehr lebendigen Gefühlseindruck mehr machen; aber wenn der Eindruck aus einer vorhergehenden Inkarnation stammte, so wird er einen besonders lebendigen Gefühlseindruck machen. Wir können uns so einen besonders lebendigen Eindruck als Gefühlseindruck von unserer früheren Inkarnation machen. Und wenn wir dann objektiv die geschilderten Eindrücke beobachten, werden wir zuweilen etwas wie ein bitteres oder ein bittersüßes oder ein saures Gefühl haben aus dem, was sich ergibt als Umwandlung des Gedankenmenschen. Dieses sauersüße oder sonstige Gefühl ist der Eindruck, den unsere frühere Inkarnation auf uns macht; es ist eine Art von Gefühls- oder Gemütseindruck.

Damit wurde versucht, Sie aufmerksam zu machen auf etwas, was dazu führen kann, bei jedem Menschen eine *Art unmittelbarer Gewißheit* hervorzurufen, *daß er in früheren Leben existiert hat;* Gewißheit dadurch, daß er sich ein Gefühl verschafft, daß er

Gemüts- oder Gefühlseindrücke hat, von denen er weiß: Das hast du gewiß nicht in diesem Leben irgendwo erworben. – Ein solcher Eindruck tritt aber so auf, wie für das gewöhnliche Leben eine Erinnerungsvorstellung auftritt. Nun kann man fragen: Wie kann man wissen, daß der Eindruck, den man hat, eine Erinnerung ist? – Sehen Sie, da kann man nur sagen, beweisen läßt sich so etwas nicht. Aber es liegt derselbe Tatbestand vor, der auch sonst im Leben vorliegt, wenn wir uns an etwas erinnern und bei gesunden Sinnen sind. Da können wir wissen, daß das, was in uns auftritt in Gedanken, sich wirklich bezieht auf etwas, was wir erlebt haben. Die Erfahrung selber gibt die Gewißheit. Was wir uns in der angegebenen Art vorstellen, gibt uns die Gewißheit davon, daß der Eindruck, der im Gemüt auftaucht, sich nicht auf etwas bezieht, was mit uns zu tun hatte im gegenwärtigen Leben, sondern auf etwas, was mit uns zu tun hatte im vorhergehenden Leben.

Da haben wir auf künstliche Weise in uns hervorgerufen etwas, was uns mit unserem vorhergehenden Leben in Zusammenhang bringt. Wir können noch mancherlei andere Arten von innerlichen probeweisen Erfahrungen und Erlebnissen hernehmen und können dadurch wieder weitergehen und in uns wachrufen so etwas wie *Empfindungen von früheren Leben*. Da können wir wiederum in anderer Hinsicht die Erlebnisse dessen, was wir im Leben durchmachen, teilen; wir können sie in anderer Weise in Gruppen teilen. Wir können auf der einen Seite in eine Gruppe fassen, was wir an Leiden, an Schmerzen, an Hemmnissen im Leben durchgemacht haben; auf der anderen Seite, was uns bewußt geworden ist als Förderungen, als Freude, Lust und so weiter.

Nun können wir wiederum probeweise uns auf folgenden Standpunkt stellen. Wir können einmal sagen: Ja, wir haben diese Schmerzen, diese Leiden erfahren. So wie wir in dieser Inkarnation einmal sind, wie das normale Leben nun einmal abläuft, sind uns unsere Schmerzen, unsere Leiden etwas Fatales, etwas, was wir in gewisser Beziehung gern von uns hinwegstoßen würden. Tun wir dies einmal probeweise nicht. Nehmen wir probeweise an, wir würden aus einem gewissen Grunde diese Schmerzen, diese Leiden und Hemmnisse selber herbeigeführt haben, denn durch diese früheren Leben, wenn sie wirklich da sind, sind wir in gewisser Weise durch das, was wir getan haben, unvollkommener geworden. Wir werden ja durch die Inkarnationenfolge nicht nur vollkommener, sondern wir werden in einer gewissen Weise auch unvollkommener. Oder sind wir etwa nicht unvollkommener, als wir vorher waren, wenn wir einem Menschen eine Beleidigung, ein Ungemach zugefügt haben? Nicht nur diesem Menschen haben wir etwas zugefügt, wir haben uns selber etwas genommen; wir wären als Gesamtpersönlichkeit mehr wert, wenn wir das nicht getan hätten. Solche Dinge haben wir viele auf unser Kerbholz geschrieben, die wir getan haben, und die, weil wir sie getan haben, unsere Unvollkommenheit begründen. Wenn wir einem Menschen ein Ungemach zugefügt haben und den Wert, den wir vorher gehabt haben, wieder haben wollen, was muß da geschehen? Wir müssen das Ungemach ausgleichen, wir müssen eine ausgleichende Tat in die Welt setzen, müssen irgend etwas erfinden, was sozusagen uns zwingt, etwas zu überwinden. Und wenn wir in dieser Richtung nachdenken über unsere Leiden und Schmerzen, so können wir vielfach sagen: Unsere Leiden, unsere Schmerzen sind geeignet, wenn wir sie überwinden, uns Kraft anzueignen in der Überwindung unserer Unvollkommenheiten. Vollkommener können wir werden durch die Leiden. – Im normalen Menschenleben denken wir ja nicht so; da verhalten wir uns ablehnend gegen die Leiden. Wir können aber sagen: Jeder Schmerz, jedes Leid, jedes Hemmnis im Leben soll eine Andeutung dafür sein, daß wir einen gescheiteren Menschen in uns haben, als wir selber sind. Den Menschen, der wir selber sind, betrachten wir für eine Weile, trotzdem er derjenige ist, der unser Bewußtsein umfaßt, als den weniger gescheiten; aber einen gescheiteren haben wir, der in den Untergründen unserer Seele schlummert. Wir, mit unserem gewöhnlichen Bewußtsein, verhalten uns gegen Schmerzen und Leiden ablehnend, aber der Gescheitere führt uns gegen unser Bewußtsein zu diesen Schmerzen hin, weil wir durch Überwindung dieser Schmerzen etwas abstreifen können. Er führt uns hin zu dem Schmerz und Leid, er weist uns an, das durchzumachen. – Mag sein, daß es zunächst ein harter Gedanke ist, aber er verpflichtet uns ja zu nichts, wir können ihn ja nur einmal probeweise machen. Wir können sagen: Da drinnen in uns ist ein gescheiterer Mensch, der uns zu Leiden und Schmerzen hinführt, zu etwas, was wir im Bewußtsein am liebsten vermeiden möchten. Davon denken wir, daß es der Gescheitere in uns ist. Auf diese Weise kommen wir zu dem für manchen störenden inneren Ergebnis, daß der Gescheitere uns immer zu dem uns Unsympathischen hinführt!

Wir wollen also einmal annehmen, es sei solch ein Gescheiterer in uns, der uns zu dem uns Unsympathischen hinführt, damit wir vorwärtskommen.

Wir machen aber noch etwas anderes. Nehmen wir unsere Freuden, unsere Förderungen, unsere Lust und sagen wir von diesen wiederum probeweise: Wie wäre es, wenn du dir die Vorstellung bildetest, gleichgültig, wie es in Wahrheit sich verhält: Du hast deine Lust, deine Freude, deine Förderungen gar nicht verdient, sie sind dir durch Gnade der höheren geistigen Mächte zugekommen. – Es braucht dies nicht für alles der Fall zu sein, aber probeweise wollen wir annehmen, wir hätten alle Schmerzen und Leiden so herbeigeführt, daß der Gescheitere in uns zu ihnen hingeführt hätte, weil wir anerkennen, daß wir sie infolge unserer Unvollkommenheiten notwendig haben und doch nur durch Schmerzen und Leiden hinauskommen können über unsere Unvollkommenheiten. Und dann wollen wir probeweise das Gegenteilige annehmen: Wir schreiben uns unsere Freuden so zu, als ob sie nicht unser Verdienst wären, sondern als ob sie uns von geistigen Mächten gegeben worden wären.

Es mag wiederum für manchen eitlen Menschen eine bittere Pille sein, so zu denken. Aber probeweise das durchzumachen, ist durchaus etwas, das, wenn der Mensch in seinem Gemüt ganz intensiv solcher Vorstellung fähig ist, zu der Grundempfindung führt, weil es sich wiederum verwandelt und insofern es unrichtig ist, sich von selber rektifiziert: In dir lebt etwas, was nichts zu tun hat mit dem gewöhnlichen Bewußtsein, was tatsächlich tiefer ist, als was du in diesem Leben bewußt erfahren hast; es ist also etwas in dir, was ein gescheiterer Mensch in dir ist, der sich gern an die ewigen göttlich-geistigen Mächte wendet, die die Welt durchleben. – Da wird dann im inneren Leben selber zur Gewißheit, daß hinter der äußeren eine *innere, höhere Individualität* liegt. Wir werden uns des ewigen geistigen Wesenskernes durch solche Gedankenübungen bewußt. Das ist außerordentlich bedeutsam. Damit haben wir wiederum etwas, von dem wir sagen können, wir können es ausführen.

Anthroposophie kann eben in jeder Beziehung eine Anweisung sein, um nicht nur irgend etwas zu wissen über das Dasein einer anderen Welt, sondern um in sich selber sich als einen Angehörigen einer anderen Welt zu fühlen, um sich als eine solche Individualität zu fühlen, die durch die aufeinanderfolgenden Inkarnationen hindurchgeht.

Es gibt noch eine dritte Art von Erlebnissen. Bei dieser dritten Art wird es allerdings schon schwieriger sein, sie sozusagen zu benützen, um wirklich zu einer Art von innerer Erfahrung von Karma und Reinkarnation zu kommen. Aber wenn es auch schwierig und langwierig ist, das, was jetzt gesagt werden soll, es kann wiederum so benützt werden, daß es probeweise genommen wird. Und im redlichen Anwenden auf das äußere Leben wird sich schon herausstellen – zunächst die Wahrscheinlichkeit, wenn man es glauben kann, dann aber die immer größere Gewißheit –, daß wirklich in dieser Weise unser gegenwärtiges Leben mit dem vorhergehenden zusammenhängt.

Wir wollen einmal annehmen, wir durchleben unser gegenwärtiges Leben zwischen Geburt und Tod, und wir machen uns einmal klar, wenn wir, sagen wir, schon so weit sind, daß wir die Dreißigerjahre erreicht oder überschritten haben – wir werden schon sehen, daß auch für diejenigen, die jetzt noch nicht so weit sind, es später entsprechende Erlebnisse geben wird –, wir besinnen uns darauf, wie wir gerade um die Dreißigerjahre mit diesen oder jenen Menschen in der Außenwelt zusammengeführt worden sind; wir sind in den Dreißigerjahren bis zum vierzigsten Jahr in den verschiedenen Lebensverbindungen zusammengeführt worden mit Menschen der äußeren Welt. Da stellt sich für uns heraus, daß uns die Verbindungen, die wir da geschlossen haben, so erscheinen, als ob wir sie, man möchte sagen, in unserem lebensreifsten Zustande gemacht hätten, so daß wir wirklich ganz als reife Menschen am allermeisten dabei waren. Das kann sich uns durch Überlegung ergeben. Eine Überlegung, die aber aus den Grundsätzen, den Erkenntnissen der Geisteswissenschaft heraus gewonnen worden ist, kann uns doch darauf führen, daß das richtig ist, was jetzt von mir nicht bloß aus solcher Erwägung heraus gesprochen, sondern aus der geisteswissenschaftlichen Forschung heraus mitgeteilt wird. Also, was ich jetzt sage, ist nicht bloß aus Gedanken logisch gefunden, sondern durch die geisteswissenschaftliche Forschung festgestellt worden, aber logisches Denken kann die Tatsache erhärten und vernünftig finden. Wenn man so nachdenkt über mancherlei, was wir gelernt haben zum Beispiel über die Art, wie die verschiedenen einzelnen menschlichen Glieder herauskommen im Verlaufe des Lebens [20] – wir wissen, daß im siebenten Jahre der Ätherleib, im vierzehnten Jahre der Astralleib, im einundzwanzigsten Jahre die Empfindungsseele, im achtundzwanzigsten Jahre die Verstandes- und im fünfunddreißigsten Jahre die Bewußtseinsseele herauskommt –, wenn wir dieses überdenken, dann können wir sagen: In der Zeit vom dreißigsten bis zum vierzigsten Jahre haben wir es zu tun mit der Ausbildung der Verstandes- und der Bewußtseinsseele.

Die Verstandes- und die Bewußtseinsseele, sie sind diejenigen Kräfte in der menschlichen Natur, welche uns am allermeisten zusammenführen mit der äußeren physischen Welt, denn sie sind dazu da, daß sie gerade in demjenigen Lebensalter besonders herauskommen, in dem wir am allermeisten im Wechselverkehr mit der äußeren physischen Welt stehen. Im ersten Kindheitsalter werden die Kräfte unseres physischen Leibes herausdirigiert, herausbestimmt, verursacht aus dem, was noch im Inneren unmittelbar verschlossen ist. Was der Mensch sich als Ursachen angeeignet hat in vorhergehenden Inkarnationen, was durchgegangen ist mit uns durch die Pforte des Todes, was wir an geistigen Kräften gesammelt haben, was wir aus dem früheren Leben mitbringen, das wirkt und webt am Aufbau unseres physischen Leibes. Es wirkt fortwährend unsichtbar vom Inneren heraus in den Leib hinein. Mit dem fortschreitenden Lebensalter wird diese

Einwirkung immer geringer; immer mehr rückt die Lebenszeit heran, da die alten Kräfte den Leib so hergestellt haben. Und dann kommt die Zeit, wo wir der Welt mit einem fertigen Organismus gegenüberstehen. Was wir im Inneren tragen, hat seine Ausprägung erfahren in unserem äußeren Leibe. Wir treten um das dreißigste Jahr herum – es kann auch etwas früher oder etwas später sein – der Welt am allerphysischsten entgegen, wir stehen da mit der Welt so in Beziehung, daß wir am allerverwandtesten sind mit dem physischen Plan. Wenn wir nun da glauben, am allermeisten Klarheit, äußere physische Klarheit zu haben über die Lebensverhältnisse, die wir da anknüpfen, so müssen wir sagen: Diese Lebensverhältnisse, die wir da anknüpfen, sind diejenigen, die für diese Inkarnation eigentlich am wenigsten zusammenhängen mit dem, was im Innersten in uns wirkt und webt von unserer Geburt aus. Dennoch können wir annehmen, daß wir durchaus nicht aus Zufall um das dreißigste Jahr herum mit Menschen zusammengeführt werden, welche gerade dann in unserer Umgebung auftreten müssen. Wir können vielmehr annehmen, daß auch da unser Karma am Werk ist, daß auch diese Personen etwas mit einer unserer früheren Inkarnationen zu tun haben.

Und da zeigen die geisteswissenschaftlichen Tatsachen, die verschiedentlich erforscht sind, daß sehr häufig die Personen, mit denen wir zusammenkommen um das dreißigste Jahr herum, in früheren Inkarnationen so mit uns verwoben sind, daß wir mit ihnen zusammenhängen können, meistens am Anfang der unmittelbar vorhergehenden Inkarnation oder auch noch früher, als Eltern oder Geschwister. Das ist zunächst eine merkwürdige, überraschende Tatsache. Es muß nicht so sein, aber viele Fälle zeigen der geisteswissenschaftlichen Forschung, daß es so ist, daß tatsächlich unsere Eltern, die Personen, die beim Ausgangspunkt unseres vorhergehenden Lebens uns zur Seite gestanden haben, die uns in den physischen Plan hineingestellt haben, denen wir später entwachsen sind, daß die mit uns karmisch so verwoben sind, daß sie in unserem neuen Leben nicht in unserer Kindheit wieder mit uns zusammengeführt werden, sondern erst dann, wenn wir am meisten auf den physischen Plan herausgetreten sind. Es muß nicht so sein, denn die geisteswissenschaftliche Forschung zeigt sehr häufig, daß wir erst in einer nächsten Inkarnation zusammengeführt werden mit solchen als Eltern, als Geschwister, überhaupt als Blutsverwandte in Frage Kommenden, mit denen wir in dieser Inkarnation um die Dreißigerjahre herum uns zusammenfanden. Also die Bekanntschaften um die Dreißigerjahre herum in irgendeiner Inkarnation können sich so stellen, daß die Personen, die in Betracht kommen, mit uns selber blutsverwandt sind in vorhergehender oder nachfolgender Inkarnation. Wir können also sagen: Mit den Persönlichkeiten, mit denen dich das Leben zusammenführt in den Dreißigerjahren, mit denen warst du entweder wie mit Eltern und Geschwistern zusammen in einer vorhergehenden Inkarnation, oder du kannst voraussetzen, daß sie in einer der nächsten Inkarnationen mit dir in solcher Eigenschaft zusammenhängen.

Auch das Umgekehrte gilt. Wenn wir diejenigen Persönlichkeiten betrachten, die wir uns willkürlich durch äußere Kräfte, die für den physischen Plan geeignet sind, am wenigsten wählen, also unsere Eltern und Geschwister, mit denen wir am Anfang unseres Lebens zusammentrafen, wenn wir diese ins Auge fassen, kommen wir sehr häufig darauf, daß wir gerade die Personen, die uns hereingeleiten von der Kindheit an ins Leben, um die Dreißigerjahre herum in einer anderen Inkarnation wie willkürlich mit unseren Kräften selber ausgewählt haben; mit anderen Worten, daß wir in der Mitte des vorhergehenden Lebens die ausgewählt haben, die jetzt unsere Eltern und Geschwister geworden sind.

Besonders interessant ist also die Tatsache, die sich merkwürdigerweise herausstellt, daß die Sache nicht so liegt, daß wir in aufeinanderfolgenden Inkarnationen in den gleichen Verhältnissen sind mit den Persönlichkeiten, mit denen wir zusammenkommen; auch daß wir nicht in den entsprechenden Lebensaltern wie vorher mit ihnen zusammentreffen. Auch nicht gerade das Umgekehrte ist der Fall: Nicht die Persönlichkeiten, mit denen wir am Lebensende zusammentrafen, stehen in einer anderen Inkarnation in Beziehung zu unserem Lebensanfang, sondern die Persönlichkeiten, mit denen wir in der Lebensmitte zusammentreffen. Also weder die jetzt am Lebensanfang noch die am Lebensende mit uns zusammenkommenden Persönlichkeiten, sondern die jetzt in der Mitte des Lebens mit uns in Berührung kommenden Persönlichkeiten waren am Anfang einer vorhergehenden Inkarnation als unsere Blutsverwandten um uns. Die damals im Lebensanfang mit uns zusammen waren, die treten jetzt in der Mitte unseres Lebens auf; und die jetzt am Anfang unseres Lebens um uns sind, von denen können wir voraussetzen, daß wir uns mit ihnen in der Mitte einer der nächsten Inkarnationen zusammenfinden, daß sie als unsere frei gewählten, irgendwo gewählten Lebensgenossen mit uns in Zusammenhang kommen werden. So merkwürdig sind die karmischen Zusammenhänge.

Was ich jetzt gesagt habe, das sind Dinge, welche die geisteswissenschaftliche Forschung ergibt. Aber ich habe schon darauf aufmerksam gemacht, daß, wenn man auf die Art und Weise, wie das die geisteswissenschaftliche Forschung zeigt, die inneren Zusammenhänge zwischen Lebensanfang unserer einen und Lebensmitte unserer anderen Inkarnation betrachtet, man begreift, daß das nicht etwas Unsinniges oder Unnützes ist. Die andere Seite ist eben die, daß durch solche Dinge, wenn sie an uns herangebracht werden und wenn wir uns vernünftig dazu stellen, das Leben hell und klar wird. Es wird hell und klar, wenn wir nicht alles einfach hinnehmen, man möchte sagen dumpf, um nicht zu sagen dumm; es wird hell und klar, wenn man versucht, das, was uns im Leben trifft, irgendwie so zu begreifen, so auffassen zu wollen, daß wir die Beziehungen zu konkreten machen, die ja doch noch nicht ganz verständlich sind, solange man nur ganz abstrakt im allgemeinen von Karma spricht.

Es ist nützlich, darüber nachzudenken: Woher kommt es, daß wir in der Mitte unseres Lebens förmlich durch Karma getrieben werden, scheinbar mit aller Verstandeskraft diese oder jene Bekanntschaft zu machen, von der wir sagen können: Scheint es nicht, als ob sie unabhängig, objektiv geschlossen wäre? – Das liegt eben daran, daß solche Persönlichkeiten im früheren Leben blutsverwandt mit uns waren und durch unser Karma jetzt mit uns zusammengeführt werden, weil wir etwas mit ihnen zu tun haben.

Wenn wir jedesmal solche Erwägungen anstellen gegenüber

dem Verlauf des eigenen Lebens, werden wir sehen, daß wirklich Licht in unser Leben hineinkommt. Wenn wir uns auch einmal irren, und selbst wenn es zehnmal unrichtig ist: bei irgendeinem Menschen, den wir im Leben treffen, können wir doch auf das Richtige verfallen. Und wenn wir aus solchen Erwägungen heraus sagen: Diesen Menschen haben wir da oder dort getroffen –, so ist ein solcher Gedanke etwas, das uns wie ein Wegweiser zu anderen Dingen führt, die uns sonst nicht aufgefallen wären und die uns durch ihr Zusammenfallen immer mehr und mehr Gewißheit verschaffen von der Richtigkeit der einzelnen Tatsachen.

Die karmischen Zusammenhänge sind eben nicht solche, die sich durch *einen* Schlag gewinnen lassen. Wir müssen die höchsten Erkenntnisse des Lebens, die wichtigsten unser Leben erhellenden Erkenntnisse langsam und allmählich erwerben. Daran wollen allerdings die Menschen nicht gern glauben. Es ist leichter zu glauben, daß man durch irgendeinen Lichtblitz finden könnte: Mit diesen und jenen Persönlichkeiten war ich in einem früheren Leben zusammen, oder dieser oder jener war ich selber. – Daß das alles langsam erworbene Erkenntnisse sein müssen, ist vielleicht unbequem zu denken, aber dennoch ist es so. Selbst wenn wir schon den Glauben hegen, daß es so sein könnte, müssen wir noch immer weiterforschen, und unser Glaube wird dann Gewißheit annehmen. Selbst für das, was schon mehr und mehr Wahrscheinlichkeit erweckt auf diesem Gebiete, kommen wir durch Forschen weiter. Wir vermauern uns die geistige Welt, wenn wir uns auf solchen Gebieten auf rasches Urteilen einlassen.

Versuchen Sie einmal nachzudenken über das, was heute gesagt worden ist über die Bekanntschaften in der Mitte unseres Lebens und ihren Zusammenhang mit uns näherstehenden Persönlichkeiten in einer vorhergehenden Inkarnation. Sie werden dabei auf sehr fruchtbare Gedanken kommen; namentlich wenn man das gerade noch in Betracht zieht, was gesagt ist in der Schrift über «Die Erziehung des Kindes vom Gesichtspunkte der Geisteswissenschaft» [20]. Dann zeigt sich klar und deutlich, daß das Ergebnis Ihres Nachdenkens mit dem in dieser Schrift Gesagten in Einklang steht.

An das heute Gesagte muß aber noch eine ernstliche Mahnung geknüpft werden: Der wirkliche Geistesforscher hütet sich davor, Schlüsse zu ziehen; er läßt die Dinge an sich herankommen. Wenn sie da sind, prüft er sie erst mit der gewöhnlichen Logik. Dann kann etwas nicht passieren, was mir vor kurzem erst wieder einmal gegenübertrat und was recht charakteristisch ist für die Art, wie man sich heute der Anthroposophie entgegenstellen möchte. Da sagte mir ein sehr gescheiter Herr – ich sage das ohne alle Ironie, mit vollständigem Bekenntnis, daß er wirklich ein gescheiter Herr ist –: Wenn ich lese, was in Ihrem Buch «Geheimwissenschaft im Umriß» steht, so muß ich sagen, es erscheint das so logisch, so im Zusammenhang mit dem, was die Welt sonst noch an Tatsachen zeigt, daß ich gestehen muß, man könnte auf diese Dinge auch durch bloßes Nachdenken kommen. Diese Dinge brauchen nicht das Ergebnis übersinnlicher Forschung zu sein. Was in diesem Buch gesagt ist, sind gar keine zweifelhaften Sachen; sie stimmen mit der Wirklichkeit überein. – Ich konnte diesem Herrn die Versicherung geben, daß ich nicht glaube, daß ich durch bloßes Nachdenken darauf gekommen wäre und daß ich bei allem Respekt vor seiner Gescheitheit auch nicht glaube, daß er durch bloßes Nachdenken diese Tatsachen gefunden hätte. Es ist schon wirklich so, daß alles, was logisch eingesehen werden kann auf geisteswissenschaftlichem Gebiet, wirklich nicht durch bloßes Nachdenken gefunden werden könnte! Daß man eine Sache logisch prüfen und begreifen kann, sollte doch noch kein Grund sein, an ihrem geisteswissenschaftlichen Ursprung zu zweifeln! Ich meine im Gegenteil, daß es eine Art von Beruhigung sein müßte, daß geisteswissenschaftliche Mitteilungen durch logisches Nachdenken als unzweifelhaft richtig erkannt werden können. Es kann schon nicht der Ehrgeiz des Geistesforschers sein, lauter unlogische Dinge zu sagen, damit er Glauben finde. Sie sehen, daß der Geistesforscher selber nicht auf dem Boden stehen kann, er finde diese Dinge durch Nachdenken. Aber wenn man nachdenkt über die auf geisteswissenschaftlichem Wege gefundenen Dinge, können sie so logisch erscheinen, daß sie zu logisch scheinen, so daß man gar keinen Glauben mehr an die geisteswissenschaftlichen Quellen findet, aus denen die Dinge stammen. So ist es tatsächlich bei allen Dingen, von denen gesagt ist, daß sie auf dem Boden reiner geisteswissenschaftlicher Forschung entstanden sind.

Wenn Ihnen auch zunächst das, was heute hier gesagt worden ist, grotesk erscheint, so versuchen Sie jetzt doch einmal, über die Dinge logisch nachzudenken. Ich würde wahrhaftig nicht, wenn mich nicht geistige Tatsachen dazu geführt hätten, aus dem gewöhnlichen logischen Denken es abgeleitet haben, aber nachdem es einmal da ist, kann man es logisch prüfen. Und da wird man sehen: je subtiler, je gewissenhafter man mit der Prüfung zu Werke geht, desto mehr wird sich herausstellen, daß alles stimmt. Selbst von solchen Dingen, bei denen man nicht prüfen kann, ob sie richtig sind, wie das, was heute gesagt worden ist über Eltern und Geschwister des einen Lebens und die Bekanntschaften in der Mitte des anderen Lebens, wird man schon aus der Art, wie die verschiedenen Glieder in den Zusammenhängen sich verhalten, finden müssen, daß sie einen im höchsten Grad nicht nur wahrscheinlichen, sondern einen bis an die Gewißheit grenzenden Eindruck machen. Und namentlich stellt sich eine Gewißheit als begründet heraus, wenn man die Dinge am Leben prüft. Man wird bei so manchen Persönlichkeiten, die man trifft, das eigene Verhalten und das der anderen in einem ganz anderen Lichte sehen, wenn man gleichsam jemandem, den man in der Mitte des Lebens findet, so gegenübersteht, als ob man im vorhergehenden Leben zusammen Geschwister gewesen wäre. Und dadurch wird das ganze Verhältnis viel fruchtbarer werden, als wenn man nur dumpf durchs Leben schreitet.

So können wir sagen: Anthroposophie wird immer mehr nicht nur etwas, was Wissen und Erkenntnis gibt vom Leben, sondern was uns auch Anweisung gibt, wie wir die Verhältnisse des Lebens auffassen und lichtvoll nicht nur für uns selber, sondern auch für unser Verhalten gegenüber dem Leben und für unsere Lebensaufgabe machen können. Es ist das wichtig, daß wir nicht glauben, wir verderben uns das unmittelbare Drauflosleben. Nur ängstliche Menschen, die es nicht ganz ernst meinen mit dem Leben, können das glauben. Wir aber sollen uns klar sein, daß dadurch, daß wir das Leben genauer kennenlernen, wir das

Leben auch fruchtbarer, inhaltsreicher machen. Was im Leben an uns herantritt, das soll durch Anthroposophie in einen Gesichtskreis gerückt werden, durch den alle Kräfte reicher, zuversichtlicher, hoffnungserweckender werden, als sie waren, bevor sie in diesen Gesichtskreis gerückt worden sind.

Karmische Auswirkungen innerhalb der Inkarnationen

Es waren gestern Fragen, die das menschliche Karma berührten, welche wir zur Sprache zu bringen hatten, und zwar wurde versucht, diese Fragen des menschlichen Karmas so zu behandeln, daß sie uns erscheinen in Anknüpfung an innere Vorgänge der menschlichen Seele; man möchte sagen, daß sie uns erscheinen in Anknüpfung an etwas Erreichbares.[21] Denn es wurde darauf aufmerksam gemacht, daß man gewisse Dinge sozusagen probeweise in seinem Seelenleben einrichten könne und daß man dadurch in seinem Seelenleben gewisse innere Erfahrungen hervorrufen kann, welche zu einer ganz bestimmt ausgesprochenen Überzeugung von der Wahrheit des Karmagesetzes führen müssen. Wenn wir solche Fragen immer wieder und wieder in die Gesichtskreise unserer anthroposophischen Betrachtung rücken, so ist dies durchaus nichts irgendwie Willkürliches, sondern es hängt damit zusammen, daß ja immer mehr und mehr wird erkannt werden müssen, wie sich das, was wir Anthroposophie im wahren, echten Sinne des Wortes nennen, zum Leben und zu der ganzen menschlichen Entwicklung verhält. Man kann sich ja zweifellos eine wenigstens annähernd richtige Vorstellung davon bilden, wie alles menschliche Leben nach und nach verändert werden muß, wenn erst eine größere Anzahl von Personen die Überzeugung, die ja zugrunde liegt solch einer Betrachtung wie der gestrigen, zu der ihrigen machen wird. Das Leben muß sich dadurch, daß die Menschen sich durch die Durchdringung solcher Wahrheiten anders zum Leben stellen, in gewisser Weise ändern. Und wir kommen dadurch zu der außerordentlich wichtigen Frage, die eine Gewissensfrage sein müßte für diejenigen Persönlichkeiten, die sich der anthroposophischen Bewegung einfügen, wir kommen zu der Frage: Was macht eigentlich einen Menschen der Gegenwart zum Anthroposophen?

Nun ist ja sehr leicht ein Mißverständnis möglich, wenn man

diese Frage in einer entsprechenden Weise zu beantworten versucht, denn es verwechseln ja heute noch sehr viele Persönlichkeiten, auch solche Persönlichkeiten, die zu uns gehören, die anthroposophische Bewegung mit irgendeiner äußeren Organisation. Nichts soll gesagt werden gegen eine solche äußere Organisation, die ja in gewisser Beziehung da sein muß, damit auf dem physischen Plane die Pflege der Anthroposophie möglich sei; aber wichtig ist es, sich klar darüber zu werden, daß zu einer solchen äußeren Organisation im Grunde genommen alle diejenigen Menschen gehören können, die in ernster, aufrichtiger Weise ein tieferes Interesse haben an den Fragen des Geisteslebens und die ihre Weltanschauung im Sinne einer solchen Bewegung des Geisteslebens vertiefen wollen. Damit ist schon gesagt, daß keinerlei Dogma, keinerlei positives Bekenntnis gefordert werden muß von denjenigen, welche sich einer so charakterisierten Organisation anschließen. Aber ein anderes ist es, einmal klipp und klar hinzuweisen auf dasjenige, was den modernen Menschen, den Menschen unserer Gegenwart, eigentlich zum Anthroposophen macht.

Die gewöhnliche Überzeugung, daß man es zu tun habe mit einer geistigen Welt, sie ist gewiß der Anfang der anthroposophischen Überzeugung, und sie muß immer da betont werden, wo man die Anthroposophie hinausträgt in die Öffentlichkeit und von ihren Aufgaben, ihren Zielen, ihrer gegenwärtigen Mission gegenüber der Öffentlichkeit spricht. Aber innerhalb der eigentlichen anthroposophischen Kreise muß man sich doch klarwerden, daß etwas viel Bestimmteres, viel Ausgesprocheneres als nur die Überzeugung von einer geistigen Welt den Anthroposophen ausmacht. Denn schließlich hat man diese Überzeugung von einer geistigen Welt immer gehabt in denjenigen Kreisen, die nicht geradezu materialistisch waren. Das, was den gegenwärtigen Menschen zum Anthroposophen macht, was im Grunde genommen noch nicht in der Theosophie zum Beispiel des Jakob Böhme oder eines anderen Theosophen der Vorzeit enthalten war, ist etwas, worauf die Kultur unseres Abendlandes mit aller Gewalt hingearbeitet hat; auf der einen Seite so, daß geradezu dieses Hinarbeiten zu einer charakteristischen Eigenschaft des

Strebens vieler Menschen geworden ist. Und auf der anderen Seite steht demgegenüber die Tatsache, daß dieses, was so eigenartig den Anthroposophen als solchen charakterisiert, heute noch von der äußeren Kultur, der äußeren menschlichen Bildung am allermeisten angefochten wird, als etwas Törichtes angesehen wird.

Gewiß, wir lernen vieles durch die Anthroposophie kennen. Wir lernen kennen die Entwicklung der Menschheit, wir lernen kennen selbst die Entwicklung unserer Erde und unseres Planetensystems. Alle diese Dinge gehören zu den Grundlagen des anthroposophisch Strebenden. Aber das hier Gemeinte, besonders Bedeutsame für den Anthroposophen der Gegenwart ist das Erringen einer Überzeugung in bezug auf die Fragen von Reinkarnation und Karma. Und die Art und Weise, wie die Menschen sich aneignen werden diese *Überzeugung von Reinkarnation und Karma*, wie sie die Möglichkeit finden werden, den Gedanken von Reinkarnation und Karma in das allgemeine Leben überzuführen, das wird eben dieses moderne Leben von der Gegenwart in die Zukunft hinein im wesentlichen umgestalten. Es wird ganz neue Lebensformen, ein ganz neues menschliches Zusammenleben schaffen; ein solches Zusammenleben aber, wie es notwendig ist, wenn die Kultur der Menschheit nicht dem Niedergang verfallen soll, sondern wirklich aufwärtssteigen, vorwärtsgehen soll. Solche Erwägungen, solche inneren Seelenerlebnisse, wie sie gestern hervorgehoben worden sind, kann im Grunde genommen jeder moderne Mensch schon machen; und wenn er nur genügend Energie und Tatkraft hat, so wird er schon zu einer inneren Überzeugung der Wahrheit von Reinkarnation und Karma kommen. Demjenigen aber, was wahre Anthroposophie eigentlich wollen soll, dem steht gegenüber, man möchte sagen, der ganze äußere Grundcharakter unserer gegenwärtigen Zeit.

Dieser Grundcharakter unserer gegenwärtigen Zeit, er drückt sich vielleicht in keiner Tatsache so radikal charakteristisch aus als darin, daß man immerhin ein mehr oder weniger großes Interesse an den Zentralfragen finden kann, die sich auf religiöse Dinge beziehen, die sich beziehen auf die Entwicklung des Menschen und der Welt; auch auf Karma und Reinkarnation. Man wird mit solchen Fragen auch noch, wenn sie sich erstrecken auf dasjenige, was die einzelnen positiven Lehren der einzelnen Religionsbekenntnisse sind – sagen wir in bezug auf die Natur des Buddha oder des Christus –, man wird mit der Besprechung solcher Fragen heute immerhin noch ein weites Interesse finden. Aber dieses Interesse wird wesentlich schwächer, läßt nach; läßt auch bei denjenigen, die sich heute Anthroposophen nennen, recht sehr nach, wenn davon gesprochen wird im einzelnen Konkreten, wie sich Anthroposophie einleben soll in alle Einzelheiten des äußeren Lebens. Es ist das ja im wesentlichen sehr begreiflich. Der Mensch steht im äußeren Leben drinnen, der eine hat diese, der andere jene Position in der Welt. Man möchte sagen, daß so, wie die Welt sich darlebt mit ihren heutigen Ordnungen, es sich fast ausnimmt wie ein großes Etablissement; der einzelne Mensch ist darin wie ein Triebrad. So fühlt er sich in dieser Welt mit seiner Arbeit, seinen Sorgen, mit dem, was ihn beschäftigt vom Morgen bis zum Abend, und er weiß nichts anderes, als daß er sich dieser äußeren Weltordnung zu fügen hat.

Daneben tritt dann die Frage auf, die für jede Seele da sein muß, die nur ein wenig aufzublicken vermag von dem, was der Alltag ihr gibt, die Frage nach dem Schicksal der Seele, nach dem Anfang und Ende des Seelenlebens, nach dem Zusammenhang mit den göttlich-geistigen Wesenheiten, nach den Kräften der Welt. Und zwischen dem, was dem Menschen der Alltag zu geben hat, worüber er Sorge hat und so weiter, und dem, was er auf dem Gebiete der Anthroposophie erhält, tritt ein tiefer Abgrund, eine weite Kluft auf. Und man möchte sagen: Für die meisten Menschen, und auch für die Anthroposophen der Gegenwart, ist dieses Zusammenstimmen ihrer anthroposophischen Überzeugung mit dem, was sie draußen im alltäglichen Leben tun und vorstellen, fast gar nicht vorhanden. Man braucht nur irgendeine konkrete Frage in der Öffentlichkeit aufzuwerfen und im geisteswissenschaftlichen, im anthroposophischen Sinn zu behandeln, so wird man gleich sehen, daß das Interesse, welches für die Behandlung allgemeiner religiöser und ähnlicher Fragen noch vorhanden war, für solche konkrete Fragen nicht da ist. Nun kann man ja nicht verlangen, daß Anthroposophie sich gleich unmittelbar einlebt, daß sie jeder schon in seinen Handgriffen zum Ausdruck bringt. Aber aufmerksam muß darauf gemacht werden, daß die anthroposophische Geisteswissenschaft die Mission hat, gerade alles dasjenige ins Leben einzuführen, dem Leben einzuverleiben, was aus einer Seele folgen muß, welche sich nach und nach die Überzeugung verschafft, daß die Ideen von Reinkarnation und Karma Realitäten sind. So könnte geradezu hingestellt werden als charakteristisches Kennzeichen des gegenwärtigen Anthroposophen, daß er auf dem Wege ist, sich eine begründete innere Überzeugung vom Walten der Idee von Reinkarnation und Karma anzueignen. Alles übrige, möchte man sagen, ergibt sich daraus schon von selber als unmittelbare Konsequenz, als Folgeerscheinung.

Das kann natürlich auch nicht so gehen, daß nun jeder etwa denkt, mit dem, was ich aus Reinkarnation und Karma gewinne, werde ich jetzt unmittelbar das äußere Leben anfassen. Das geht natürlich nicht. Aber Vorstellungen muß man davon gewinnen, wie Reinkarnation und Karma sich in das äußere Leben hineinfinden müssen, so daß sie zu dirigierenden Mächten des äußeren Lebens werden können.

Nehmen wir einmal die *Idee des Karma*, wie das Karma wirkt durch die verschiedenen Verkörperungen des Menschen hindurch. Da müssen wir, wenn ein Mensch hereintritt in die Welt, seine Fähigkeiten und Kräfte letzten Endes ansehen als das Ergebnis der Ursachen, die er selber in früheren Verkörperungen gelegt hat. Wir müssen, wenn wir konsequent diese Idee durchführen, wirklich jeden Menschen als eine Art von innerem Rätsel behandeln, als etwas, aus dem sich herausarbeiten muß dasjenige, was in den dunklen Untergründen seiner früheren Inkarnationen schwebte. Nicht nur in der Erziehung, sondern im ganzen Leben wird ein ganz bedeutsamer Umschwung herbeigeführt, wenn Ernst gemacht wird mit einer solchen Idee vom Karma. Und es würde, wenn das eingesehen würde, die Idee vom Karma aus einer bloß theoretischen Idee umgewandelt in etwas, was wirklich in das praktische Leben eingreifen muß, was wirklich eine praktische Sache des Lebens werden könnte.

Alles äußere Leben, so wie es sich uns heute darbietet, ist aber überall ein Bild eines solchen menschlichen Zusammenhanges, der geformt und gebildet worden ist mit Ausschluß, ja mit Verleugnung der Idee von Reinkarnation und Karma. Und gleichsam, als ob man verschütten wollte alle Möglichkeiten, daß die Menschen durch die eigene Seelenentwicklung darauf kommen könnten, daß es Reinkarnation und Karma gibt, so ist dieses äußere Leben heute eingerichtet. In der Tat, es gibt zum Beispiel nichts, was so sehr feindlich gesinnt ist einer wirklichen Überzeugung von Reinkarnation und Karma als der Grundsatz des Lebens, daß man für dasjenige, was man unmittelbar als Arbeit leistet, einen der Arbeit entsprechenden Lohn, der die Arbeit geradezu bezahlt, einheimsen müsse. Nicht wahr, eine solche Rede klingt sonderbar, recht sonderbar! Nun müssen Sie die Sache auch nicht so betrachten, als wenn die Anthroposophie nun gleich radikal die Grundsätze einer Lebenspraxis über den Haufen werfen und über Nacht eine neue Lebensordnung einführen wollte. Das kann nicht sein. Aber der Gedanke müßte den Menschen nahetreten, daß in der Tat in einer Weltordnung, in der man daran denkt, Lohn und Arbeit müßten sich unmittelbar entsprechen[22], in der man sozusagen durch seine Arbeit dasjenige verdienen muß, was zum Leben notwendig ist, niemals eine wirkliche Grundüberzeugung von Reinkarnation und Karma gedeihen kann. Selbstverständlich muß die bestehende Lebensordnung zunächst so bleiben, denn gerade der Anthroposoph muß einsehen, daß das, was besteht, wiederum durch die Karmaordnung hervorgerufen worden ist und daß es in dieser Beziehung zu Recht und mit Notwendigkeit besteht. Aber er muß durchaus die Möglichkeit haben zu begreifen, daß sich wie ein neuer Keim innerhalb des Organismus unserer Weltordnung dasjenige entwickelt, was aus der Anerkennung der Idee von Reinkarnation und Karma folgen kann und muß.

Vor allen Dingen folgt aus der Idee des Karma, daß wir nicht durch einen Zufall – das geht gerade aus der gestrigen Betrachtung hervor, wie ich glaube – uns hereingestellt fühlen sollen in die Weltordnung, nicht durch Zufall uns hingestellt fühlen sollen auf den Posten, auf dem wir uns befinden im Leben, sondern daß diesem Hingestelltsein gleichsam eine Art von unterbewußtem Willensentschluß zugrunde liegt; daß wir gewissermaßen, bevor wir in dieses irdische Dasein getreten sind, in das wir uns herausgearbeitet haben aus der geistigen Welt zwischen Tod und Geburt, als Ergebnis unserer früheren Inkarnationen in der geistigen Welt den Willensentschluß gefaßt haben – den wir nur wieder vergessen haben, als wir uns in den Körper einlebten –, uns hinzustellen an den Platz, an dem wir stehen. So daß das Ergebnis eines vorgeburtlichen, vorirdischen eigenen Willensentschlusses uns an unseren Lebensplatz hinstellt und uns ausstattet gerade mit der Neigung für diejenigen Schicksalsschläge, die uns treffen. Wenn der Mensch dann zu der Überzeugung kommt von der Wahrheit des Karmagesetzes, kann es nicht ausbleiben, daß er in gewisser Beziehung beginnt, Neigung, ja vielleicht sogar Liebe zu haben für den Posten der Welt, auf den er sich gestellt hat, welcher Art dieser Posten auch sein mag.

Nun können Sie allerdings sagen: Ja, du sprichst ganz merkwürdige Worte, sonderbare, merkwürdige Worte! Bei Dichtern, Schriftstellern, bei anderen geistig wirkenden Menschen mag dies ja gehen. Da hast du dann, wenn du zu diesen sprichst, gut predigen, daß sie Freude, Liebe, Hingebung haben sollen für den Posten, auf dem sie im Leben stehen. Aber wie ist es denn mit all denjenigen Menschen, welche auf Lebensposten stehen, die wahrhaftig zunächst nicht geeignet sind, mit ihrem Inhalt, ihren Tätigkeiten auf den Menschen sonderlich sympathisch zu wirken, die geeignet sind, in den Menschenseelen die Empfindung hervorzurufen, daß man zu den vernachlässigten, den vom Leben unterjochten Persönlichkeiten gehört? – Wer möchte leugnen, daß ein großer Teil der gegenwärtigen Kulturbestrebungen darauf hinausgeht, fortwährend Verbesserungen in unser Leben einzuführen, die sozusagen Abhilfe schaffen können jenem Unzufriedensein mit einem so unsympathischen Hineingestelltsein in das Leben. Wie vielgestaltige Parteiungen, wie viele sektiererische Bestrebungen gibt es, die sozusagen das Leben nach allen Richtungen so verbessern wollen, daß auch in äußerlicher Beziehung eintreten könnte eine Art von Erträglichkeit des gesamten Erdenlebens der Menschheit.

Aber alle diese Bestrebungen rechnen nicht mit dem einen, damit nämlich, daß die Art von Unbefriedigtsein, die für viele Menschen gerade heute aus dem Leben fließen muß, in vielfacher Beziehung zusammenhängt mit dem ganzen Gang der Menschheitsentwicklung, daß im Grunde genommen durch die Art und Weise, wie sich die Menschen in der Vorzeit entwickelt haben, sie zu einem solchen Karma gekommen sind und daß aus dem Zusammenwirken dieser verschiedenen Karmen der heutige Zustand der menschlichen Kulturentwicklung mit Notwendigkeit hervorgegangen ist. Und wenn wir diesen Zustand der Kultur charakterisieren wollen, müssen wir sagen, er erweist sich im höchsten Grade als kompliziert. Wir müssen auch sagen, daß das, was der Mensch tut, was er ausführt, immer weniger zusammenhängt mit dem, was der Mensch liebt. Und wenn man heute die Menschen abzählen würde, die eine von ihnen ungeliebte Betätigung in ihrer äußeren Lebensposition vollbringen müssen, ihre Zahl würde wahrhaftig weit größer sein als die Zahl derjenigen, die sich dazu bekennen: Ich kann nicht anders sagen, als daß ich meine äußere Betätigung liebe, daß sie mich glücklich und zufrieden macht!

Erst vor kurzem hörte ich, wie ein Mensch zu einer befreundeten Persönlichkeit merkwürdige Worte sprach. Er meinte: Überblicke ich mein Leben mit allen Einzelheiten, so muß ich sagen, wenn ich dieses Leben im gegenwärtigen Augenblicke wiederum von Kindheit an beginnen sollte und es gerade so durchleben könnte, wie ich es haben möchte, ich würde das gleiche wiederum tun, was ich bis jetzt getan habe. – Da antwortete die befreundete Persönlichkeit: Dann gehören Sie zu den Menschen, die in der Gegenwart am wenigsten zu finden sind. – Wahrscheinlich hat diese Persönlichkeit in bezug auf die meisten Menschen der Gegenwart recht. Es gibt nicht viele Zeitgenossen, die den Ausspruch fällen, sie würden, wenn es auf sie ankäme, das Leben mit all dem, was es an Freude, an Schmerz, an Schicksalsschlägen, an Hemmnissen gebracht hat, sogleich wiederum beginnen und wären ganz zufrieden, wenn es ihnen wiederum genau dasselbe bieten würde. Man kann nicht sagen, daß diese Tatsache, die angeführt worden ist, nämlich daß es so wenig Menschen gibt in der Gegenwart, die sozusagen ihr gegenwärtiges Karma wiederum aufnehmen würden mit allen Einzelheiten, nicht zusammenhänge mit alledem, was der heutige Kulturzustand der Menschheit gebracht hat. Unser Leben ist komplizierter geworden, aber es ist so geworden, wie es ist, durch die verschiedenartigen Karmen der einzelnen heute auf der Erde lebenden Persönlichkeiten. Das ist ganz zweifellos. Für denjenigen, der nur ein wenig hineinsieht in den Gang der Menschheitsentwicklung, liegt die Sache gar nicht so, daß wir etwa in der Zukunft einem Leben entgegengehen könnten, das weniger kompliziert wäre. Im Gegenteil, das Leben wird immer komplizierter und komplizierter werden! Das äußere Leben wird immer komplizierter, und wenn in Zukunft noch so viele Tätigkeiten dem Menschen abgenommen werden durch die Maschinen: Leben, welche die Menschen in dieser physischen Inkarnation beseligen, wird es in sehr geringem Umfang geben können, wenn nicht ganz andere Verhältnisse eintreten als jene, die sich wirksam erweisen in unserer Kultur. Und diese anderen Verhältnisse müssen die sein, die sich ergeben aus dem Durchdrungensein der Menschenseele mit der Wahrheit von Reinkarnation und Karma.

Durch diese Wahrheit wird man erkennen, daß mit der Komplikation der äußeren Kultur noch etwas ganz anderes parallel gehen wird. Was wird notwendig sein, damit die Menschen immer mehr und mehr durchdrungen werden von der Wahrheit von Reinkarnation und Karma? Was wird notwendig sein, damit der Begriff von Reinkarnation und Karma, wie es durchaus sein muß, wenn unsere Kultur nicht einen Niedergang erfahren soll, in verhältnismäßig ganz kurzer Zeit so in unsere Schulbildung hineinwirkt, daß er die Menschen schon in ihrer Kindheit ergreift, wie heute die Überzeugung von der Richtigkeit des kopernikanischen Weltsystems schon das Kind ergreift?

Was war notwendig, damit das kopernikanische Weltsystem die Seelen ergriffen hat? – Mit diesem kopernikanischen Weltsystem ist es eine ganz eigentümliche Sache. Ich will nicht über das kopernikanische Weltsystem sprechen, sondern nur über sein In-die-Welt-Treten. Bedenken Sie doch nur einmal, daß dieses kopernikanische Weltsystem ausgedacht worden ist von einem christlichen Domherrn und daß Kopernikus so über dieses Weltsystem denken konnte, daß er sein Werk, in dem er dieses Weltsystem ausgebaut hatte, dem Papst gewidmet hat.[23] Er konnte glauben, daß es ganz im Sinne des Christentums sei, was er ausgedacht hatte. Gab es damals einen Beweis für den Kopernikanismus? Konnte jemand das beweisen, was Kopernikus ausgedacht hatte? Niemand konnte den Kopernikanismus beweisen. Und dennoch, bedenken Sie die Schnelligkeit, mit der er eingezogen ist in die Menschheit! Seit wann kann man ihn erst beweisen? Einigermaßen sicher erst, soweit er richtig ist, seit den fünfziger Jahren des 19. Jahrhunderts, erst seit dem Foucaultschen Pendelversuch.[24] Es gab früher keinen Beweis dafür, daß die Erde sich dreht. Es ist ein Unsinn, wenn behauptet wird, daß Kopernikus alles das, was er als Hypothese aufgestellt und eingesehen hat, auch hat beweisen können; das gilt auch hinsichtlich der Behauptung, daß die Erde sich um ihre Achse dreht.

Erst seit man darauf gekommen ist, daß das schwingende Polpendel das Bestreben hat, seine Schwingungsebene auch gegenüber der Umdrehung der Erde beizubehalten, und daß, wenn man ein langes Pendel schwingen läßt, sich dessen Schwingungsrichtung in bezug auf die Erdoberfläche dreht, konnte man den Schluß ziehen: Es muß sich die Erde unter dem Pendel weggedreht haben. Dieser Versuch, der eigentlich erst ein wirklicher Beweis dafür ist, daß die Erde sich bewegt, der wurde erst im 19. Jahrhundert gemacht. Früher gab es keine Möglichkeit, den Kopernikanismus als etwas anderes denn als eine Hypothese anzusehen. Dennoch hat er so gewirkt auf die Natur der menschlichen Seele der neueren Zeit, daß, während Kopernikus zwar geglaubt hat, daß er sein Werk dem Papst widmen dürfe, es bis zum Jahre 1822 auf dem Index stand. Erst im Jahre 1822 wurde das Werk, auf dem der Kopernikanismus aufgebaut ist, abgesetzt vom Index. Es wurde also abgesetzt, bevor es einen richtigen Beweis für die Anschauung des Kopernikus gab. Die Kraft des Impulses, mit dem sich das kopernikanische Weltsystem in die menschliche Seele einlebte, dieser Kopernikanismus selbst zwang die Kirche, ihn als etwas anzuerkennen, was nicht etwas Ketzerisches ist.

Es ist mir immer im tiefsten Sinne charakteristisch erschienen, daß mir diese Erkenntnis von der Erdbewegung, als ich ein kleiner Bub war, in der Schule zuerst von einem Pfarrer, nicht von einem Lehrer vorgetragen worden ist. Und wer will daran zweifeln, daß der Kopernikanismus sich eingenistet hat, daß er sich bis in das Kindergemüt eingenistet hat? – Wir wollen aber jetzt nicht von seinen Wahrheiten und seinen Irrtümern sprechen.

So muß sich einnisten – aber dazu hat die Menschheit nicht so lange Zeit wie zur Aufnahme des Kopernikanismus –, wenn nicht die Menschheitskultur einen Niedergang erfahren will, die Wahrheit von Reinkarnation und Karma. Und jene, die sich heute Anthroposophen nennen, sind dazu berufen, das ihrige zu tun, daß die Wahrheit von Reinkarnation und Karma sich bis in das Kindergemüt hinein ergießt. Damit ist natürlich nicht gesagt, daß jetzt jene Anthroposophen, die Kinder haben, nun ihren Kindern dieses als ein Dogma beibringen. Einsicht in diese Dinge muß man haben.

Ich habe nicht umsonst den Kopernikanismus angeführt. An dem, was dem Kopernikanismus seinen Erfolg gebracht hat, können wir lernen, was dem Reinkarnations- und dem Karmagedanken seine Kulturerfolge bringen kann. Was gehörte denn dazu, daß der Kopernikanismus sich so schnell verbreitete? – Ich werde jetzt etwas furchtbar Ketzerisches aussprechen, etwas geradezu Greuliches für den modernen Menschen. Aber es handelt sich eben darum, daß Anthroposophie von den Anthroposophen ebenso ernst und bedeutsam aufgefaßt werde, wie einmal das Christentum bei seinem ersten Entstehen von den ersten Christen aufgefaßt worden ist, die sich auch in Gegensatz gebracht haben zu dem, was da war. Wenn Anthroposophie nicht so ernst genommen wird von ihren Bekennern, so kann sie nicht für die Menschheit leisten, was geleistet werden muß.

Also ich muß etwas Greuliches sagen, und das besteht darin: Der Kopernikanismus, dasjenige, was die Menschen heute lernen als kopernikanisches Weltsystem, dem wahrhaftig nicht sein großes Verdienst und damit seine Bedeutung als Kulturtatsache allerersten Ranges abgesprochen werden soll, konnte sich einnisten in die menschliche Seele dadurch, daß man ein oberflächlicher Mensch sein konnte, um ein Anhänger dieses Systems zu sein. Oberflächlichkeit und Äußerlichkeit gehörten dazu, um sich vom Kopernikanismus schneller zu überzeugen. Damit ist nicht gesagt, daß die Bedeutung des Kopernikus für die Menschheit herabgemindert werden soll. Nein; aber gesagt kann werden, daß man kein sehr tiefer Mensch sein muß, daß man sich nicht verinnerlichen, sondern geradezu sich veräußerlichen muß, um Anhänger des Kopernikanismus zu sein. Und wahrhaftig, es hat ein hoher Grad von Veräußerlichung des menschlichen Gemüts dazu gehört, daß die Menschen solche Sätze finden konnten wie die trivialen, die man in modernen, monistischen Büchern findet, wo man mit einer gewissen Begeisterung sagt: Die Erde, so wie die Menschen sie bewohnen, ist ein Staubkorn im Weltenall den anderen Welten gegenüber.[25] – Das ist eine triviale Tirade, aus dem einfachen Grunde, weil dieses Staubkorn mit allen Einzelheiten die Menschen auf der Erde angeht, und die anderen Dinge, die im Weltall ausgebreitet sind und mit denen die Erde verglichen werden soll, gehen den Menschen wenig an. Ganz veräußerlichen mußte sich die Menschheitsentwicklung, um sozusagen schnell fähig zu werden, den Kopernikanismus anzunehmen.

Was aber muß die Menschheit tun, um sich die Lehre von Reinkarnation und Karma anzueignen? – Erfolg muß diese Lehre viel schneller haben, wenn die Menschheit nicht ihrem Niedergang entgegengehen soll. Aber was ist notwendig, damit sie sich einnistet in das Kindergemüt?

Veräußerlichung war für den Kopernikanismus notwendig, *Verinnerlichung* ist notwendig, um sich einzuleben in die Wahrheiten von Reinkarnation und Karma; ein Ernstnehmen-Können solcher Dinge, wie wir sie gestern besprochen haben, ein Eingehen-Können auf innerliche Seelenerfahrungen, auf Intimitäten des Gemütes, auf solche Dinge, die jede Seele in den tiefen inneren Untergründen des eigenen Wesenskernes erleben muß. Was aus dem Kopernikanismus für die gegenwärtige Kultur erfolgt ist, wird heute überall, in allen populären Mitteilungen dargelegt, und man sieht einen ganz besonderen Erfolg darin, daß man dieses alles auch im Bilde, womöglich in kinematographischen Aufnahmen, den Menschen darbieten kann. Schon das charakterisiert die ungeheure Veräußerlichung dieser Kultur.

Man wird wenig zeigen können in Bildern, wird wenig mitteilen können über die Intimitäten jener Wahrheiten, die sich zusammenfassen in den Worten Reinkarnation und Karma. In der Ausbildung und Verinnerlichung solcher Dinge, wie sie gestern ausgesprochen worden sind, liegt es, wie die Menschen darauf kommen werden, daß die Überzeugung von Reinkarnation und Karma begründet ist. So wird der Gegenpol notwendig sein, damit sich die Ideen von Reinkarnation und Karma einleben in die Menschheit, das Gegenteil von dem, was geradezu gang und gäbe ist in der gegenwärtigen äußeren Kultur. Daher muß so darauf gedrungen werden, daß diese Verinnerlichung auch wirklich auf anthroposophischem Felde stattfindet. Wenn es auch zwar nicht geleugnet werden soll, daß gewisse schematische Darstellungen für die Erfassung von Grundwahrheiten durch den Verstand nützlich sein können, so muß doch gesagt werden: Das Wichtigste auf anthroposophischem Felde ist die *Hinlenkung auf die in der Tiefe der Seele wirksamen Gesetze*, auf dasjenige, was unter den Kräften der Seele in ähnlicher Art innerlich wirkt, wie die äußeren physischen Gesetze draußen in Zeit- und Raumeswelten wirken.

Aber auch von diesen einzelnen Karmagesetzen verstehen die Menschen im Grunde genommen heute noch sehr wenig. Das können wir sozusagen ablesen an Dingen, welche heute immer und immer wiederum von der äußeren Kultur wiederholt werden. Wer würde heute nicht als ein in der äußeren Kultur aufgeklärter Mensch denken, die Menschheit sei hinausgekommen über das Kindheitsstadium, in dem sie geglaubt hat, und die Menschheit sei eingetreten in das Mannesalter, wo sie wissen kann. Solche Reden werden immer wieder und wiederum vordeklamiert, und vieles geht von solchem aus, was die Menschen draußen betört, was aber die Anthroposophen nimmermehr betören sollte, Redensarten wie jene, daß das Wissen den Glauben ablösen müsse.

Aber alle diese Tiraden von Glauben und Wissen rechnen nicht mit solchen Dingen, die man karmische Zusammenhänge nennen kann im Leben. Wenn derjenige, der imstande ist, okkulte Forschungen anzustellen bei besonders gläubigen, hingebungsvoll gläubigen Naturen der Gegenwart, wenn der Umschau hält und sich fragt: Warum ist dieser oder jener Mensch eine besonders gläubige Persönlichkeit? Warum ist die Inbrunst des Glaubens, der Enthusiasmus, warum ist in diesem oder jenem Menschen geradezu ein Genie für religiöse Andacht, für Hinordnung der Gedanken nach der übersinnlichen Welt? – wenn man sich diese Fragen stellt, dann bekommt man eine merkwürdige Antwort. Geht man zurück bei solchen gläubigen Naturen, bei denen vielleicht der Glaube als wichtige Tatsache ihres Lebens sogar erst im späteren Lebensalter auftritt, zu früheren Inkarnationen, so findet man die merkwürdige Tatsache, daß dies Individualitäten sind, die in früheren, in vorhergehenden Inkarnationen Wissende waren. Das Wissen ihrer vorhergehenden Inkarnation, das rationelle Element der Vernunft der früheren Inkarnation hat sich gerade in das Glaubenselement der gegenwärtigen Inkarnation verwandelt. Da haben wir eine jener merkwürdigen karmischen Tatsachen, die sich neben eine andere Tatsache so sonderbar hinstellt: Wenn man nun herantritt an Menschen, die als besonders materialistische Menschen nicht mehr glauben, sondern nur wissen wollen – verzeihen Sie, wenn ich etwas sage, was zwar keinen der Hiersitzenden, wohl aber manchen der Draußenstehenden schockieren würde, die nur auf das schwören, nur das anzunehmen erklären, was die Sinne und der an das Gehirn beschränkte Verstand darbieten –, so findet man – es ist eine ganze Rätseltatsache – Stumpfsinn in der vorhergehenden Inkarnation. So daß wirkliche Untersuchung der verschiedenen Inkarnationen dieses sonderbare Ergebnis liefert, daß gerade enthusiastische Glaubensnaturen, die nicht fanatisch sind, sondern innerlich feststehen in der Hinordnung ihres Wesens zu den höheren Welten, diesen Glauben der Gegenwart aufbauten auf einem Wissen, das sie sich erworben haben in vorhergehenden Inkarnationen, während man sich das Wissen auf materialistischer Grundlage durch Stumpfheit gegenüber den Weltanschauungen in früheren Inkarnationen erworben hat.

Bedenken Sie, wie die ganze Anschauung des Lebens sich ändert, wenn man so den Blick hinausrichtet von dem, was man in der unmittelbaren Gegenwart erlebt, zu dem, was die menschliche Individualität in ihrem Durchgang durch die verschiedenen Inkarnationen erlebt!

Da nimmt sich manches, worauf der Mensch in der gegenwärtigen Inkarnation stolz ist, sonderbar aus, wenn man es in dem Zusammenhang betrachtet, in der Art, wie es erworben worden ist in der vorhergehenden Inkarnation. Wenn man es vom Standpunkt der Reinkarnation betrachtet, erscheint manches nicht so unglaublich. Man braucht am Menschen nur ins Auge zu fassen, wie er unter dem Einfluß dieser inneren Seelenkräfte in einer Inkarnation sich entwickelt. Man braucht nur die Seelenkraft des Glaubens zu betrachten, die Seelenkraft, die der Mensch haben kann im *Glauben* an etwas, was sich als Übersinnliches hinaushebt über die gewöhnlichen Sinneserscheinungen. Es mag ein moderner materialistischer Monist sich noch so sehr dagegen stemmen, er mag sagen: nur das Wissen gilt, der Glaube hat kein sicheres Fundament, – ihm gegenüber gilt eine andere Tatsache, die Tatsache, daß gerade das Seelenverhältnis des Glaubens belebend wirkt auf unseren Astralleib, während die Ungläubigkeit, das Nicht-glauben-Können den Astralleib ausdörrt, ihn vertrocknen läßt. Wie die Nahrung auf den physischen Leib, so wirkt der Glaube auf den Astralleib. Und ist es nicht von Wichtigkeit, einzusehen, was der Glaube für den Menschen, für sein Heil, für seine Seelengesundheit und – weil diese auch das Wirksame für die körperliche Gesundheit ist – für diesen Körper wirkt? Ist es nicht sonderbar, wenn man auf der einen Seite den Glauben abschaffen und dem Wissen Platz machen will und wenn auf der anderen Seite das gilt, daß ein Mensch, der nicht glauben kann, einen ausgetrockneten, verdorrten Astralleib bekommen muß? Wenn das wirklich ins Auge gefaßt werden soll, so kann das geschehen, wenn man nur das *eine* Leben betrachtet. Denn, zu erkennen, daß ein glaubensloser Mensch einen ausgetrockneten Astralleib bekommt, dazu braucht man nicht aufeinanderfolgende Inkarnationen zu überblicken, es genügt, den Menschen in einer Inkarnation zu überblicken. Wir können also sagen: *Glaubenslosigkeit* verdorrt unseren Astralleib, wir machen uns arm durch Glaubenslosigkeit; in der nachfolgenden Inkarnation trocknen wir unsere Individualität aus. Wir werden durch die Glaubenslosigkeit stumpf für die nächste Inkarnation und unfähig, ein Wissen zu erwerben. Es ist eine eitle, trockene, nüchterne Logik, wenn man Wissen in Gegensatz bringt zum Glauben. Für denjenigen, der in die Dinge hineinsieht, haben all die Trivialitäten, die über *Glauben* und *Wissen* vorgebracht werden, ungefähr die Bedeutung, die eine Diskussion hätte zwischen zwei Menschen, von denen der eine behauptete, bis jetzt hätten für die menschliche Fortentwicklung größere Bedeutung die Männer gehabt, der andere sagen würde, die Frauen. Im Kindheitszeitalter der Menschheit habe also das eine Geschlecht Bedeutung gehabt, jetzt aber das andere. Für den Kenner der geistigen Tatsachen ist es klar: So wie im äußeren physischen Leben sich die beiden Geschlechter verhalten, so verhalten sich Glauben und Wissen. Das müssen wir als scharfe und bedeutsame Tatsache ins Auge fassen, und wir sehen damit richtig. Bis so weit geht der Parallelismus, daß wir sagen können: Wie ein Mensch – wir haben das öfters betont [26] – in den aufeinanderfolgenden Inkarnationen das Geschlecht wechselt, so daß er in der Regel abwechselnd Mann und Weib ist, so folgt in der Regel auf eine mehr gläubige eine mehr vernunftmäßige Inkarnation, dann wieder eine mehr gläubige und so weiter. Ausnahmen gibt es ja, so daß auch mehrere männliche oder weibliche Inkarnationen aufeinander folgen können. Aber die Dinge stehen in der Regel durchaus in gegenseitiger Befruchtung und Ergänzung.

Aber noch andere Kräfte der Menschen stehen in einer ähnlichen Ergänzung, zum Beispiel die beiden Seelenfähigkeiten, die wir bezeichnen wollen als *Liebefähigkeit* und *innere Kraft*, so daß im Menschen Selbstgefühl liegt, innere Harmonie, inneres Auf-sich-selbst-Gebautsein und daß wir wissen, was wir zu tun haben im Leben. Auch in dieser Beziehung wirkt das menschliche Karma abwechselnd in den verschiedenen Inkarnationen, indem es in einem Menschen in einer Inkarnation mehr ausprägt die hingebungsvolle Liebe für seine Umgebung, eine Art Selbstvergessenheit, eine Art Aufgehen in seiner Umgebung. Und es wird eine solche Inkarnation abwechseln mit einer Inkarnation, wo der Mensch sich wiederum mehr berufen fühlt, sich nicht zu verlieren an die Außenwelt, sondern sich zu stärken in seinem Inneren, so daß er die Kraft dazu verwendet, um selber weiterzukommen. Natürlich wird dieses letztere nicht ausarten dürfen zu Lieblosigkeit, wie ersteres auch nicht ausarten darf und kann in vollständiges Verlieren des eigenen Selbstes. Diese zwei Dinge gehören wiederum zusammen. Und es darf durchaus immer wieder betont werden, daß es nicht schon genügt, wenn Anthroposophen ein Opfer bringen wollen. Manche Menschen wollen recht gern und recht viele Opfer bringen – aber um für die Welt taugliche Opfer zu bringen, muß der Mensch erst die Kraft haben für diese Opfer. Der Mensch muß erst etwas sein, bevor er sich opfern kann, sonst ist das Opfer der Ichheit nicht besonders viel wert. Es ist auch in gewisser Beziehung eine Art von – wenn auch verhaltenem – Egoismus, von Bequemlichkeit, wenn man nicht dahin strebt, sich zu vervollkommnen, weiterzustreben, damit das, was man leisten kann, auch ein Wertvolles ist.

Es könnte scheinen – aber ich bitte, dies nicht mißzuverstehen –, wie wenn wir die Lieblosigkeit predigten. Es ist so, daß sehr leicht die äußere Welt den Anthroposophen heute vorwirft: Ihr strebt danach, eure Seele zu vervollkommnen, vorwärtszukommen in bezug auf eure Seele! Ihr werdet Egoisten! – Nun muß zugegeben werden, daß viele Schrullen, viele Fehlerhaftigkeiten und Irrtümer in diesem Streben der Menschen nach Vollkommenheit auftreten können. Man braucht durchaus nicht immer gerade bloß eitel Sympathie zu haben mit demjenigen, was sehr häufig unter Anthroposophen auftaucht unter dem Prinzip der Entwicklung. Hinter diesem Streben steckt vielfach außerordentlich viel unerlaubter Egoismus.

Auf der anderen Seite muß betont werden, daß wir in einer Zeit leben, in einer Kulturepoche, in der unendlich viel Verschwendung getrieben wird gerade mit hingebungsvoller Opferwilligkeit. Wenn auch Lieblosigkeit allerorten vorhanden ist, so ist auch ungeheuer viel Verschwendung von Liebe und Opferwilligkeit vorhanden. Das soll nicht mißverstanden werden; aber man soll sich klar darüber sein, daß Liebe, wenn sie nicht mit weiser Führung des Lebens, mit weiser Einsicht in die entsprechenden Verhältnisse auftritt, sehr am unrechten Orte sein kann und so eher zum Schaden als zum Nutzen der Menschen sein kann.

Wir leben in dem Zeitalter, in dem eine große Anzahl von Menschen nötig hat, daß wiederum etwas hereindringt in die Seele, was die Seele vorwärtszubringen vermag, wiederum etwas von dem, was die Anthroposophie bringt, um ihre Seelen reicher, inhaltsvoller zu machen. Die Menschheit muß für die nächste Inkarnation und auch schon für das Wirken zwischen Tod und neuer Geburt dasjenige anstreben, was Taten sein können, die nicht nur auf altem Herkommen beruhen, sondern was neue Taten sind. Diese Dinge müssen durchaus mit großem Ernst und wahrer Würde betrachtet werden, denn das muß als Tatsache feststehen, daß die Anthroposophie eine Mission hat, daß sie wie ein Kulturkeim ist, der eben in die Zukunft hineinwächst und aufsprießen muß. Wie das aber sich vollzieht im Leben, das können wir am besten einsehen, wenn wir solche karmischen Zusammenhänge, wie Glaube und Vernunft, Liebe und Selbstgefühl ins Auge fassen. Derjenige Mensch, der im Sinne unserer Zeitentwicklung davon überzeugt ist, daß, wenn man durch die Pforte des Todes geht, sich gleich anschließt eine außerirdische Ewigkeit, irgendwo außerhalb dieser Welt, der wird niemals zu wahrer Würdigung des Seelenfortschritts kommen können, denn er wird sich sagen: Wenn ein Fortschritt da ist, so kannst du ihn doch nicht ganz umfassend gestalten als solchen, denn du bist nur vorübergehend, nur eine kurze Weile in dieser Welt und hast dich nur für die andere Welt vorzubereiten.

Und doch ist es so, daß wir am allerlebensweisesten werden an dem, was wir verfehlt haben. Wir lernen an dem, was wir verfehlt haben. Gerade an dem, was uns nicht gelungen ist, werden wir am allerweisesten. Und fragen Sie sich ernsthaft, wie oft Sie die Gelegenheit haben, das, was Sie verfehlt haben, genau in derselben Situation wie vorher zu wiederholen? Selten wird sich diese Lage ergeben. Und wäre das Leben nicht etwas höchst Sinnloses, wenn die Lebensweisheit, die wir uns aus den Fehlern aneignen können, für diese irdische Menschheit verlorenginge? Nur dann, wenn wir wiederum zurückkehren können, wenn wir in einem ganz neuen Leben anwenden können, was wir als Lebenserfahrung uns in früheren Leben angeeignet haben, nur dann hat das Leben einen Sinn. Daher ist es sinnlos, überhaupt nach Vollkommenheit der Seele zu streben, für dieses Erdendasein sowohl, wenn es als einziges angesehen wird, wie auch für jene außerirdische Ewigkeit.

Und erst recht sinnlos ist es für diejenigen, die nach dem Durchgang durch die Todespforte alles Dasein zu Ende sein lassen. Was für Kräfte, was für Energien und Lebenssicherheit würde es den Menschen geben, wenn sie wüßten, daß sie die Kraft, die scheinbar verlorengeht, in einem neuen Leben verwerten können! Die Kultur der Gegenwart ist deshalb eine solche, wie sie ist, weil außerordentlich wenig für diese Kultur gesammelt worden ist in den Inkarnationen, die der Mensch vorher durchgemacht hat. Wahrhaftig, die Seelen sind verarmt in den aufeinanderfolgenden Inkarnationen. Woher kommt es, daß die Seelen verarmt sind?

Blicken wir zurück auf jene uralten Zeiten, die vor dem Mysterium von Golgatha liegen; da war noch ein altes Hellsehen, da waren noch magische Willenskräfte vorhanden. So war es noch bis in die christliche Zeit hinein. Aber was hereingeragt hat aus den höheren Welten in den letzten Zeiten des alten Hellsehens, das war nur noch das Böse, das Dämonische. Überall sehen wir in den Evangelien angeführt in der Umgebung des Christus Jesus dämonische Naturen. Was in den alten Zeiten in den menschlichen Seelen war als ursprünglicher Zusammenhang mit den göttlich-geistigen Kräften und Wesenheiten, das war den Seelen verlorengegangen. Dann trat der Christus in die Menschheit herein. Die Menschen, die gegenwärtig leben, haben zwei, drei oder vier Inkarnationen seit jenem Zeitpunkt erlebt, je nach ihrem Karma. So wie das Christentum gewirkt hat bis jetzt, so hat es wirken müssen, weil schwache, ausgeleerte Seelen in der Menschheit waren. Es konnte seine innerliche Kraft nicht entfalten, weil schwache Seelen in der Menschheitsentwicklung drinnen waren. Wie das der Fall war, kann man ermessen, wenn man eine andere Welle der Menschheitskultur ins Auge faßt, nämlich jene Welle, die im Morgenland die Menschheitsentwicklung zum Buddhismus geführt hat. Der Buddhismus hat die Überzeugung von Reinkarnation und Karma, aber er hat sie so, daß er den Fortgang der Menschheitsentwicklung so betrachtet, als ob er nur die Aufgabe hätte, den Menschen nun so schnell wie möglich aus dem Leben herauszubringen. Im Morgenlande wirkte eine Welle, in der der Drang nach Dasein nicht mehr vorhanden war. Also sehen wir, wie alles, was den Menschen zur Erdenmission begeistern soll, bestimmen soll, wie alles das gewichen ist bei den Angehörigen derjenigen Kulturwelle, die den Buddhismus trägt. Und würde der Buddhismus im Abendland eine besondere Verbreitung gewinnen, so würde dies ein Beweis dafür sein, daß diejenigen Seelen zahlreich sind, die zu den schwächsten, den lebensuntüchtigsten gehören, denn diese wären es, welche ihn annehmen würden. Überall, wo der Buddhismus auftreten könnte in irgendeiner Form im Abendlande, würde das ein Beweis sein dafür, daß die Seelen so schnell wie möglich hinaus wollen aus der Erdenmission, daß sie sich nicht abfinden können mit ihr.

Als das Christentum sich ausbreitete im südlichen Europa und übernommen wurde von den nördlichen Völkern, da waren diese Völkerseelen stark in ihrer instinktiven Kraft. Sie verliebten sich das Christentum ein, aber es konnte zunächst nur seine äußeren Seiten hervorheben, das heißt dasjenige, wofür es besonders wichtig ist, daß der Mensch in der gegenwärtigen Kultur eine Vertiefung des Christus-Impulses erreichen kann, so daß dieser Christus-Impuls die innerste Kraft der menschlichen Seele selber wird und daher die Seele immer reicher und reicher wird und immer innerlicher und innerlicher, indem sie der Zukunft entgegenlebt. Schwächere Inkarnationen haben die menschlichen Seelen durchgemacht; das Christentum hat sie zunächst äußerlich gestützt. Jetzt sind die Zeiten gekommen, wo die Seelen innerlich stark und kräftig werden müssen. Daher wird es im späteren Gang der Zukunft wenig ausmachen, was die Seele im äußeren Leben tun wird. Darauf aber wird es ankommen, daß sie sich selber findet, daß sie sich verinnerlicht, daß sie Vorstellungen darüber gewinnt, wie man das Innerliche in das äußere Leben einführt, wie man die Erdenmission durchziehen kann mit dem, was man an Bewußtsein, an starker Innerlichkeit gewinnt durch das Durchdrungensein mit den Wahrheiten von Reinkarnation und Karma.

Wenn der Anfang auch nur bescheiden gemacht wird mit dem Eindringen der Ideen von Reinkarnation und Karma in das Leben, diese bescheidenen Anfänge sind doch von ungeheurer Wichtigkeit. Je mehr wir dazu kommen, den Menschen sozusagen nach seinen innerlichen Fähigkeiten zu beurteilen, das Leben zu verinnerlichen, desto mehr führen wir das herbei, was der Grundcharakter einer zukünftigen Menschheit sein muß. Das äußere Leben wird immer komplizierter, das läßt sich nicht aufhalten; aber zusammenfinden werden sich die Seelen in der Innerlichkeit. Da mag der einzelne diese oder jene Tätigkeit äußerlich vollbringen, was innerliches Gut der Seele ist, das wird im anthroposophischen Leben die einzelnen Seelen zusammenführen und sie dahin wirken lassen, daß dieses anthroposophische Leben immer mehr auch in die äußere Kultur einzufließen vermag. Wir wissen, daß das gesamte äußere Leben gestärkt wird, wenn die Seele ihre Wirklichkeit findet in der Anthroposophie; deshalb finden sich Menschen aller einzelnen äußeren Lebensrichtungen und aller einzelnen äußeren Lebensberufe und äußeren Lebenscharaktere zusammen. Die Seele der äußeren Kulturbewegung selber wird geschaffen durch das, was uns in der Anthroposophie entgegentreten kann: Beseelung des äußeren Lebens. Damit diese eintreten kann, muß zuerst einziehen in die Seele das Bewußtsein von dem wichtigen Karmagesetz. Je mehr wir der Zukunft entgegenleben, um so mehr muß der einzelne in ihm Beseelung des ganzen Lebens fühlen können.

Durch die äußeren Gesetze, die äußeren Einrichtungen wird die äußere Lebensführung so kompliziert werden, daß die Menschen sich nicht mehr auskennen werden. Dagegen wird durch das Durchdrungensein mit dem Karmagesetz in die Seele sich einleben das Wissen dessen, was sie tun soll, um von innen heraus den Weg durch die Welt zu gehen. Das wird sie am besten finden da, wo die Dinge durch das innere Seelenleben geregelt sind. Wir haben im Leben solche Dinge, wo es ganz gut vorwärtsgeht, weil jeder dem inneren Trieb folgt, der ihn sicher leitet. Eine solche Sache ist zum Beispiel das Auf-der-Straße-Gehen. Es ist durchaus noch nicht jedem einzelnen vorgeschrieben, daß er auf diese oder auf die andere Straßenseite ausweichen soll. Und dennoch stoßen nicht jedesmal zwei Menschen, die einander begegnen, zusammen, weil es eine innere Notwendigkeit gibt, der sie folgen. Sonst müßte man neben jeden Menschen einen Schutzmann hinstellen, der ihm befiehlt, links oder rechts zu gehen. Es ist zwar das Bestreben in einzelnen Kreisen, daß der Mensch immer auf der einen Seite einen Schutzmann, auf der anderen Seite einen Arzt haben soll; das läßt sich ja noch nicht ausführen! Aber man kommt da am besten vorwärts, wo man seinem ungezwungenen Inneren folgt. Dazu muß dieses hingerichtet sein im menschlichen Zusammenleben auf die menschliche Achtung, muß ins Auge fassen die menschliche Würde. Und das kann nur geschehen, wenn die Menschen so erfaßt werden, wie sie erfaßt werden können, wenn das Gesetz von Reinkarnation und Karma berücksichtigt wird. Dieses menschliche Zusammenleben wird sich nur dann auf einem höheren Gebiet vollziehen, wenn in die Seele sich einleben wird die Bedeutung dieses Gesetzes von Reinkarnation und Karma. Das zeigt uns am besten eine konkrete Betrachtung wie etwa der Zusammenhang von Glaube, Inbrunst und von Wissen, von Liebe und von Selbstgefühl; das zeigt uns solch eine Betrachtung, wie wir sie gestern angestellt haben.

Nicht umsonst wollte ich solche Vorträge wie den gestrigen und den heutigen vor Ihnen halten. Es handelt sich hierbei nicht so sehr um das, was gesagt wird; das könnte auch anders gesagt werden. Was gestern und heute gesagt worden ist, erscheint nicht in erster Linie von Wichtigkeit. Von Wichtigkeit aber scheint mir das zu sein, daß sich diejenigen, die sich zur Kulturbewegung der Anthroposophie bekennen, so durchdringen mit den Ideen von Reinkarnation und Karma, daß sie ein Bewußtsein davon bekommen, wie das Leben anders werden muß, wenn das Bewußtsein von Reinkarnation und Karma in jeder Menschenseele vorhanden sein wird.

Es hat sich eben das gegenwärtige Kulturleben mit Ausschluß des Bewußtseins von Reinkarnation und Karma gebildet. Und das ist das Bedeutsamste, was durch die Anthroposophie eintreten wird, daß diese Dinge jetzt tatsächlich das Leben ergreifen, daß sie die Kultur durchsetzen und dadurch auch im wesentlichen umgestalten werden.

Geradeso wie sich ein heutiger Mensch, der da sagt, Reinkarnation und Karma seien Träumerei, Unsinn, man sehe ja, wie die Menschen geboren werden und wie sie sterben, daß aber etwas herausfliege beim Tode, das sehe man nicht, also brauche man keine Rücksicht darauf zu nehmen –, wie sich ein Mensch, der so spricht, zu dem verhält, der da sagt: Man sieht es nicht herausfliegen, aber man kann diese Gesetze in Rechnung ziehen und wird dann erst alle Lebensvorgänge erklärlich finden, kann gewisse, sonst unerklärliche Dinge erfassen –, so wird sich verhalten die Kultur der Gegenwart zu der der Zukunft, die dann umschließen wird die Gesetze, die Lehre von Reinkarnation und Karma. Und wenn diese beiden bei dem Zustandekommen der gegenwärtigen Kultur als allgemeine Gedanken der Menschheit keine Rolle gespielt haben, bei allen Kulturen der Zukunft werden diese Ideen eine allererste Rolle spielen!

Daß der Anthroposoph fühle, wie er in dieser Weise mitarbeitet an dem Hervorbringen einer neuen Kultur, das muß in seinem Bewußtsein leben. Diese Empfindung, dieses Gefühl von der intensiven Bedeutung von Reinkarnation und Karma für das Leben, dieses würde etwas sein, was heute eine Gruppe von Menschen zusammenhalten könnte, ungeachtet der äußeren Verhältnisse, in denen diese Menschen sind. Die Menschen, die von solcher Gesinnung zusammengehalten werden, können sich nur durch die Anthroposophie zusammenfinden.

Lebensfragen im Lichte von Reinkarnation und Karma

Wir wollen heute einmal in dieser Zweigversammlung den Ausgangspunkt von einigen Lebensfragen nehmen, die das unmittelbare Menschenleben berühren. Dann wollen wir ein wenig zu höheren spirituellen Gesichtspunkten aufsteigen. Ich möchte von zwei menschlichen Eigenschaften ausgehen, zwei menschlichen Fehlern oder Untugenden, die als etwas Unsympathisches empfunden werden, als etwas, was des Menschen Wert herabmindert. Wir wollen über das sprechen, was man den Neid und die Lügenhaftigkeit nennt.

Wenn Sie im Leben Umschau halten, werden Sie leicht finden, daß gegen diese beiden menschlichen Eigenschaften eine ganz natürliche Antipathie herrscht. Und auch wenn wir zu Menschen hinaufsehen, die führend für andere Menschen im Leben stehen, sehen wir, daß von ihnen Wert darauf gelegt wird, gerade diese beiden Untugenden nicht zu haben. Zum Beispiel Goethe[27], der sich viel damit beschäftigt hat, Seelenerkenntnis zu üben, über seine Fehler nachzudenken, erwähnt: Ich habe diesen oder jenen Fehler, diese oder jene Vorzüge, aber was mir das Wichtigste scheint, ist, daß ich den eigentlichen Neid nicht unter meine Untugenden rechnen kann. – Und der große Benvenuto Cellini[28] sagt, er sei froh, daß er sich keiner Lüge zu zeihen brauche. – So sehen wir, daß diese großen Persönlichkeiten die Wichtigkeit, diese beiden menschlichen Eigenschaften zu bekämpfen, empfanden. Und der einfachste, naivste Mensch stimmt in der Wertung beziehungsweise in der Antipathie diesen Untugenden gegenüber mit den Führern der Menschheit überein.

Wenn wir uns fragen, warum diese beiden Eigenschaften ganz instinktiv verurteilt werden, so werden wir gewahr werden, daß kaum etwas so wenig einer der wichtigsten irdischen Eigenschaften entspricht wie Neid und Lüge. Wenig entsprechen sie dem, was wir das Mitfühlen mit anderen Menschen nennen. Denn wenn wir irgend jemanden beneiden, so sind wir nicht geneigt, uns jener Tugend hinzugeben, die auf den tiefsten, innersten Wesenskern, auf das Göttliche des anderen Menschen eingeht. Denn Mitfühlen hat erst dann Wert, wenn wir nicht nur Mitgefühl haben, sondern wenn wir den Kern, die geistige Wesenheit des anderen Menschen schätzen können. Menschenschätzung aber, als Grundlage des Mitgefühls, schließt in sich, daß wir die Vorzüge des anderen Menschen gelten lassen und uns über die Erfolge, die Entwicklungsstufen anderer Menschen freuen können. Und das alles schließt den Neid aus. Neid zeigt sich als Eigenschaft, die mit dem allerstärksten Egoismus des Menschen nahe zusammenhängt.

Ein Gleiches können wir von der Lüge sagen. Wenn wir eine Unwahrheit sagen, so übertreten wir das Gesetz, hinsichtlich der Wahrheit ein alle Menschen umfassendes Band zu begründen. Was Wahrheit ist, ist für alle Menschen Wahrheit, und in nichts können wir so üben, ein Bewußtsein zu entwickeln, das alle Menschen umfaßt, als in der Wahrheit. Sagen wir eine Unwahrheit, so begehen wir einen Frevel gegen das Band, das sich von Menschenbrust zu Menschenbrust schlingen sollte. So stellen sich die Dinge dar, wenn wir sie als Menschen betrachten. Und wenn wir sie geisteswissenschaftlich betrachten, so wissen wir, daß sich in diesem Leben unsere früheren Verkörperungen auswirken und daß wir mancherlei Einflüssen ausgesetzt sind. Zwei große Einflüsse müssen immer wieder durchgemacht werden: die beiden Einflüsse, die wir den luziferischen und den ahrimanischen Einfluß[29] nennen. Wir wollen uns über diese heute nicht kosmologisch verbreiten, wir wollen beim Menschenleben bleiben und uns vorstellen, daß wir durch viele Inkarnationen durchgeschritten sind und daß, als wir die erste Inkarnation durchmachten, die *luziferische Macht* auf unseren astralischen Leib gewirkt hat. Seit jener Zeit war diese luziferische Macht die versuchende Macht auf unseren astralischen Leib. Es gibt Kräfte, die von Luzifer auf unseren astralischen Leib ausgeübt werden. Es ist im Grunde genommen das Bestreben Luzifers, auf unserer Erde Einfluß auf den Astralleib des Menschen zu gewinnen. Wir haben ihn in alledem zu suchen, was diesen herabzieht. Wir müssen ihn in all den Eigenschaften suchen, die als egoistische Leidenschaften, Begierden, Triebe und Wünsche im Astralleib leben, und so uns darüber klar sein, daß Neid einer der schlimmsten Einflüsse Luzifers ist. Alles was in unserer Seele leben kann und unter Neid zu registrieren ist, gehört in sein Gebiet, und jedesmal, wenn wir eine Anwandlung von Neid haben, packt uns Luzifer an unseren Trieben in unserem Astralleib.

Ahriman dagegen hat Einfluß auf unseren Ätherleib, und alles, was mit Störungen des Urteils zusammenhängt, ist auf ihn zurückzuführen, sowohl das Unwillkürliche, wenn wir ein falsches Urteil fällen, als auch das Willkürliche, wenn wir eine Lüge sagen. Verfallen wir der Lügenhaftigkeit, so wirkt in unserem Ätherleib Ahriman.

Interessant ist es, daß wir Menschen diese Einwirkungen so stark fühlen, daß wir eine derart starke Antipathie haben, wenn sie auftreten, und daß die Menschen alles tun, um diese beiden Eigenschaften, Lüge und Neid, zu bekämpfen. Es wird nicht leicht Menschen geben, die bewußt gestehen: Ich will neidisch sein. – Zwar hat sich in der deutschen Sprache ein Sprachgebrauch eingeschlichen: Ich beneide dich. Aber das ist nicht so schlimm gemeint. Der Mensch meint damit nicht den eigentlichen Neid. Sobald wir merken, daß wir neidisch sind, daß wir lügen, tun wir jedenfalls alles, es zu bekämpfen. Damit nehmen wir also auf diesem Gebiete den Kampf gegen Luzifer und Ahriman auf.

Nun tritt aber häufig etwas auf, was wir beachten sollen, wenn wir uns der Geisteswissenschaft widmen. Wir können die einzelnen Anwandlungen von Neid und Lüge bekämpfen, aber wenn diese Eigenschaften in unserer Seele sitzen, wenn wir sie in früheren Inkarnationen erworben haben und sie nun bekämpfen, dann treten sie als andere Eigenschaften auf. Wenn wir versuchen, eine aus früheren Inkarnationen herrührende Neigung zum *Neid* zu bekämpfen, so nimmt der Neid eine Maske an. Luzifer sagt: Der Mensch kämpft gegen mich, er ist auf sein Neidgefühl aufmerksam geworden. Ich übergebe diesen Menschen meinem Bruder Ahriman. – Und es tritt eine andere Wirkung ein, die eine Folge der Bekämpfung des Neides ist. Bekämpfte Eigenschaften treten in Masken auf. Und der Neid, den wir bekämpfen, tritt dann häufig im Leben so auf, daß wir die Begierde bekommen, die Fehler anderer Menschen aufzusuchen und recht viel zu tadeln. Wir begegnen im Leben manchem Menschen, der wie mit einer gewissen hellsichtigen Kraft immer die Fehler und Schattenseiten anderer Menschen herausfindet, und wenn wir dieser Erscheinung auf den Grund gehen, so liegt er darin, daß der Neid sich in *Tadelsucht* umgewandelt hat, und diese scheint dem betreffenden Menschen eine recht gute Eigenschaft zu sein. Es ist gut, so sagen sie, daß man auf das Vorhandensein dieser schlechten Eigenschaften aufmerksam macht. Hinter solcher Tadelsucht steckt aber nichts anderes als umgewandelter, maskierter Neid. Und wir sollten lernen zu erkennen, ob solche Eigenschaften ursprünglich sind oder ob sie aus anderen umgewandelt sind. Da müssen wir überlegen, ob jemand in der Jugend neidisch war. Vielleicht haben wir ihm diesen Neid ausgetrieben, er ist jetzt ein tadelsüchtiger Mensch geworden.

Auch die *Lüge* wandelt sich im Leben sehr häufig und zeigt sich in anderer Maske. Lügenhaftigkeit kann dazu führen, daß wir uns ihrer schämen. Aber wir rotten sie nicht leicht mit der Wurzel aus, sie wandelt sich sehr häufig in eine gewisse *Oberflächlichkeit* gegenüber der Wahrheit. Es ist wichtig, daß wir so etwas wissen, dann beachten wir, was uns an einem anderen Menschen im Leben gegenübertritt. Solche Menschen sind mit einer Antwort befriedigt, von der wir uns fragen: Wie kann er von einer solchen Antwort befriedigt sein? – Sie sagen leicht: Ja, ja, so ist es, so ist es! – Das ist sehr häufig das Umwandlungsprodukt der eigentlichen Lügenhaftigkeit. Wir müssen das Karmagesetz insbesondere auf solche Eigenschaften hin prüfen. Die Menschen achten nicht darauf, denn sie sind die vergeßlichste Rasse gegenüber allen anderen, die sich auf den verschiedenen Planen geltend machen.

Es zeigt sich zum Beispiel, daß jemand mit uns bekannt war. Wir bleiben ihm im Leben nahestehend und beobachten: mancherlei wandelt sich an ihm. Wir stehen ihm nach dreißig Jahren noch nahe, und wenn wir im Leben zurückschauen, würden wir in seinem Leben merkwürdige Zusammenhänge finden. Aber der Mensch selber weiß nichts davon, er hat alles vergessen. Aber man sollte im Leben wirklich so etwas beobachten. Es zeigen sich dann wesentliche Zusammenhänge. Ein Mensch ist zum Beispiel in seiner Jugend neidisch. Der *Neid* tritt nachher nicht mehr hervor, und es zeigt sich die Umwandlung desselben im Alter wieder dadurch, daß der Betreffende sich mit der Eigenschaft der *Unselbständigkeit* zeigt, des Abhängig-sein-Wollens von anderen Menschen oder von Vorstellungen des Nicht-vertragen-Könnens, auf eigenen Füßen zu stehen, immer andere Menschen haben zu müssen, die raten und helfen. Eine gewisse moralische Schwäche tritt als Folge des umgewandelten Neides auf, und wir werden immer sehen, wenn jemand diese moralische Schwäche hat, daß da die karmische Folge des umgewandelten Neides vorliegt.

Und umgewandelte *Lügenhaftigkeit* erzeugt im späteren Leben ein *scheues Wesen*. Wer in seiner Jugend lügenhaft war, getraut sich im Alter nicht, den Leuten in die Augen zu schauen. Auf dem Lande hat man ein instinktives, elementares Wissen davon, das sich zwar nicht in Begriffen auslebt. Man sagt, man solle dem Menschen nicht trauen, der einem nicht ins Auge schauen kann. Scheuheit, Zurückhaltung, nicht aus Bescheidenheit, sondern aus Furcht, anderen Menschen gegenüberzutreten, ist die karmische Folge der Lügenhaftigkeit schon in einer Inkarnation.

Was so als moralische Schwäche in einer Inkarnation auftritt, wirkt organisierend in der nächsten Inkarnation. Die seelische Schwäche, welche die Folge des Neides ist, kann in der gegenwärtigen Inkarnation, wo der Leib schon aufgebaut ist, diesen Leib nicht besonders zerstören. Aber wenn wir durch den Tod hindurchgehen und zu einer neuen Inkarnation zurückkehren, wirken diese Kräfte so, daß sie *organisch-leibaufbauende Schwäche* werden, und wir sehen, daß ein schwacher Leib von solchen Menschen aufgebaut wird, die den umgewandelten Neid in einer vorhergehenden Inkarnation gehabt haben. Wenn wir sagen, daß ein Mensch schwach ist – aber ohne Vorurteil, denn die Menschen müßten wissen, was schwach oder stark ist –, wenn ein Mensch leicht empfänglich ist für diese oder jene Einflüsse, keine

Widerstandskraft hat, dann wissen wir, daß sein Leib schwach ist und daß er diesen schwachen Leib als Folge früheren umgewandelten Neides hat.

Nun müssen wir uns aber sagen: Wenn ein Kind in eine gewisse Umgebung hineingeboren ist als schwaches Kind, haben wir uns nicht nur dieses innere Karma wirksam zu denken, sondern auch, daß wir mit Menschen unserer Umgebung aus Gründen zusammengeführt sind – nicht zufällig. Gerade diese Seite des Karma, daß wir unserer Umgebung angepaßt sind, ist ungeheuer leicht einzusehen. Ein Edelweiß zum Beispiel kann ja auch nur in der Umgebung gedeihen, der es angepaßt ist. Auch der Mensch kann nur in der Umgebung gedeihen, die ihm angepaßt ist. Die allereinfachste Logik müßte das sagen, denn man kann das Leben nur verstehen, wenn man dies in Betracht zieht. Jedes Wesen paßt zu seiner Umgebung, nichts ist zufällig.

So werden wir unter diejenigen Menschen hineingeboren, die wir beneidet haben oder die wir getadelt haben. Und so stehen wir mit einem schwachen Leib unter denjenigen Menschen, die wir in der vorhergehenden Inkarnation beneidet haben um das, was sie erreicht haben, oder dergleichen. Es ist von unendlicher Bedeutung, so etwas zu wissen, denn nur wenn man dies erwägt, können wir das Leben verstehen. Wenn ein Kind mit einem schwachen Leib in eine Umgebung hineingeboren wird, sollten wir uns fragen: Wie haben wir uns da zu verhalten? – Das richtigste Verhalten muß dasjenige sein, was moralisch das hochsinnigste ist: zu verzeihen. Dies wird auch hier am besten zum Ziel führen, und dies ist auch die beste Erziehung für den betreffenden Menschen. Es wirkt ungeheuer erzieherisch, wenn wir einem schwachen Kinde, das in unsere Umgebung hineingeboren ist, liebend verzeihen können. Derjenige, durch den das wirklich kraftvoll geschieht, wird schon sehen, daß das Kind dadurch stärker und stärker wird. Bis auf das Denken hinein muß verzeihende Liebe wirken, denn dadurch kann das Kind Kräfte sammeln, um sein früheres Karma umzubiegen und in die richtige Richtung zu bringen. Das Kind wird auch leiblich stark werden. Ein solches Kind zeigt oftmals Eigenschaften, die unangenehm sind. Wenn wir es lieben – bis ins allertiefste Herz, so wirkt das als das intensivste Heilmittel, und wir werden bald finden, wie wirksam dieses Heilmittel ist.

Entsprechendes gilt, wenn wir die andere Eigenschaft nehmen, die Lügenhaftigkeit. In einer Inkarnation wird da der Mensch im Alter scheu. Das ist eine seelische Eigenschaft. Aber in der nächsten Inkarnation wirkt diese Eigenschaft sich als Architekt des Leibes aus. Da tritt das Kind nicht nur schwach auf, sondern so, daß es überhaupt kein rechtes Verhältnis zu seiner Umgebung gewinnen kann, daß es *schwachsinnig* ist. Da müssen wir uns denken, daß wir die Menschen sind, die von einem solchen Menschen oft belogen worden sind, und wir sollten dasjenige, was uns als Schlimmes zugekommen ist, mit dem Besten vergelten. Man muß versuchen, einem solchen Menschen recht viel von dem beizubringen, was Wahrheiten des geistigen Lebens sind, dann werden wir sehen, wie er aufblüht. Immer sollten wir da den Gedanken haben: Wir sind in früheren Inkarnationen von einem solchen Menschen viel belogen worden, und wir müssen alles tun, um ein wahres Verhältnis eines solchen Kindes zu seiner Umgebung herzustellen.

Da sehen wir, wenn wir diese Dinge ins Auge fassen, daß wir als Menschen immer berufen sind, den anderen Menschen zu helfen, ihr Karma in richtiger Weise auszutragen. Der versteht nichts von Karma, der meint, er müsse den Menschen seinem Karma überlassen. Wenn wir einen Menschen finden, der uns angelogen hat, und wir würden glauben, er müsse sein Karma austragen, so würden wir damit zeigen, daß wir nichts von Karma richtig verstehen. Denn die richtige Idee würde sein, daß wir zunächst möglichst Hilfe spenden. Wenn gesagt wird, wir sollten den Menschen seinem Karma überlassen, so könnte es höchstens auf esoterischem Gebiet gesagt werden[30], aber im Leben niemals.

Denken wir uns, wir bemühten uns, anderen Menschen je nach ihrem Karma zu helfen. Nehmen wir einen Menschen, der ein scheues Wesen hat. Wir bemühen uns liebevoll um ihn. Da stellen wir einen Zusammenhang zwischen diesem Menschen und uns her. Wir werden dann sehen, daß bei diesem Menschen im Alter wiederum irgend etwas zu uns zurückkommt. Aber wir müssen das dem Karma überlassen, wir dürfen nicht darauf spekulieren. Wir müssen es als Pflicht ansehen, einem anderen Menschen zu helfen. Und hier komme ich auf ein subtiles Gesetz. Alles, was wir dem anderen tun zum Ertragen und Überwinden seines Karma, wird immer dazu führen, daß nicht nur dem anderen geholfen wird, sondern auch dazu, daß wir etwas für uns selber tun. Aber was wir uns selber tun, zum Beispiel um recht schnell vorwärtszukommen, wird uns in der Regel nicht viel helfen. Fruchtbar werden kann für den Menschen nur das, was er für andere tut. Uns selber können wir nichts Gutes erweisen. Wenn wir einem Menschen sein Karma zu überwinden helfen, ergeben sich die besten Wirkungen, denn was wir für andere tun, ist Gewinn für die Menschheit. Für uns selber können wir nichts tun, das müssen wiederum die anderen tun. Darum müssen wir im höchsten Sinne auffassen: *Mitgefühl für andere Menschen.* – Entwickeln wir dieses Mitgefühl im höchsten Sinn, dann fühlen wir auch in bezug auf Neid und Lüge diese Pflicht des Mitgefühls anderen Menschen gegenüber. Wir entwickeln auf diese Weise ein Solidaritätsgefühl, das sich auf alle Menschenseelen erstreckt.

Die Menschheit ist überhaupt daraufhin veranlagt, daß jeder einzelne Mensch seinen Zusammenhang mit dem ganzen Menschentum immer fühlt. Und dieses Gefühl in seinen verschiedenen Lebensäußerungen sollte auch in seinen Kämpfen gegen Luzifer und Ahriman leben. Indem wir versuchen, schwächlichen Menschen, die einen physischen Leib haben, der unter dem Einfluß des überwundenen Neides schwach geworden ist, zu helfen, indem wir uns klarwerden, wie wir uns gegen diese Menschen verhalten sollen, kann uns deutlich werden, daß die Welt erfüllt ist von diesen Impulsen von Luzifer und Ahriman, und wie sie überwunden werden können im Laufe der Erdenentwicklung. Da kommt nun jeder Mensch, wenn er solche Zusammenhänge im Gefühl verfolgt, notwendig dazu, ein immer tieferes Gefühl von dem Menschentum überhaupt zu haben. Gewissermaßen gibt es für jeden Menschen die Möglichkeit, etwas zu fühlen, was ihn mit allen Menschen verbinden kann. Dieses Gefühl hat sich im Laufe der Menschheitsentwicklung gar sehr verändert.

Gehen wir drei bis vier Jahrtausende zurück, da war das Gefühl von dem, was die Menschen als Allgemeinmenschliches haben, deutlich bei allen Menschen ausgeprägt. Gehen wir immer weiter zurück, zurück durch die nachatlantischen Kulturen, zurück zur alten Atlantis – immer waren wir da verkörpert –, und wenn wir noch weiter zurückgehen, so kommen wir zu einer Inkarnation, in der wir zum ersten Mal in einen physischen Leib herabgestiegen sind. Vorher waren wir in einem Geistigen, so sagten sich die Menschen noch vor drei bis vier Jahrtausenden. Solche weisheitsvollen Gefühle finden wir um diese Zeit bei allen Menschen. Und die Seele fragte sich: Was bist du dadurch, daß du ein Mensch bist? – Und sie antwortete sich: Ich war, ehe ich zum ersten Mal in meinen Leib herabstieg, vorher in einem Meer göttlich-geistigen Lebens und Webens. Da war ich darin, und darin waren auch alle anderen Menschenseelen. Das war unser gemeinsamer Ursprungspunkt. – Ein solches Grundgefühl in den Menschenseelen gab die Möglichkeit, brüderlich, allgemein menschlich zu fühlen, da der Ursprung aller Menschenseelen als ein gemeinsamer gefühlt wurde. Und wenn wir uns daran erinnern, wie in allen alten Mysterienschulen auf die Menschen gewirkt wurde, um sie zu guten Menschen zu machen, so war es überall so, daß man, um die Menschen zu guten Menschen zu machen und sie für die tiefsten, intimsten, ergreifendsten Gefühle empfänglich zu machen, auf den gemeinsamen Ursprung hinwies, auf das Hervorgehen aller Menschen aus der gemeinsamen göttlichen Quelle. Und es war leicht, dies in der Seele anzuschlagen. Aber es wurde immer schwieriger und schwieriger. Wenn man zum Beispiel bei einer so großen Anzahl von Menschen, wie sie hier sitzen, dies angeschlagen hätte, würde das damals einen überwältigenden Eindruck erzeugt haben.

Aber immer kälter wurden die Gefühle der Menschheit gegenüber diesem gemeinsamen Ursprung. Das mußte geschehen, da die Menschheit durch einen gewissen Punkt der Entwicklung durchgehen mußte. Wenn ich diesen charakterisieren will, so müssen wir auf die menschliche Zukunft, auf das Ziel der Erdenentwicklung schauen.

Geradeso wie der Ursprung ein gemeinsamer ist und alle Menschenseelen aus einem gemeinsamen Urgrund entstanden sind, werden sich alle Menschenseelen in einem gemeinsamen Ziel zusammenfinden. Und wie können wir Menschen dies Ziel finden, damit wir uns weiter entwickeln, wenn die Erde an ihrem Ziel angelangt sein wird und als materielle Kugel unter uns Menschen versinkt und zerstiebt? Wie können wir uns über dieses Ziel so verstehen, daß wir gemeinsam in eine Zukunft hineingehen? Bis in die tiefsten Fasern der Seele muß das Bewußtsein dieser Gemeinsamkeit gehen. Das ist nur möglich dadurch, daß wir als Menschen gegenüber der Zukunft so fühlen lernen, wie die alten Menschen gegenüber dem Menschenursprung gefühlt haben. Dies Gefühl ist in der Menschheit immer mehr erkaltet. Aber immer mehr muß in den Seelen das Leben, das Gefühl, die Gewißheit erwarmen, daß etwas für alle Menschen gemeinsam sein kann als Menschenziel. Ob wir diesen oder jenen Entwicklungsgrad haben, wo wir auch stehen im Leben, dadurch, daß wir Menschen sind, muß etwas in unserer Seele stattfinden können, daß wir uns sagen: Wir streben alle einem Ziel zu. – Und auf dieses Ziel hinschauend, müssen wir uns sagen können: Das ist etwas, was jeden Menschen angehen kann. – Wir müssen in unserem tiefsten Inneren etwas finden können, in dem wir uns in einem Punkte gemeinsam zusammen finden.

Im Okkultismus ist dieses mit dem Namen Christus gegeben. Denn gerade so, wie man vor Jahrtausenden fühlen, empfinden, wissen konnte, unsere Seelen sind alle aus dem gemeinsamen Gottesurgrunde und -ursprung herausgeboren, so werden die Menschen immer mehr lernen, sich zu sagen: Wie wir, wenn wir denken, uns in einem Gemeinsamen zusammenfinden, wie wir uns einig sein können in einem gemeinsamen Denken, wie das in allen Menschenhäuptern leben kann, so gibt es etwas, was wie ein Gemeinsames in allen Herzen leben kann. Es gibt etwas, was wie ein Lebensblut gemeinsam in allen Menschenherzen fluten kann. – Wenn uns das immer mehr durchglüht in den folgenden Inkarnationen, dann werden diese so verlaufen, daß, wenn die Erde ihr Ziel erreicht haben wird, so daß sie in den künftigen planetarischen Zustand, den Jupiter [29], übergehen wird, die Menschenseelen sich in dem Gemeinsamen, dem Christus, zusammenfinden werden, eins sein werden. Darum, damit dies geschehen kann, mußte das Mysterium von Golgatha stattfinden. Dazu ist der Christus im Jesus Mensch geworden, daß dieser gemeinsame Strom der Wärme von Menschenherz zu Menschenherz fließen kann. Das Gefühl für das gemeinsame Menschenziel geht aus von dem Kreuz auf Golgatha. So verbinden sich Vergangenheit und Zukunft. Das ist das Ziel der Zukunftsentwicklung der Menschheit. Ob die Menschen diesen gemeinsamen Namen des Christus beibehalten werden, darauf kommt es nicht an, sondern darauf, daß alle Menschen begreifen lernen, daß dasselbe Gefühl, welches die Menschen ursprünglich von ihrem gemeinsamen Ursprung hatten, in ein Gefühl einer gemeinsamen Erdenzukunft umgewandelt werde.

Die Erdenentwicklung ist geteilt in diese zwei Hälften: Die eine geht bis zu dem Kreuz auf Golgatha und die andere von dem Kreuz auf Golgatha bis zum Erdenende. Und die Menschen haben viel, viel zu tun, um den Christus und seine Entwicklung zu begreifen. Und wenn diese begriffen sein wird, dann werden sich die Menschen in gemeinsamem Ziel für die Jupiterentwicklung finden. Und alle unsere einzelnen Erkenntnisse laufen darauf hinaus, dieses Prinzip des Christlichen zu finden.

Wenn wir heute versucht haben zu erkennen, wie Karma von einer Inkarnation zur anderen leibgestaltend wirkt, dann verstehen wir, wie die Menschen immer vollkommener werden können im Durchgang durch die Inkarnationen. Ohne daß wir ihn Christus nennen, sprechen wir noch von dem Christus. Wir sehen ab von dem Persönlichen. Wenn wir ein Kind vor uns haben, das uns anlügt, sagen wir uns: Dies Kind hat uns belogen. Wie können wir ihm helfen, daß es sein Karma umwandelt? – Wir fragen nicht danach, daß es uns schadet. Wir sehen auf den Wesenskern des Kindes, und damit bringen wir das Karma vorwärts. Tief menschliches Zusammenfühlen wird sich in solcher Art in der Welt immer mehr geltend machen.

So ist dasjenige, was wir Geisteswissenschaft nennen, wenn wir darunter wirklich Verständnis der Lebensvorgänge im Sinne von Reinkarnation und Karma begreifen, die Vorbereitung zu einem wahren Erfassen des Christus-Impulses in der Welt. Es kommt nicht darauf an, wie der Mensch seine Worte setzt, sondern wer wirklich das Entwicklungsgesetz begreift, der kann gar nicht anders als Christ sein, sei er Hindu oder Mohammedaner oder Angehöriger eines anderen Religionssystems. Es kommt darauf an, daß man den Impuls aufnimmt in die Seele, welcher der Impuls zu dem gemeinsamen Ziel der Menschheit ist, wie einst in den alten Menschen der Impuls lebte, hinzuschauen auf den gemeinsamen Ursprung der Menschen.

Daher führt Geisteswissenschaft immer zu dem Christus-Impuls. Sie kann gar nicht anders. Man könnte also einfach Geisteswissenschaft, wie sie heute auftritt, auch so auffassen, daß man sagt: Wenn auch derjenige, der sie kennenlernt, vielleicht nichts wissen wollte vom Christentum, wenn er Anthroposoph wird, so wird er schon in Wahrheit zu Christus geführt. In der Realität würde er schon dahin geführt werden, selbst wenn er mit Worten dagegen kämpfen wollte.

So haben wir heute an unsere Seelen herangebracht, was unmittelbar mit dem Leben zusammenhängt. Wir haben gesehen, wie wir uns zu verhalten haben, wenn ein Kind lügt oder Neid fühlt. Wir müssen uns klar sein darüber, daß der karmische Faden durch alle Inkarnationen der Menschenseele verläuft, daß Karma schicksalsgemäß für sie gesponnen wird und daß wir, wenn wir zurückschauen auf den Ursprung in Gott und dann hinschauen zum Menschenziel, wiederum hinschauen zu Gott.

Wir schauen zurück auf die Kultur der alten Rishis. Sie haben auf den Menschenursprung verwiesen. Hingewiesen haben sie in jene Welt, in welcher der Mensch war, bevor er zu seinen Inkarnationen herabgestiegen ist. Diese Lehre drang durch die Jahrhunderte und Jahrtausende. Der große Buddha hat sie gelehrt, indem er sagte: Alles dies ist den Menschen durch den Hang zur Verkörperung verlorengegangen, was den Zusammenhang mit der Welt des Ursprungs schuf. Er forderte auf, die Welt der Verkörperungen zu verlassen, damit die Seele wiederum in den geistigen Welten des Ursprungs leben kann. Und hingewiesen haben die Propheten, indem sie den Christus vorherverkündeten, auf eine Zukunft, in welcher die Menschen wiederum ihr rechtes Erdenziel finden werden. Und dann steht der Christus selber da, dann vollzieht er das Mysterium von Golgatha. Und dann kann der Mensch durch dieses Mysterium von Golgatha entgegengeführt werden der göttlich-geistigen Erdenzukunft. Es gibt vielleicht kaum etwas so Erschütterndes als zwei Aussprüche, die ähnlich bei Buddha wie bei Christus sind und die den Gegensatz zwischen alter und neuer Zeit uns vor die Seele stellen können. Buddha steht unter seinen Schülern, er weist sie hin auf den Leib und sagt: Ich schaue zurück von Inkarnation zu Inkarnation, wie ich immer wieder hineingegangen bin in einen solchen menschlichen Leib, wie ich ihn jetzt trage. Und dieser Leibestempel ist mir immer von neuem aufgebaut von den Göttern. Und immer wieder suchte die Seele in neuen Inkarnationen in diesen Leibestempel hineinzukommen. Jetzt aber weiß ich, daß ich nicht mehr nötig habe, in einen Leibestempel zurückzukehren. Ich weiß, es sind zerbrochen die Balken, verfallen die Pfosten. Ich habe durch meine Erkenntnis meine Seele von diesem Leib frei gemacht. Getötet ist Wunsch und Begierde, in einen solchen Leib zurückzukehren. – Das war ein großes, ein gewaltiges Ergebnis der alten Zeit des Zurückschauens auf den Menschenursprung. Buddha und mit ihm seine Schüler und Nachfolger streben an, frei zu werden von dem Leibe. Welch ein gewaltiger Unterschied, wenn der Christus vor seinen intimen Schülern steht und also spricht – ganz gleichgültig, wie wir es auffassen; wir nehmen es als Worte des Christus, wie sie sind. Christus sagt: Reißet nieder den Tempel meines Leibes, und ich will ihn in drei Tagen wiederum aufbauen.[31] – Er, der Christus, sehnt sich nicht danach, frei zu werden von diesem Leibestempel. Er will ihn wieder aufbauen.

Nicht als ob der Christus selber wiederum in folgenden Inkarnationen in einem solchen physischen Leibe da sein würde. – Aber was er seine Schüler und alle Menschen lehrt, das ist: wiederum zurückzukehren in diesen Erdentempel von Inkarnation zu Inkarnation, um in einer jeden den Christus-Impuls größer, intensiver zu machen, damit wir Menschen immer mehr von dem Erdendasein werden aufnehmen können, um zuletzt so dazustehen, daß wir sagen: Wir haben in diesen Inkarnationen gearbeitet, um ähnlicher dem Christus zu werden. Und wir werden ihm ähnlicher, indem wir in diesen Leibestempel aufnehmen, was der Christus vom Kreuz auf Golgatha hat ausströmen lassen als sein eigenes Wesen. Das lassen wir strömen von Menschenseele zu Menschenseele, denn nur dadurch verstehen wir uns jetzt. Das ist das Gemeinsame für alle Menschenseelen der Erdenzukunft. Und dann wird der Zeitpunkt kommen, wo die Erde als Planet vergehen wird, wo sie zerschellt, zerstäubt und wo die Menschen in vergeistigtem Zustand zur nächsten Verkörperung auf einen anderen Planeten übergehen werden.

Das Wort des großen Buddha: Ich fühle, wie die Pfosten meines Leibestempels nicht mehr tragen, wie die Balken zusammenbrechen – das kann uns vor der Seele stehen wie ein Schlußpunkt des gemeinsamen Menschenursprungs. Und wenn wir hinschauen auf dasjenige, was der Christus zu seinen Jüngern spricht: Ich will aufbauen diesen Leibestempel in dreien Tagen, – das kann uns sein wie der Beginn der Zeit, die auf das Erdenziel hinweist. Und wir dürfen diesen Ausspruch erweitern, denn wir können sagen: Es breche ab dieser Tempel im Tode, aber wir wissen, daß wir die besten Kräfte, die wir uns in dieser Inkarnation angeeignet haben, für unsere nächste Inkarnation verwenden werden. Wir haben diese Kräfte empfangen, indem wir unsere Seelen der Christus-Erkenntnis hingaben. Wir werden auf diese Weise von Inkarnation zu Inkarnation immer weiterkommen. – Wenn die Menschen diesen Leibestempel zum letzten Mal aufbauen, werden sie zum Verständnis des zukünftigen, gemeinsamen Erdenziels gekommen sein.

Allein das Mysterium von Golgatha ist es, was der ganzen Menschheit der gemeinsame Impuls der Menschheits- und der Erdenentwicklung sein kann.

Denken und Wollen in ihrem Verhältnis zum Vergangenheits- und Zukunftsschicksal des Menschen

Wenn wir die Seele des Menschen betrachten, finden wir innerhalb des Seelischen Denken, Vorstellen, Fühlen und Wollen. Nun habe ich gewiß schon auch hier öfters über diese drei Seelentätigkeiten gesprochen. Allein ich möchte heute wiederum in einem besonderen Zusammenhange, der sich in unseren Zyklus einfügt, gerade über diese dreigliedrige menschliche Seele einige Worte vorbringen.

Im wachen Zustande leben wir eigentlich nur in unseren Vorstellungen. Dasjenige, was wir denken, ist uns im wachen Zustande voll bewußt. Wenn Sie sich fragen: Sind die Gefühle, die wir durchmachen im Wachzustande, ebenso bewußt wie die Vorstellungen? – so müssen Sie sich dieses mit Nein beantworten. Die Gefühle bleiben für das wache Bewußtsein in einem gewissen Sinne dunkel und unbestimmt. Und wenn Sie dasjenige vergleichen, was Sie in Ihrer Gefühlswelt erleben, mit demjenigen, was Sie erleben, wenn Sie sich gegenübergestellt finden der mannigfaltigen Bilderwelt Ihrer Träume, so werden Sie in der Gefühlswelt und in der Traumeswelt denselben Grad von Bewußtsein finden. Es wird in der Gefühlswelt nur auf eine andere Weise geträumt, aber es wird auch in der Gefühlswelt nur geträumt. Man täuscht sich über diesen Charakter der Gefühlswelt dadurch leicht, daß man dasjenige, was gefühlt wird, in Vorstellungen übersetzt. Man stellt sich seine Gefühle vor. Dadurch hebt man die Gefühle in das Wachbewußtsein herauf. Aber die Gefühle als solche sind nicht mehr bewußt als der Traum.

Und insbesondere unbewußt bleiben, vollständig unbewußt können wir sagen, die Willensimpulse des Menschen. Stellen Sie sich nur einmal vor, wieviel Sie von etwas wissen, was Sie ein Wollen nennen. Nehmen Sie nur an, Sie strecken die Hand aus, um irgend etwas zu ergreifen. Sie haben zuerst die Vorstellung davon, daß Sie die Hand ausstrecken werden. Darinnen liegt Ihre Absicht. Wie aber diese Absicht nun hinunterströmt in Ihren ganzen Organismus, wie diese Absicht sich den Muskeln, den Knochen mitteilt, damit die Hand den Gegenstand ergreifen kann, davon wissen Sie ebensowenig, wie Sie von dem wissen im gewöhnlichen Bewußtsein, was während des Schlafes mit Ihrem Ich vorgeht. Erst wenn Sie den Gegenstand ergriffen haben, dann nehmen Sie wiederum wahr die Bewegung des Ergreifens, also wiederum eine Vorstellung. Was zwischen dieser Vorstellung, welche die Absicht bildet, und der Vorstellung liegt, die Sie dann haben, wenn Sie die Absicht in der äußeren Ausführung sehen, was dazwischen liegt, was da in Ihrem Organismus vor sich geht, das verschlafen Sie auch bei wachendem Bewußtsein. Das Wollen ist ein Schlafen, das Fühlen ist ein Träumen, und nur das Vorstellen, das Denken ist ein wirkliches Wachen.

Da haben wir auch während des Wachzustandes die dreigliedrige menschliche Seele: die wache Seele, die vorstellt, die träumende Seele, die fühlt, und die wollende Seele, die schläft, so daß der Mensch im gewöhnlichen Bewußtsein niemals sagen kann, was eigentlich da unten in den Zuständen vor sich geht, in denen der Wille webt und lebt.

Wenn man dann aber mit den Methoden der anthroposophischen Forschung in diejenige Region hinunterleuchtet, wo der *Wille* pulsiert, da findet man zunächst das Folgende. Wenn wir die Absicht haben, irgendeinen Willensentschluß auszuführen, dann ist das zunächst ein Gedanke, eine Vorstellung. In dem Momente, wo diese Absicht in den Organismus hineinströmt, entsteht im Organismus dasjenige, was man einen *inneren Verbrennungsprozeß* nennen kann. Jedesmal wird im Organismus ein Verbrennungsprozeß entstehen längs des ganzen Weges, den der Willensentschluß macht. Durch das Verbrennen von Stoffwechselprodukten, die Sie in sich haben, wird alles das bewirkt, was den Arm bewegt, um einen Willensentschluß auszuführen, so daß eigentlich ein wollender Mensch im physischen Sinne in einem verbrennungsartigen Verzehren seiner Stoffwechselprodukte sich befindet. Eigentlich müssen wir immer deshalb die Stoffwechselprodukte erneuern, weil durch den Willen diese Stoffwechselprodukte fortwährend verzehrt, verbrannt werden.

Das ist anders beim Vorstellen. Beim Vorstellen findet ein fortwährendes Ablagern von salzartigen Bestandteilen statt. Erdige, salzartige, aschenartige Bestandteile sondern sich aus dem Organismus ab, so daß, physisch gesprochen, das Denken, das Vorstellen ein Salzablagern ist. Das Wollen ist ein Verbrennen. Und dem Anschauen, dem geistigen Anschauen stellt sich das menschliche Leben als ein fortwährendes Salzablagern von oben und als ein Verbrennen von unten herauf dar. Dieses Verbrennen, das macht, daß wir, wenn ich mich so ausdrücken darf, im Feuer des eigenen Leibes mit dem gewöhnlichen Bewußtsein nicht wahrnehmen können, was der Wille eigentlich ist. Dieses Verbrennen bewirkt, daß wir den Willen, alles Wollen fortwährend verschlafen.

Aber was wird uns denn da, unsichtbar für das gewöhnliche Bewußtsein, wenn wir den Willen verschlafen? Wenn man nun in dieses organische Feuer, das fortwährend durch den Willen entsteht, mit den Mitteln der Geistesanschauung hineinleuchtet, dann nimmt man wahr, daß in diesem Feuer die *Wirkungen unseres moralischen Verhaltens* in dem vorhergehenden Erdenleben leben. Da drinnen lebt dasjenige, was man menschliches *Schicksal*, menschliches *Karma* nennen kann. Es ist wirklich so, daß, wenn man richtig anschaut, wenn ein Mensch zum Beispiel in einem bestimmten Jahre seines Lebens die Bekanntschaft eines anderen Menschen macht, daß sich dann ganz anders diese Tatsache ausnimmt, wenn man sie geistig richtig anschaut, als wenn man sie nur äußerlich mit dem sinnlich-intellektualistischen Bewußtsein anschaut.

Nehmen wir an, ein Mensch hat eben in irgendeinem Jahre seines Lebens einen andern Menschen kennengelernt. Man spricht da sehr häufig von Zufall. Und es nimmt sich das ja auch so aus, als wenn der andere Mensch durch die verschiedenen Zufallswege des Lebens einem zugeführt worden wäre, und man hätte dann im Augenblicke mit ihm Bekanntschaft geschlossen. Aber so ist es ja nicht. Wenn man hineinschaut mit den Mitteln der Geisteswissenschaft in den ganzen Zusammenhang des menschlichen Lebens, in all das, was unsichtbar durch den angedeuteten Verbrennungsprozeß wird, dann sieht man, daß eine

Bekanntschaft, die man zum Beispiel im fünfunddreißigsten Lebensjahre gemacht hat, ganz planmäßig das ganze Leben hindurch ersehnt und erstrebt worden ist. Wenn Sie den Menschen von seinem fünfunddreißigsten Lebensjahre bis zu seiner ersten Kindheit verfolgen und Sie legen bloß, Sie machen die Wege offenbar, die er durchgemacht hat, um zuletzt da anzukommen, wo ihm der andere Mensch begegnet ist, so ist das ein ganz planmäßiges Erstreben im Unterbewußtsein. Und manchmal ist es, wenn man in dieser Weise das Schicksal des Menschen betrachtet, ganz wunderbar, welche Winkelzüge ein Mensch macht, um an einer bestimmten Stelle in einem bestimmten Jahre anzukommen und da den andern Menschen zu treffen. Wer wirklich in das menschliche Leben hineinsieht, der kann gar nicht anders sagen als: Derjenige, der etwas erlebt, hat dieses Erlebnis sein ganzes Erdenleben hindurch so gesucht, wie man nur irgend etwas suchen kann. – Und warum suchen wir ein bestimmtes Erlebnis? Weil uns dieses Suchen aus früheren Erdenleben in die Seele hinein ergossen ist. Aber diese früheren Erdenleben erscheinen in ihren Wirkungen nicht im Gedankenbewußtsein, in dem wir wachen, sondern sie erscheinen in ihren Wirkungen in dem Bewußtsein, wo ein Verbrennungsprozeß uns fortwährend in einen Schlaf einlullt. Wir streben unbewußt, aber wir streben nach den Erlebnissen unseres Erdendaseins hin.

Nun können sich verschiedene Einwände erheben, Gedanken erheben, wenn so etwas ausgesprochen wird. Zuerst kann der Mensch sagen: Ja, dann ist unser ganzes Leben schicksalsbestimmt und wir haben keine Freiheit. – Aber verlieren wir dadurch an Freiheit, daß wir blonde Haare haben und nicht schwarze? Das ist ja auch vorbestimmt. Wir sind dennoch frei, trotzdem wir blonde Haare haben und nicht schwarze, wenn wir uns vielleicht auch schwarze wünschen; wir sind dennoch frei, wenn wir auch nicht, was wir vielleicht als Kind wollen, den Mond herunterlangen können. Wir sind dennoch frei, wenn auch von dem Beginn unseres Erdenlebens an von uns gewisse Erlebnisse gesucht werden, denn nicht das ganze menschliche Leben setzt sich aus solchen schicksalsmäßigen Erlebnissen zusammen, sondern es fügen sich immer den schicksalsmäßigen

Erlebnissen die freien Erlebnisse ein. Und diese freien Erlebnisse, die sich einfügen, findet die Geisteswissenschaft wiederum an einer andern Stelle.

Ich spreche ja oftmals von den drei Stufen der Geisteserkenntnis: von der Imagination, wo wir zuerst eine Bilderwelt schauen, von der Inspiration, wo in diese Bilderwelt die geistige Wirklichkeit und Wesenhaftigkeit hereinkommt, und dann von der Intuition, wo wir in der geistigen Wirklichkeit und Wesenhaftigkeit darinnenstehen.

Wenn nun der Mensch als Geistesforscher zur Imagination kommt und dadurch, wie ich schon im öffentlichen Vortrage[32] angedeutet habe, sein Lebenstableau vor sich hat, dann wird zu gleicher Zeit auch immer etwas anderes anschaubar. Man kann nicht das eine ohne das andere haben. Man kann nicht die Imagination haben, die wirkliche Geist-Erkenntnis des bisherigen Erdenlebens, ohne daß in einer merkwürdigen Weise wie eine Erinnerung diejenigen Erlebnisse auftauchen, die wir während des Schlafes immer gehabt haben vom Einschlafen bis zum Aufwachen. Ich habe Ihnen erzählt, wie diese Erlebnisse sind. Wenn man auf der einen Seite die Imaginationen erhält, erhält man auf der andern Seite insbesondere stark, wenn dann auch das innere Schweigen der Seele eintritt, eine Anschauung desjenigen, was der Mensch im Schlafzustande erlebt.

Nun habe ich Ihnen schon manches von dem geschildert, was der Mensch im Schlafzustande erlebt. Aber dasjenige, was einem vor allen Dingen vor das Seelenauge an Erlebnissen während des Schlafes tritt, das ist das neu sich bildende Schicksal. Wenn wir in das Schlafen hinunterleuchten, das im Wollen liegt während des Wachens, dann kommen wir auf das *Karma, welches aus früheren Erdenleben hereinwirkt.* Wenn wir anfangen, die Erlebnisse zwischen dem Einschlafen und Aufwachen zu durchschauen, dann schauen wir hin, wie sich aus unseren freien Handlungen, die wir gegenwärtig verrichten, zusammenwebt das *Karma, das sich erst wiederum im nächsten Erdenleben verwirklicht.*

Glauben Sie nicht, daß nun, wenn man in dieses Schlafesleben hineinschaut, dasjenige das besonders Beunruhigende ist, daß man sich jetzt sagen muß: Du hast dir durch dein moralisches

Verhalten im jetzigen Erdenleben dieses Karma zubereitet. – Das beunruhigt nicht mehr, als wenn man weiß, heute ist die Sonne aufgegangen, bis zur Mittagshöhe gestiegen, ist wieder hinuntergegangen und wird am nächsten Tag denselben Weg durchmachen. Diese Gesetzmäßigkeit, die einem da aus der Tiefe des Schlafes herausdringt, die beunruhigt einen nicht, weil auf die mannigfaltigste Weise wiederum durch Freiheit in dem nächsten Erdenleben dasjenige zur Wirkung kommen kann, was man veranlagt findet in den Schlafeszuständen des gegenwärtigen Erdenlebens. Aber man überschaut durchaus das Karma, das sich in den unterbewußten Zuständen des Wollens auswirkt, und man überschaut das sich wieder anspinnende Karma, wenn man in dasjenige hineinschaut, was sich für das gewöhnliche Bewußtsein auch unbewußt im Schlafe beginnt zu weben als ein anfängliches Karma. Und das sieht man auch, wie die Vergangenheit sich immer wieder zusammenwebt im Menschen mit der Zukunft, wie dasjenige, was der Mensch bei Tag verschläft als *die inneren Geheimnisse seines Willens*, sich zusammenspinnt mit demjenigen, was er bei Nacht verschläft als *die inneren Geheimnisse seines Ich und seines astralischen Leibes*, wenn sie sich von dem physischen Leibe und Ätherleibe getrennt haben und an dem Zukunftskarma weiterweben.

Wenn wir im gewöhnlichen Wachsein denken, dann denken wir zumeist über äußere Dinge. Diese äußeren Dinge, die wir da denken, die bleiben dann in unserer Erinnerung durch den gewöhnlichen Inhalt unseres Seelenlebens. Aber das ist nur die Oberfläche des Seelenlebens. Hinter diesem Niveau des Denkens liegt ein viel tieferes Seelenleben. Dieses, was wir beim Tagwachen als unser Denken erleben, das erleben wir im ätherischen Leibe, im Bildekräfteleibe. Dasjenige, was dahinter vorgeht im astralischen Leibe und im Ich, das kann man nur erleben, wenn man bewußt in die Geschehnisse eindringt, die das Ich und der astralische Leib durchmachen, wenn sie vom physischen Leib und vom Ätherleib getrennt sind im Schlafe. Da spinnt sich das Zukunftskarma an. Das wird durch die äußeren Gedanken, die im Ätherleib sind, bei Tag für uns verhüllt. Aber in den Tiefen der Seele, da webt es auch bei Tag sich zusammen mit demjenigen, was im unbewußten schlafenden Willen ist als das Karma, das aus der Vergangenheit herüberkommt. Und so kann man sehr genau in dieses Karma des Menschen hineinweisen.

Aber da liegt nun folgendes Eigentümliche vor. Ganz besonders interessant ist für die Karmabeobachtung die Zeit der allerersten Kindheit des Menschen. Die Entschlüsse des Kindes erscheinen uns ganz willkürlich, dennoch sind sie nicht willkürlich. Oh, es ist schon so, daß diese Willensentschlüsse des Kindes dasjenige nachahmen, was in der Umgebung des Kindes vor sich geht. Und ich habe im öffentlichen Vortrag[32] das angedeutet, wie das Kind ganz Sinnesorgan ist, wie es innerlich jede Geste erlebt, jede Bewegung der Menschen seiner Umgebung. Aber es erlebt jede Geste, jede Bewegung mit der moralischen Bedeutung, so daß das Kind an einem jähzornigen Vater das Unmoralische erlebt, das mit dem Jähzorn verknüpft sein kann. Und das Kind erlebt in den feinsten Bewegungen, die der Mensch in seiner Umgebung macht, die Gedanken, die der Mensch hat. Wir sollten uns daher nie gestatten, unreine, unmoralische Gedanken etwa in der Umgebung eines Kindes zu haben und zu sagen: In Gedanken können wir uns das gestatten, das Kind weiß doch nichts davon. – Das ist nicht wahr. Wenn wir denken, bewegen sich immer in irgendeiner Weise wenigstens unsere inneren Nervenstränge. Diese nimmt auch das Kind wahr, besonders in den allerersten Jahren. Das Kind ist ein feiner Beobachter und Nachahmer seiner Umgebung. Aber was das Merkwürdige, das, ich möchte sagen, im erhabenen Sinne Interessante ist, ist, daß das Kind nicht alles nachahmt, sondern daß es eine Wahl trifft. Und diese Wahl geschieht eigentlich auf eine sehr komplizierte Weise.

Denken Sie sich also einmal, in der Umgebung des Kindes wirkt meinetwillen ein unüberlegter jähzorniger Vater, der allerlei Dinge macht, welche eigentlich nicht richtig sind. Weil das Kind ganz Sinnesorgan ist, muß es alle diese Dinge aufnehmen, wie das Auge sich nicht wehren kann, es muß das sehen, was in seiner Umgebung ist. Aber das Kind nimmt dasjenige, was es da aufnimmt, eben nur im Wachzustande auf. Nun beginnt das Kind zu schlafen. Kinder schlafen viel. Und während des Schlafes trifft nun das Kind die Wahl. Dasjenige, was es aufnehmen will, sendet es aus seiner Seele in seinen Leib, in seinen Körper hinunter. Dasjenige, was es nicht aufnehmen will, stößt es während des Schlafes in die ätherische Welt hinaus, so daß das Kind nur dasjenige in seine Körperlichkeit aufnimmt, wozu es schicksalsmäßig vorbestimmt ist durch sein Karma, durch sein Schicksal. Das Walten des Schicksals sieht man insbesondere lebendig in den allerersten Kindesjahren.

Wenn man ein intellektualistischer Mensch ist, dann hat man oftmals das Bewußtsein, man ist furchtbar gescheit und das Kind ist furchtbar dumm. Wenn man allmählich in die Welt hineinsehen lernt, dann hat man dieses Urteil nicht, dann hat man das andere Urteil, wie dumm man eigentlich seit der Kindheit geworden ist. Nur ist die Gescheitheit, die man sich angeeignet hat, gegenüber der Kindheit eine bewußte Gescheitheit. Die Weisheit aber, mit der das Kind auf die beschriebene Art die Wahl trifft zwischen dem, was es sich einverleiben will, nach seinem Schicksal von den vorhergehenden Erdenleben sich einverleiben muß, und demjenigen, was es in die allgemeine Ätherwelt abstößt, ist eine viel, viel größere als die Weisheit, die wir im späteren Leben haben. Und dasjenige, was der Mensch aus seinem früheren Erdenleben in das gegenwärtige Erdenleben hereinträgt, trägt er gerade in den ersten Kindheitsjahren am allerersten herein, wo die Frage der Freiheit überhaupt noch gar nicht in Betracht kommt. In derjenigen Lebenszeit, in der das Freiheitsbewußtsein auftaucht, haben wir eigentlich das allermeiste, das weitaus meiste von dem, was wir aus früheren Erdenleben in dieses Erdenleben hereintragen sollen, schon hereingetragen. Und wenn einer im fünfunddreißigsten Lebensjahre ein ganz bestimmtes Erlebnis hat, so hat er sich die Wege zu diesem Erlebnis durchaus schon in den allerersten Kindesjahren geebnet. Die ersten Schritte des Lebens sind für das schicksalsmäßig Bestimmte die allerwichtigsten und wesentlichsten.

Ich habe einmal versucht, das anzudeuten, wie das Kind weise ist, und wie man eigentlich im Verlaufe des Lebens immer weniger weise wird. Man wird bewußter, und man schätzt dann die bewußte Rationalität, und man schätzt nicht die unbewußte Weisheit des Kindes. Die schätzt man eigentlich erst durch die

Initiationswissenschaft. Ich habe einmal darauf aufmerksam gemacht. Das ist aber von offiziell philosophischer Seite furchtbar getadelt worden.[33] Ich habe darauf in meinem Büchelchen aufmerksam gemacht «Die geistige Führung des Menschen und der Menschheit», gleich im ersten Kapitel.[34] Es ist also schon wichtig, daß wir auf diese allererste Kindheit in dieser Weise hinzuschauen vermögen. Wenn die Menschen das einmal durchschauen, dann werden sie auch wiederum ein gesünderes Urteil bekommen über etwas, was heute immer und immer wiederum erwähnt wird, aber gar nicht durchschaut wird, die vererbten Eigenschaften. In Dichtung und Wissenschaft möchte man heute alles auf die vererbten Eigenschaften, auf die von den Eltern ererbten Eigenschaften zurückführen. Wird man einmal einsehen, wie das Kind karmisch aus den früheren Erdenleben sich dasjenige hereinträgt, was es sogar in sehr weiser Art auswählt, dann wird man das rechte Verhältnis zwischen dem finden, was in der Schicksalsbestimmung liegt, und dem, was die äußere Vererbung und Kleidung ist. Denn diese Vererbung ist nur eine Umkleidung. Und daß sie da ist, wundert den nicht, der in der richtigen Weise dasjenige versteht, was ich hier in diesen Vorträgen auch gesagt habe, daß wir uns an einem gewissen Zeitpunkte zwischen dem Tod und einer neuen Geburt der Generationenfolge zuwenden. Wir wenden ja den Blick vom Jenseits herunter in das Diesseits, um lange vorauszusehen, was wir für Eltern haben werden. Wir bestimmen mit vom Jenseits die Eigenschaften, welche die Eltern haben werden; kein Wunder, daß wir sie dann erben. Aber in dem Vererbten treffen wir dann wiederum auf die geschilderte Weise die Auswahl.

Überhaupt ist die Beobachtung des Menschen in den ersten kindlichen Lebensjahren etwas ganz besonders erhaben Interessantes. Ich muß diesen Ausdruck immer wieder gebrauchen. Ich habe Sie auf dasjenige aufmerksam gemacht, was in den ersten Lebensjahren von dem Kinde gelernt wird: gehen, worunter wir so vieles erfassen, wie wir gestern angeführt haben, sprechen, denken. Das eignet sich das Kind an. Derjenige, der nun richtig beobachten kann, wie das Kind die ersten Schritte macht, wie es fest das Beinchen aufsetzt oder leise das Beinchen aufsetzt, wie es wacker vorschreitet oder ängstlich vorschreitet, wie es stärker oder weniger stark das Knie beugt, wie es den Zeigefinger mehr braucht als den kleinen Finger, wer all das, was mit dem Gehen, überhaupt mit der Lebensbalance, in die der Mensch in den drei Raumesrichtungen sich hineinfindet, wer in all das, was damit zusammenhängt, richtig hineinschaut, der sieht gerade darinnen, wie in diesem Gehenlernen das Karma bildhaft zum Ausdruck kommt. Man sieht, wie ein Kind von vornherein, wenn es gehen lernt, die Füßchen stark aufsetzt. Man schaut zurück, wie das mit einem vorhergehenden Erdenleben zusammenhängt. Man findet, daß das Kind in irgendwelchen Lebenslagen sich in vorhergehenden Erdenleben wacker und tapfer verhalten hat. Das Wackere und Tapfere der vorhergehenden Erdenleben drückt sich bildhaft sinnlich im Abbilde in der Art und Weise aus, wie es die Füßchen stellt. Und man kann gerade im Gehenlernen ein wunderbares Abbild des Menschenkarma am Kinde beobachten. Das individuelle Karma, dieses persönliche Karma, das man als einzelner Mensch hat, drückt sich insbesondere in diesem Gehenlernen aus.

Als zweites lernen wir die Sprache. Da ahmen wir dasjenige nach, was in unserer Umgebung gesprochen wird. Jedes Kind tut das auf seine besondere Art, aber es ahmen alle Menschen, die innerhalb eines Sprachgebietes ihre Muttersprache lernen, eine Sprache nach. In der Art und Weise, wie das Kind sich in das Nachahmen der Laute hineinfindet, sieht man, wie sich im Menschen das Volksschicksal auslebt. Im Gehenlernen eines Menschen: einzelnes individuelles Schicksal; im Sprechenlernen: Volksschicksal; und im Denkenlernen: das Schicksal der ganzen Menschheit in einem gewissen Zeitpunkte über das Erdenrund hin. Dreierlei Schicksale verweben sich eigentlich im Menschen.

Unsere Gedanken kleiden wir zwar in verschiedene Sprachen, aber wenn man durch die Sprache zu den Gedanken vordringt, machen wir den Anspruch darauf, daß die Gedanken in aller Welt von jedem Menschen begriffen werden können. Es gibt eine chinesische und eine norwegische Sprache, aber es gibt keinen Unterschied zwischen chinesischen Gedanken und norwegischen Gedanken als den, der individuell ist. Aber die Gedanken als solche, ihre Wahrheit oder Unwahrheit, sind nicht anders. Daß das Denken eine andere Färbung annimmt, rührt von dem her, daß der Mensch in der Sprache im Individuellen lebt, aber was den Gehalt der Gedanken betrifft, nicht die Form der Gedanken, so ist er für alle Menschen gleich.

Indem das Kind sich hineinfügt in der dritten Stufe in das Gedankenleben, fügt es sich ein in einen bestimmten Zeitpunkt für die gesamte Menschheit; durch die Sprache in das Volksschicksal; durch das Hineinstellen in drei Raumesrichtungen, durch das Gehenlernen, Greifenlernen und so weiter in das persönliche, individuelle Schicksal.

Solche Dinge müssen, wenn man den Menschen in seinem ganzen Wesen richtig verstehen will, allseitig durchschaut werden. Wie das nun mit dem ganzen Menschenleben ist, möchte ich Ihnen noch an einer andern Tatsache klarlegen. Gehen wir noch einmal zu dem Schlafzustande zurück, zu den Erlebnissen, die der Mensch vom Einschlafen bis zum Aufwachen durchmacht. Da geht der Mensch mit seinem Ich und seinem astralischen Leibe in die geistige Welt hinein, eigentlich zum Ausgangspunkte des Lebens zurück. Aber das Ich und der astralische Leib weben das Zukunftsschicksal. Wenn nun das Ich und der astralische Leib wiederum zurückkehren in den physischen Leib, dann ist jede Nacht ein neues Stück Schicksal gewoben. Aber der Mensch versteht noch nichts von diesem Schicksal im gewöhnlichen Bewußtsein. Er dringt wiederum zurück in seinen Ätherleib und in seinen physischen Leib. Im Ätherleib sind die Gedanken zurückgeblieben. Die Gedanken sind nicht in dem nachtschlafenden Zustande mitgegangen. Der Mensch glaubt nur, daß, wenn er im Bette ist, er nicht denkt. Er denkt fortwährend, nur weiß er nichts davon, weil er mit seinem Ich und mit seinem astralischen Leibe außer dem Denken ist. Denn das Denken besteht in einer Tätigkeit des Ätherleibes. Sie können bei demjenigen, was stärkeren Eindruck auf Sie macht, das eigentlich sehr leicht im gewöhnlichen Leben auch beobachten. Denken Sie nur einmal, Sie waren etwa zum ersten Male bei einer Sie besonders anregenden Symphonie. Sie werden in der Nacht, wenn Sie dazu die besondere Veranlagung haben, oftmals aufwachen können, und Sie wachen immer in die Töne dieser Symphonie hinein auf, weil Ihr Ätherleib die ganze Nacht in dieser Symphonie fortvibriert. Die hört nicht auf in Ihnen. Es ist gar nicht notwendig, daß Sie dabei sind, damit die Symphonie in Ihnen sich abspielt. Wenn Sie dabei sind, dann nehmen Sie nur in den Vibrationen in Ihrem Ätherleibe wahr. Und so ist es mit allen Gedanken auch. Sie denken die ganze Nacht im Bette, nur sind Sie mit Ihrem Ich nicht dabei, daher wissen Sie nicht, wie Sie da denken.

Ich kann Ihnen verraten: durch das Ich verderben wir sogar sehr häufig unsere Gedanken. Wir denken nämlich meistens viel gescheiter, wenn wir nicht dabei sind in der Nacht. Sie mögen mir das glauben oder nicht, aber es ist so. Die meisten Menschen haben ein viel gesünderes Urteil über die Dinge des Lebens in der Nacht als bei Tag. Wenn der Ätherleib, der mit den Gesetzen des Kosmos in Harmonie steht, allein denken kann, wenn der Mensch nicht die Gedanken verdirbt, dann denkt der Mensch meist gesünder, als wenn er mit seinem Ich die Gedanken durcheinanderpuddelt. Das tut er bei Tag nämlich sehr häufig.

Wenn wir nun mit dem Ich und mit dem astralischen Leibe draußen sind aus dem physischen Leibe und dem Ätherleibe, da weben wir aber unser Zukunftskarma. Das, was da als Ich und als astralischer Leib draußen webt und lebt vom Einschlafen bis zum Aufwachen, muß durch die Pforte des Todes gehen, in die übersinnliche Welt eingehen. Wenn auch das Astralische sich später dann in das Ich einfügt und das Ich dann mit anderer Substanz das allein durchmacht, aber dennoch: dasjenige, was da draußen außer dem physischen und dem Ätherleibe im Schlafzustande webt, das muß durch die Pforte des Todes gehen und den Weg durchmachen zwischen dem Tode und einer neuen Geburt durch alle die Zustände, die ich Ihnen in diesen Tagen beschrieben habe. Und Sie wissen aus dieser Beschreibung, daß da das Ich durchgeht durch die Arbeit, die es mit den andern Wesen der höheren Hierarchien macht, um in der Zukunft wiederum einen physischen Menschenleib, jetzt im Geistkeim, vorzubereiten. Das erfordert das Sich-Einleben in eine tiefe Weisheit zwischen dem Tode und einer neuen Geburt, einer

Weisheit, in der man nur leben kann, wenn man in einer geistigen Tätigkeit zusammenlebt mit den Wesen der höheren Hierarchien.

Da muß noch vieles hinein in dasjenige, was man da webt an Karma zwischen dem Einschlafen und Aufwachen, damit das sich in der richtigen Weise verbindet in der Zukunft mit einem physischen Leibe. Denn denken Sie, was da für ein Weg durchgemacht werden muß. Das ist ja im Ich und im astralischen Leibe, was sich da webt als Karma, das muß hinunter in diejenige Region, die wir dann im nächsten Erdenleben als unbewußte Willensregion haben. Das muß hinunter. Das muß sich gründlich mit aller Leiblichkeit des Menschen vereinigen. Davon haben das Ich und der astralische Leib, wenn sie im gewöhnlichen Schlafzustande sind, noch wenig, was sie sich da aneignen müssen im Durchgang zwischen dem Tod und einer neuen Geburt.

Und da müssen dann das Ich und der astralische Leib wiederum zurück in den physischen Leib, und sie verstehen nicht recht beim Aufwachen, wie es ist mit diesem physischen Leibe. Den haben sie aber aus dem vorhergehenden Leben. Ich und astralischer Leib wissen sich nicht richtig zu benehmen bei diesem Untertauchen. Daher kommt es, daß, weil erst im nächsten Erdenleben von Kindheit auf dieser astralische Leib und das Ich formen können den physischen Leib und den Ätherleib durch die ersten sieben Jahre, durch die zweiten sieben Jahre, weil da erst alles das darinnen ist im Ich und astralischen Leib, was in der richtigen Weise wiederum arbeiten kann an einem physischen Leib, daher kommt es, daß jetzt im Einschlafen, wo das Ich erst das moralische Verhalten des Menschen aufgenommen hat, erst anfängt das Karma zu weben, daß es beim Aufwachen eigentlich nicht richtig versteht: was ist da alles in diesem physischen Leibe.

Nun, in den physischen Leib kann es überhaupt nur ganz unbewußt untertauchen. Da muß es schon wiederum ins Unbewußte hineinkommen. Aber wenn es bewußt wird, wenn es durch die Vorstellungsregion durchgeht, dann tauchen die verworrenen Bilder des Traumes auf. Was bedeuten diese? Warum sind diese so wenig mit dem Leben oftmals zusammenstimmend? Weil das Ich und der astralische Leib erst probieren, in den physischen und Ätherleib unterzutauchen, sie können es nicht recht. Dieses Nicht-Zusammenstimmen dessen, was das Ich noch nicht kann und was es können sollte nach den weisen Einrichtungen des physischen Leibes und des Ätherleibes, drückt sich in der Verworrenheit der Aufwachträume aus. In dem Aufwachtraum haben wir ein Bild, wie das Ich probiert, das, was es noch nicht ist, in einen gewissen Einklang mit dem physischen Leibe und dem Ätherleibe zu bringen. Und erst wenn es unterdrückt für das Wollen das Bewußtsein und untertaucht in die unterbewußte Region, wenn es also sich verläßt nicht auf seine eigene Weisheit, dann geht es wiederum hinein in den physischen Leib, ohne daß verworrene Vorstellungen zustande kommen.

Würde das Ich beim Aufwachen voll untertauchen in den physischen Leib bewußt, oder halbbewußt wie im Traume, dann würden aus dem ganzen physischen Leib des Menschen die furchtbarsten Träume aufsteigen. Nur der Umstand, daß wir im rechten Augenblick ins unbewußte Wollen untertauchen, dämpft die leise hinhuschenden bildhaften Träume ab und läßt uns wiederum als ordentliche Iche und ordentliche astralische Leiber in die Region des unbewußten Wollens untertauchen. Das ist so klar für den, der unbefangen diese Dinge anschaut, daß jeder Traum dem Menschen zeigen kann, welche Disharmonie besteht im gegenwärtigen Leben zwischen dem Ich und dem astralischen Leibe in bezug auf dasjenige, was sich diese im gegenwärtigen Leben angeeignet haben, und dem vollentwickelten physischen und ätherischen Leibe. Da muß sich erst dasjenige, was moralisch sich gewoben hat, vereinigen bei dem Durchgang zwischen dem Tode und einer neuen Geburt mit dem Geistkeim des physischen Leibes. Dann wird dasjenige, was wir im jetzigen Leben zwischen dem Einschlafen und dem Aufwachen weben, so mächtig, daß es im nächsten Kindheitsleben, in diesem träumerischen, halb schlafenden Kindheitsleben wirklich durch die Jahre der Kindheit untertauchen kann in den physischen und in den ätherischen Leib und den dann als Werkzeug für das Erdenleben benutzen kann.

So wird man eigentlich immer mehr gewahr, wenn man den

ganzen Menschen betrachtet, wie in diesem Menschen darinnensteckt dasjenige, was man in nächtlicher Ruhe und nächtlicher Finsternis in den vorigen Erdenleben gewoben hat, und wie zwischen dem Tode und einer neuen Geburt das wunderbare Gewebe des physischen Leibes hinzugefügt worden ist und dann, man möchte sagen, im letzten Augenblick des Lebens zwischen dem Tod und einer neuen Geburt, des ätherischen Leibes. Aber wir tragen in uns das Ergebnis der vorhergehenden Erdenleben. Nur wird dasjenige, was wir da als die Kräfte des vorigen Erdenlebens unten im Organismus, im Willensorganismus in uns tragen, fortwährend, weil die physischen Stoffe und Produkte verbrannt werden und dieses innere Feuer in uns ist, das wird immerfort von diesem Feuer zugedeckt, verbrannt. Und indem es verbrannt wird, wirkt es doch. Wir gehen durch unser Karma unseren Weg durch die Welt. Es ist ein bestimmter Weg für die einzelnen Erlebnisse. Während wir also von der Kindheit auf uns dasjenige auswählen, was wir aus der Umgebung nachahmen, dadurch die ersten Schritte schon zu einem Ereignis machen, das wir erst im fünfzigsten Lebensjahre vielleicht erreichen, während wir die Willensanstrengungen machen, direkt auf dem Wege nach diesem Erlebnisse hin, wird immerfort verbrannt in uns dasjenige, was körperliche Stoffe sind.

Weil das Feuer uns unbewußt in bezug auf diesen Lebensweg macht, dadurch wird immer für unsere Innenwahrnehmung dasjenige, was ein fortlaufender Schicksalsweg ist, umgesetzt, so daß es uns vorkommt als die augenblicklichen Begierden, Instinkte, Triebe, Temperamente und so weiter. Da unten geht der schicksalsgemäße Lebensweg. Immer sprießen die Feuer auf. Wir sehen nur die Oberfläche der Feuer. Und auf den Oberflächen des Feuers, auf den lodernden Flammen gewissermaßen, da lebt sich dasjenige aus, was wir in unseren Seelen tragen als unsere Leidenschaften, Triebe, Instinkte. Das ist nur der äußere Schein, die äußere Offenbarung für dasjenige, was in den Tiefen als das menschliche Schicksal sitzt. Die Menschen beobachten die einzelnen Leidenschaften, die einzelnen Instinktäußerungen, die einzelnen Triebe, dasjenige, was einer im Augenblicke mag, nicht mag, was einer im Augenblick aus Sympathie oder Antipathie ausführt oder unterläßt. Aber das ist gerade so, wie wenn wir vor uns haben etwas, und ich sage: d-e-r-g-o-t-t-l-e-n-k-t-d-i-e-w-e-l-t. Ich kann nur buchstabieren. Ein anderer kommt und sagt: Was du da gesagt hast, das sind Buchstaben, das heißt: Der Gott lenkt die Welt. – So ist es mit dem Unterschiede der gewöhnlichen Seelenwissenschaft und der Geisteswissenschaft. Die gewöhnliche Seelenwissenschaft kann buchstabieren. Sie schaut das Leben des Menschen an, findet in der Kindheit diese und jene kindlichen Instinkte, Triebe, registriert diese, wie der, der nur buchstabieren kann, die Buchstaben buchstabiert, und so geht es durch das ganze Leben hindurch. Derjenige, der Geisteswissenschaft versteht, der liest, er sieht durch die Oberfläche der Flammen durch auf das, was unten ist, und schaut die schicksalsgemäßen Lebenswege des Menschen.

Zwischen der gewöhnlichen Psychologie, die heute noch offiziell gang und gäbe ist, und zwischen der wirklichen Erkenntnis des menschlichen Seelenlebens ist ein solcher Unterschied wie zwischen Buchstabieren und Lesen. Aber deshalb wird man so schwer verstanden, weil man zu dem andern nicht sagen kann, das, was er sagt, sei falsch. Demjenigen, der bloß buchstabiert: d-e-r-g-o-t-t – dem kann man doch nicht sagen: Was Du da liest, ist falsch. – Es ist ja ganz richtig. Nur weil er das noch nicht weiß, daß man das auch lesen kann, sagt er: Du bist ein verrückter Kerl, ich sehe ja nur d-e-r und so weiter. Das Zusammenfassen ist eine Narrheit. – Er kann das nicht verstehen, daß man da auch noch liest.

So muß man immer demjenigen, der die heute anerkannte Psychologie geltend macht, sagen: Du hast ja ganz recht. – Man sagt als Anthroposoph zum Naturforscher, zum Psychologen: Ihr habt ja ganz recht. – Man widerlegt sie nicht, man gibt ihnen recht. Er aber sagt: Wenn du von den Instinkten, von den Trieben, Leidenschaften so redest wie von Buchstaben, die du lesen kannst, dann bist du eben ein verrückter Kerl. – Das ist die Schwierigkeit. Der Anthroposoph kann sich mit den andern ganz gut verstehen, er braucht sie auch nicht zu widerlegen. Er polemisiert auch gar nicht gegen die äußere Wissenschaft. Nur dann, wenn diese Wissenschaft anfängt, ihn einen verrückten

Kerl zu nennen, dann muß er natürlich das geltend machen, daß das nicht stimmt, und namentlich, daß er auch das gelten läßt, was die andern gelten lassen wollen. Nur kann er nicht den Grundsatz gelten lassen, daß es alles dasjenige nicht gibt, was irgendeiner nicht sieht. Denn das ist gar kein Kriterium der Wahrheit, daß es das nicht gibt, was einer nicht sieht. Da muß er sich erst überzeugen davon, daß der andere das sieht.

Es ist schon so, daß derjenige, der auf anthroposophischem Boden steht, auch dieses schwierige Verhältnis der Anthroposophie zu den andern Weltanschauungen durchschauen muß. Höchstens kann man manchmal das Urteil fällen, so wie man zu demjenigen, der nur gelten lassen will: d-e-r-g-o-t-t – wie man zu dem sagt: Du bist ein halber Analphabet –, so kann man unter Umständen zu dem, der sich gar nicht losreißen kann von dem bloßen Buchstabieren in Instinkten, Trieben und Leidenschaften, Temperamenten und so weiter, sagen: Du bist ein halber Banause, du bist ein halber Philister, du kannst dich eben nicht aufschwingen. – Aber man wird nicht sagen, er habe unrecht.

Also es liegt die Sache zwischen Anthroposophie und der äußeren Weltanschauung so, daß die Verständigung erst dann möglich ist, wenn von seiten des Buchstabierens der gute Wille entgegengebracht wird, lesen zu lernen. Sonst ist eine Verständigung zunächst gar nicht möglich. Daher verlaufen die gewöhnlichen Debatten so ergebnislos, und die Gegner können auch nichts einsehen. Das verspüren die wenigsten, die Gegner der Anthroposophie sind. Und ich muß schon, weil ich das für richtig halte, von dieser Tatsache auch hier zu Ihnen sprechen.

Die Gegner der Anthroposophie werden jetzt, ich möchte sagen, mit jedem Monat mehr. Aber weil sie eigentlich nirgends einsetzen können, weil die Anthroposophie ihnen immer recht gibt, aber sie nicht der Anthroposophie recht geben wollen, so können sie eigentlich auch nicht das angreifen, was der Anthroposoph sagt. Daher greifen sie die Persönlichkeit an, verleumden, lügen über die Persönlichkeit. Das ist ja die Gestalt, welche die Polemik immer mehr und mehr annimmt, leider. Das ist etwas, was man durchschauen muß, wenn man auf anthroposophischem Boden steht. Das ist so außerordentlich wichtig, daß man das durchschaut.

Es gibt heute schon ganz merkwürdige gegnerische Bücher. Viele von Ihnen werden die anthroposophische Literatur gelesen haben, werden finden, daß ich immer an den entsprechenden Stellen selber in meinen Büchern das sage, was man gegen irgend etwas einwenden kann. Ich polemisiere immer selber, um dann zu zeigen, wie man das, was ich geltend mache, aus der Welt schaffen kann, so daß man die Gegengründe gegen Anthroposophie bei mir in meinen eigenen Büchern schon finden kann. Nun gibt es heute Gegner, die beschäftigen sich damit, die Gründe, die ich selber in meinen Büchern gegen Anthroposophie angeführt habe, abzuschreiben, und das als gegnerische Schrift gegen die Anthroposophie zu verbreiten. Sie können also heute gegnerische Schriften finden, die Plagiate sind aus meinen Büchern, wo einfach dasjenige abgeschrieben wird, was ich sage. Es ist dem Gegner gerade durch diesen Umstand, daß der Anthroposoph selber dasjenige geltend machen muß, was man gegen ihn einwenden kann, heute die Arbeit eigentlich furchtbar leicht gemacht.

Nun, ich sagte das alles aber nicht, um jetzt den Gegnern etwas am Zeuge zu flicken, sondern nur, um zu charakterisieren, wie man aufsteigen muß, um vom Buchstabieren des Lebens, in bezug auf die Willensimpulse, zum Lesen des Lebens zu kommen. Das Buchstabieren gibt dasjenige, was als Trieb, als, man möchte sagen animalisches Leben in Wünschen, Begierden, Leidenschaften heraufquillt und für den Augenblick gilt. Weiß man das alles wie Buchstaben zu behandeln und zusammenzulesen, dann dringt man bis zu dem menschlichen Schicksal vor, bis zu dem einzelnen menschlichen Schicksal. Dieses menschliche Schicksal waltet auf dem Grunde des Lebens, und mit diesem Schicksal fügt sich der Mensch in den fortlaufenden Gang der ganzen Menschheitsentwicklung ein. Und nur wenn man in dieser Weise das ganze Leben des einzelnen begreifen kann, kann man auch die menschliche Geschichte begreifen, die wir nun in den nächsten Tagen noch betrachten wollen, als das Leben der Erdenmenschheit in ihrem Schicksale vor und nach dem Mysterium von Golgatha und das Eingreifen des Mysteriums von Golgatha in die Menschheitsentwicklung der Erde. Ich mußte aber einen Unterbau gewinnen und Ihnen zeigen, was im Menschen waltet, damit in der richtigen Weise gezeigt werden kann, wie die Götter und wie das Mysterium von Golgatha in dem Menschen, in dem Gesamtmenschheitsschicksal walten. [35]

Bedingungen und Gesetze des menschlichen Schicksals

Ich möchte nun beginnen, zu Ihnen über die Bedingungen und Gesetze des menschlichen Schicksals zu sprechen, das man ja gewohnt worden ist, das Karma zu nennen. Dieses Karma ist aber nur zu verstehen, zu durchschauen, wenn man sich darauf einläßt zunächst, die verschiedenen Arten der Weltgesetzmäßigkeit überhaupt erkennen zu lernen. Und so möchte ich denn heute vielleicht – es ist das notwendig – in einer etwas abstrakteren Form über die verschiedenen Arten der Weltgesetzmäßigkeit zu Ihnen sprechen, um dann die besondere Form, die als menschliches Schicksal, als Karma angesprochen werden kann, gewissermaßen herauszukristallisieren.

Wir sprechen, wenn wir sowohl die Erscheinungen der Welt umfassen wollen, wie auch, wenn wir die Erscheinungen im Menschenleben selber ins Auge fassen wollen, von *Ursachen und Wirkungen*. Und heute ist man ja gewöhnt, besonders in der Wissenschaft, ganz im allgemeinen zu sprechen von Ursachen und Wirkungen. Aber gerade dadurch kommt man der wahren Wirklichkeit gegenüber in die größten Schwierigkeiten hinein. Denn die verschiedenen Arten, in denen Ursachen und Wirkungen in der Welt auftreten, werden dabei nicht berücksichtigt.

Zunächst können wir uns die sogenannte leblose Natur ansehen, die uns ja am deutlichsten im *mineralischen Reiche* entgegentritt, in allem dem, was im Gestein in oft so wunderbaren Gestalten uns entgegentritt, aber auch in allem dem, was, man möchte sagen, zu Pulver zerrieben, dann wiederum zusammengebacken im formlosen Gestein uns entgegentritt. Das sehen wir uns zuerst an, meine lieben Freunde, was in dieser Art als Lebloses in der Welt auftritt.

Wenn wir das Leblose, ausnahmslos das Leblose betrachten, dann finden wir nämlich, daß wir die Ursachen, von denen in dem Reiche dieses Leblosen geredet werden kann, überall innerhalb dieses Leblosen selber suchen können. Wo Lebloses ist als Wirkung, da können wir in demselben Reiche des Leblosen auch die Ursachen suchen. Und man verfährt wirklich nur erkenntnisgemäß, wenn man das tut; wenn man also für die Vorgänge des Leblosen auch die Ursachen innerhalb des leblosen Reiches sucht.

Wenn Sie einen noch so schön geformten Kristall vor sich haben, so sollen Sie die Formen dieses Kristalls im leblosen Reich selber suchen. Und damit erweist sich dieses leblose Reich als etwas in sich Abgeschlossenes. Wir können zunächst nicht sagen, wo wir die Grenzen dieses Leblosen finden. Die können unter Umständen sehr entfernt in den Weltenweiten sein. Aber auch wenn für irgendein Lebloses, das vor uns steht, wenn es sich um seine Wirkungen handelt, Ursachen gesucht sein sollen, werden wir diese Ursachen wiederum im Reiche des Leblosen selber suchen. Damit aber stellen wir das Leblose schon neben etwas anderes hin. Und damit eröffnet sich uns zugleich eine gewisse Perspektive.

Betrachten Sie den Menschen selber. Betrachten Sie ihn, wie er durchgeht durch die Pforte des Todes. Alles, was gewirkt und gewest hat in ihm, bevor er durch diese Pforte des Todes gegangen ist, das ist aus der sichtbar greiflichen Gestalt, die übrigbleibt, wenn des Menschen Seele durch die Pforte des Todes geschritten ist, das ist aus dieser nunmehr übriggebliebenen Gestalt weg, und wir sagen auch gegenüber dieser Gestalt: sie ist leblos. Und geradeso wie wir von dem Leblosen sprechen, wenn wir hineinschauen auf das Gestein des Gebirges mit seinen Kristallgestalten, so müssen wir vom Leblosen sprechen, wenn wir hinschauen auf den entseelten, entgeistigten Leichnam des Menschen. Und jetzt erst tritt für den Leichnam des Menschen ganz dasselbe ein, was von vornherein da war für die übrige leblose Natur.

Wir konnten nicht für das, was an der menschlichen Gestalt geschieht als Wirkung während des Lebens, bevor die Seele durch das Tor des Todes gegangen ist, die Ursache suchen in dem Leblosen selber. Nicht nur, daß, wenn sich ein Arm hebt, wir vergeblich suchen werden in den leblosen physikalischen Gesetzen der menschlichen Gestalt nach den Ursachen dieses Armhebens, wir werden auch vergeblich suchen in den chemischen, in den physikalischen Kräften, die in der menschlichen Gestalt vorhanden sind, nach den Ursachen, sagen wir, des Herzschlages, der Blutzirkulation, irgendeines Vorganges, der auch gar nicht dem Willen unterliegt.

In dem Augenblick aber, wo die menschliche Gestalt Leichnam geworden ist, wo die Seele durchgeschritten ist durch die Pforte des Todes, beobachten wir auch eine Wirkung an dem menschlichen Organismus. Wir sehen meinetwillen: Es verändert sich die Hautfarbe, es werden die Glieder welk, kurz, es tritt alles das ein, was man gewöhnt ist, am Leichnam zu sehen. Wo suchen wir die Ursache? Im Leichnam selber, in den chemischen, physikalischen, in den leblosen Kräften des Leichnams selber.

Nun, wenn Sie sich das, was ich da andeute – ich brauche es nur anzudeuten –, wenn Sie das nach allen Seiten und Richtungen zu Ende denken, so werden Sie sich sagen: Der Mensch ist in bezug auf seinen Leichnam, nachdem seine Seele durch die Pforte des Todes geschritten ist, der leblosen Natur gleich geworden. Das heißt, wir müssen die Ursachen für Wirkungen nunmehr in demselben Gebiete suchen, wo die Wirkungen selber liegen. Das ist sehr wichtig.

Aber gerade wenn wir auf diese besondere Artung des menschlichen Leichnams hinschauen, dann finden wir etwas anderes, was außerordentlich bedeutsam ist. Sehen Sie, der Mensch wirft gewissermaßen mit dem Tode seinen Leichnam ab. Und wenn man mit jener Beobachtungsgabe, die dazu fähig ist, beobachtet, was nunmehr der eigentliche Mensch, das geistig-seelische Menschenwesen geworden ist, nachdem es durch die Pforte des Todes geschritten ist, dann muß man eben sagen, die Sache ist doch so, daß der Leichnam abgeworfen ist und daß nunmehr für dieses eigentliche geistig-seelische Menschenwesen, das angekommen ist jenseits des Tores des Todes, dieser Leichnam keine Bedeutung mehr hat. Er ist etwas Abgeworfenes.

Anders ist das mit der leblosen äußeren Natur. Und schon wenn man, ich möchte sagen, oberflächlich betrachtet, tritt einem dieses andere entgegen. Betrachten Sie einen menschlichen Leichnam. Sie können ihn ja am besten betrachten da, wo er gewissermaßen luftbeerdigt wird. Man findet in unterirdischen Gewölben, die namentlich gewisse Gemeinschaften früher als Begräbnisstätten gehabt haben, die Leichname von Menschen zum Beispiel einfach aufgehängt. Sie vertrocknen, und sie kommen in diesem Vertrocknen so weit, daß sie vollständig mürbe geworden sind, daß man dann eigentlich nur etwas anzutippen braucht, und sie zerfallen in Staub auseinander.

Das ist anders, was wir da als Lebloses erhalten haben, als dasjenige, was wir draußen in unserer Umgebung als leblose Natur finden. Diese leblose Natur, sie gestaltet sich, sie bildet Kristallgestalten. Sie ist überhaupt in einer merkwürdigen Veränderung befindlich. Wenn wir absehen von dem eigentlichen Erdigen und sehen auf das, was ja auch leblos ist, auf Wasser, Luft, so finden wir, daß eine regsame Verwandlung und Metamorphose in diesem Leblosen vorhanden ist.

Nun wollen wir uns das zunächst einmal vor die Seele stellen, wir wollen die Gleichheit des menschlichen Leibes, wenn ihn die Seele abgelegt hat, in seiner Leblosigkeit, mit der außermenschlichen leblosen Natur einmal vor unsere Seele gestellt sein lassen.

Und gehen wir jetzt weiter. Betrachten wir das *Pflanzenreich*. Da kommen wir in die Sphäre des Lebendigen. Wenn wir eine Pflanze so richtig studieren, dann werden wir niemals finden, daß wir imstande sind, die Wirkungen, die in der Pflanze auftreten, bloß aus den Ursachen heraus zu suchen, die im Pflanzenreiche, also in demselben Reiche, wo die Wirkungen auftreten, selber liegen. Gewiß, es gibt heute eine Wissenschaft, die das versucht. Aber diese Wissenschaft ist eben auf dem Holzwege, denn sie kommt zuletzt darauf, zu sagen: Ja, man kann die physischen in der Pflanze wirkenden Kräfte und Gesetze untersuchen, man kann die chemisch wirksamen Kräfte und Gesetze untersuchen; und es bleibt etwas übrig. – Da scheiden sich dann die Leute in zwei Parteien. Die einen sagen: Das, was da übrigbleibt, ist überhaupt nur eine Zusammenstellung, so eine Art Form, Gestalt; das Wirksame sind nur die physischen und chemischen Gesetze. – Die anderen sagen: Nein, es ist noch etwas anderes darinnen, das hat nur die Wissenschaft noch nicht erforscht; sie wird schon darauf kommen. – Sie wird das noch lange sagen. So ist die Sache eben nicht, sondern wenn man das Pflanzliche untersuchen will, so kann man es nicht verstehen, wenn man nicht das ganze Weltenall zu Hilfe nimmt, wenn man nicht auf die Pflanzen so hinsieht, daß man sich sagt: Die Kräfte der Pflanzenwirksamkeit liegen im weiten Weltenall. Alles, was da in der Pflanze geschieht, ist Wirkung des weiten Weltenalls. Es muß erst die Sonne zu einer bestimmten Position kommen im weiten Weltenall, damit irgendwelche Wirkungen im Pflanzenreiche auftreten. Es müssen andere Kräfte aus dem weiten Weltenall wirken, damit die Pflanze ihre Form, damit die Pflanze ihre inneren Triebkräfte und so weiter bekommt.

Und die Sache ist ja so: Wenn wir in die Lage kämen, meine lieben Freunde, nun zu wandern, nicht bloß wie Jules Verne es gemacht hat, sondern wirklich zu wandern, sagen wir bis zum Monde, bis zur Sonne und so weiter, so würden wir gar nicht viel gescheiter werden in bezug auf dieses Ursache-Suchen, als wir auf der Erde selber sind, wenn wir uns keine anderen Erkenntniskräfte aneignen als diejenigen, die wir schon haben. Wir würden nirgends zurechtkommen, wenn wir etwa sagen wollten: Nun schön, im Pflanzenreiche der Erde selber sind nicht die Ursachen für die Wirkungen, die im Pflanzenleben auftreten, also wandern wir zur Sonne, da werden wir die Ursachen finden. – Da finden wir sie auch nicht. Dagegen finden wir sie, wenn wir uns zur imaginativen Erkenntnis aufschwingen, wenn wir eine ganz andere Erkenntnis haben. Dann brauchen wir aber nicht zur Sonne zu wandern, wir finden sie im Erdenbereiche selber. Nur finden wir, daß wir nötig haben, von einer gewöhnlichen physischen Welt in eine Ätherwelt überzugehen, und daß in den Weiten der Welt überall der Weltenäther mit seinen Kräften wirkt und daß er eben aus den Weiten hereinwirkt. Überall aus den Weiten herein wirkt der Äther.

Wir müssen also tatsächlich zu einem zweiten Reiche der Welt übergehen, wenn wir für das Pflanzenreich zu den Wirkungen die Ursachen suchen sollen.

Nun, der Mensch nimmt teil an demselben, an dem da die

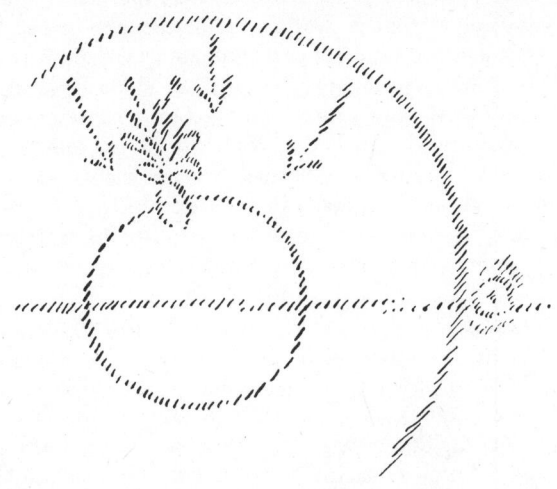

Pflanze teilnimmt. Diejenigen Kräfte, die aus der Ätherwelt hereinwirken in die Pflanzen, sie wirken auch im Menschen. Der Mensch trägt in sich die ätherischen Kräfte, und wir nennen die Summe dieser ätherischen Kräfte, die er in sich trägt, den Ätherleib. Und ich habe Ihnen bereits angeführt, wie dieser Ätherleib wenige Tage nach dem Tode immer größer und größer wird und sich zuletzt verliert, so daß der Mensch nur in seinem astralischen Leib und in seiner Ich-Wesenheit übrigbleibt. Das also, was der Mensch ätherisch in sich getragen hat, wird immer größer und größer und verliert sich in den Weltenweiten.

Vergleichen Sie jetzt wieder dasjenige, was wir vom Menschen sehen können, wenn er durch die Pforte des Todes geschritten ist, mit dem, was wir im Pflanzenreiche sehen. Wir müssen vom Pflanzenreiche sagen: seine Ursachenkräfte kommen aus den Raumesweiten auf die Erde herein. Wir müssen vom menschlichen Ätherleib sagen: die Kräfte dieses Ätherleibes gehen in die Raumesweiten hinaus, das heißt, sie gehen dorthin, woher die Pflanzenwachstumskräfte kommen, wenn der Mensch durch die

Pforte des Todes geschritten ist. Hier wird die Sache schon, ich möchte sagen, deutlicher. Wenn wir bloß den physischen Leichnam anschauen und sagen, er wird ein Lebloses, dann wird es uns schwer, herüberzukommen zu der übrigen leblosen Natur. Aber wenn wir das Lebendige anschauen, das Pflanzenreich, und gewahr werden: aus dem Äther der Weltenweiten kommen die Ursachen, kommen die Kräfte für das Pflanzenreich –, dann sehen wir, indem wir uns imaginativ in das Menschenwesen vertiefen, daß dorthin, woher die Kräfte, die Ätherkräfte für das Pflanzenreich kommen, der menschliche Ätherleib hingeht, wenn der Mensch durch die Pforte des Todes geschritten ist.

Aber noch etwas ist charakteristisch. Ich möchte sagen: Dasjenige, was auf die Pflanzen als Ursachenkräfte wirkt, mit dem geht es verhältnismäßig schnell, denn auf die Pflanze, die aus dem Boden herauswächst, die Blüte bekommt, die Frucht bekommt, hat die Sonne von vorgestern nicht viel Einfluß. Da kann sie mit ihren Ursachen nicht viel wirken. Sie muß heute scheinen, sie muß wirklich heute scheinen. Das ist wichtig. Und Sie werden sehen in unseren folgenden Betrachtungen, daß es wichtig ist, daß wir uns das merken.

Die Pflanzen mit ihren Ätherursachen haben zwar innerhalb des Irdischen ihre eigentlichen Fundamentalkräfte, aber sie haben sie in dem, was gleichzeitig im Weltenall mit der Erde ist. Und wenn der menschliche Ätherleib, nachdem der Mensch als geistig-seelisches Wesen durch die Pforte des Todes geschritten ist, sich auflöst, so dauert das auch nur sehr kurze Zeit, tagelang nur. Wiederum ist Gleichzeitigkeit da, denn die Tage, die es dauert, sind eigentlich für die Zeit des Weltgeschehens eine Kleinigkeit.

Wiederum haben wir es, wenn der Ätherleib zurückkehrt zu dem, woraus die Pflanzenwachstumskräfte als Ätherkräfte kommen, damit zu tun, daß wir sagen können: Sobald der Mensch im Äther lebt, ist seine Ätherwirksamkeit zwar nicht auf die Erde beschränkt, sie geht ja von der Erde fort, aber sie entwickelt sich mit Gleichzeitigkeit.

Ich will Ihnen dafür ein Schema aufschreiben. Wir können sagen: *Mineralreich: Gleichzeitigkeit des Physischen für Ursachen und Wirkungen.* Also im wesentlichen haben wir es mit Gleichzeitigkeit zu tun der Ursachen im Physischen. Sie werden sagen: Ja, für manches, was im Physischen geschieht, sind ja die Ursachen der Zeit nach früher gelegen. – Das ist nicht in Wirklichkeit der Fall. Wenn Wirkungen entstehen sollen im Physischen, müssen die Ursachen andauern, müssen fortwirken. Wenn die Ursachen aufhören, treten keine Wirkungen mehr ein. Also wir können durchaus dieses Diktum hinschreiben: *Mineralreich: Gleichzeitigkeit der Ursachen im Physischen.*

Kommen wir aber in der Pflanzenreich – und damit stehen wir auch in dem, was im Menschen selber als Pflanzliches zu verfolgen ist –, dann haben wir es zu tun mit Gleichzeitigkeit im Physischen und Überphysischen. Pflanzenreich: *Gleichzeitigkeit der Ursachen im Physischen und Überphysischen.*

Nun treten wir an das *Tierreich* heran. Beim Tierreiche werden wir ganz vergeblich dasjenige, was als Wirkungen auftritt, solange das Tier lebt, im Tier selber suchen können. Wenn das Tier auch nur kriecht, um seine Nahrung aufzusuchen, in den chemischen, physischen Vorgängen, die sich innerhalb des tierischen Leibes finden, werden wir ganz vergeblich suchen nach den Ursachen. Wir werden auch ganz vergeblich suchen in den Weiten des Ätherraumes, wo wir die Ursachen für das Pflanzliche finden, wir werden da auch vergeblich suchen nach den Ursachen der tierischen Bewegung und der tierischen Empfindung. Für alles das, was im Tiere vorgeht mit Bezug auf das, was im Tiere pflanzlich ist, finden wir allerdings auch die Ursachen innerhalb des Ätherraumes, und wenn das Tier stirbt, geht ja auch der Ätherleib in die Weiten des Weltenäthers hinaus. Aber für das, was Empfindung ist, finden wir nimmermehr innerhalb dessen, was irdisch, was physisch oder was überphysisch-ätherisch ist, die Ursachen, können sie nicht finden.

Hier tritt allerdings etwas ein, wo die moderne Anschauung wiederum sehr stark auf dem Holzwege ist. Das muß sich ja diese moderne Anschauung auch für viele Erscheinungen, die an einem Tier auftreten – Empfindungserscheinungen, Bewegungserscheinungen –, sagen: Untersuche ich das Tier in seinem Inneren nach seinen physischen, chemischen Kräften, da finde ich nicht die Ursachen. Aber auch in den Weiten des Weltalls, in den Ätherweiten des Weltenalls finde ich nicht die Ursachen. Wenn ich eine Blüte erklären will, muß ich in das weite Weltenall, in das Ätherweltenall gehen, und ich werde die Blüte aus dem Ätherweltenall erklären können. Ich werde manches auch im Tier, was pflanzengleich ist, aus dem Ätherweltenall erklären können, aber nimmermehr das, was in dem Tier als Bewegungen auftritt, und nimmermehr das, was auftritt in dem Tier als Empfindung.

Wenn ich am 20. Juni ein Tier betrachte in bezug auf seine Empfindungen, dann werde ich in allem dem, was irdisch ist und außerirdisch ist im Raume, die Ursachen für die Empfindungen nicht am 20. Juni finden. Gehe ich weiter zurück, werde ich sie auch nicht finden. Ich werde sie nicht im Mai, nicht im April und so weiter finden.

Das spürt auch die moderne Anschauung. Daher erklärt diese moderne Anschauung das, was sich so nicht erklären läßt, wenigstens vieles davon, durch Vererbung, das heißt durch ein Wort: Es ist «vererbt», es stammt von den Vorfahren. – Natürlich nicht alles, weil das doch zu grotesk wäre, aber vieles. Es ist vererbt.

Was heißt vererbt? Es führt der Begriff der Vererbung zuletzt darauf zurück, daß dasjenige, was einem als mannigfaltig gestaltetes Tier entgegentritt, im Eikeim des Muttertieres enthalten war. Und das ist ja das Bestreben der modernen Anschauung, einen Ochsen äußerlich in seiner mannigfaltigen Gestaltung zu betrachten und dann zu sagen: Nun ja, der Ochse kommt aus dem Eikeim; da waren die Kräfte drinnen, die dann ausgewachsen den Ochsen geben. Daher ist der Eikeim ein außerordentlich komplizierter Körper. Er müßte auch furchtbar kompliziert sein, dieser Eikeim des Ochsen, denn nicht wahr, da ist alles drinnen, was nach vielen Seiten drängt und gestaltet und bildet und wirkt, damit aus dem kleinen Eikeim der vielgestaltete Ochse wird.

Und wie man sich auch windet – es gibt ja da viele Theorien, Evolutionstheorien, Epigenesistheorien und so weiter –, es ist immer nichts anderes, als daß man doch sich vorstellen muß: Dieser Eikeim, das kleine Ei, ist etwas furchtbar Kompliziertes.

Wie alles zurückgeführt wird auf Moleküle, die in komplizierter Weise sich aus Atomen aufbauen, so stellen manche die erste Anlage dieses Eikeimes als ein kompliziertes Molekül dar. Aber das stimmt nicht einmal mit den physischen Beobachtungen, meine lieben Freunde.

Die Frage entsteht: Ist denn dieser Eikeim wirklich ein so kompliziertes Molekül, ein so komplizierter Organismus schon? Das Eigentümliche des Eikeimes ist nämlich gar nicht, daß er kompliziert ist, sondern daß er die ganze Materie ins Chaos zurückwirft. Gerade der Eikeim ist etwas, was im Muttertiere nicht ein komplizierter Aufbau ist, sondern ein vollständig pulverisiertes, durcheinandergeschmissenes Materielles. Es ist gar nichts organisiert. Es ist gerade etwas, was ins absolut Unorganisierte, in sich Staubhafte zurückfällt. Und niemals würde eine Fortpflanzung entstehen, wenn nicht die unorganisierte, die leblose Materie, die ins Kristallinische, ins Gestaltige strebt, wenn nicht diese in sich ins Chaos gerade im Ei zurückfiele. Das Eiweiß ist nicht der komplizierteste Körper, sondern der allereinfachste, der gar keine Bestimmung in sich hat. Und aus diesem kleinen Chaos, das da als Eikeim besteht zunächst, könnte ewig kein Ochse werden, wirklich nicht, denn er ist eben ein Chaos, dieser Eikeim.

Warum wird dann dennoch ein Ochse daraus? Weil im mütterlichen Organismus die ganze Welt nun auf diesen Eikeim wirkt. Gerade weil er bestimmungslos geworden ist, weil er Chaos geworden ist, kann die ganze Welt auf ihn wirken. Und die Befruchtung hat kein anderes Ziel in der Welt, als die Materie ins Chaos, ins Unbestimmte, ins Bestimmungslose zurückzuführen. So daß nicht etwas anderes, sondern nur das Weltenall wirkt.

Aber nun, wenn wir in die Mutter schauen, da sind nicht die Ursachen; wenn wir außerhalb in den Äther schauen, da sind auch im gleichzeitigen Geschehen nicht die Ursachen. Wir müssen zurückgehen bis bevor das Tier entstanden ist, wenn wir die Ursachen finden wollen für das, was da keimt als die Anlage zum empfindungs- und bewegungsfähigen Wesen. Wir müssen zurückgehen bis bevor das Leben angefangen hat! Das heißt, für das Empfindungs- und Bewegungsfähige liegt nicht in der Gleichzeitigkeit, sondern vor der Entstehung dieses Wesens die Ursachenwelt.

Das ist das Eigentümliche: Wenn ich eine Pflanze anschaue, dann muß ich in dasjenige hinausgehen, was gleichzeitig ist, dann finde ich die Ursache – allerdings im weiten Weltenall. Wenn ich aber für das, was als Empfindung oder als Bewegungsfähigkeit im Tier wirkt, die Ursache finden will, so kann ich nicht ins Gleichzeitige gehen, sondern da muß ich in dasjenige gehen, was dem Leben vorangeht; die Sternkonstellation, mit anderen Worten, muß sich geändert haben, muß eine andere geworden sein. Nicht die Sternkonstellation im Weltenall, die mit dem Tiere gleichzeitig ist, hat ihren Einfluß auf das eigentlich Tierische, sondern die dem Leben vorangehende Konstellation der Sterne.

Und jetzt schauen wir auf den Menschen hin, wenn er durch die Pforte des Todes geschritten ist. Der Mensch muß, wenn er durch die Pforte des Todes geschritten ist, wenn er seinen Ätherleib abgelegt hat, der in die Weltenweiten an jene Stelle hingeht, von denen die Kräfte des Pflanzenwachstums, die ätherischen Kräfte kommen, der Mensch muß zurückgehen, wie ich Ihnen ausgeführt habe, bis zu seiner Geburt. Da hat er in seinem astralischen Leib alles das durchgemacht, rückwärtslaufend, was er während des Lebens im Hin-Gang durchgemacht hat. Mit anderen Worten: Der Mensch muß nicht in das Gleichzeitige hineingehen nach dem Tode mit seinem astralischen Leib, er muß zurückgehen zu dem Vorgeburtlichen, er muß dorthin gehen, wo heraus die Kräfte kommen, die die tierische Empfindungsfähigkeit und Bewegungsfähigkeit geben. Die kommen nicht aus dem Raumesreiche, nicht aus den Konstellationen der Sterne, die gleichzeitig sind, die kommen aus den Konstellationen, die vorangehend sind. – Sprechen wir also vom tierischen Reich (siehe Schema Seite 165), dann können wir nicht von der Gleichzeitigkeit der Ursachen im Physischen und Überphysischen sprechen, sondern dann müssen wir von vergangenen überphysischen Ursachen zu gegenwärtigen Wirkungen im Physischen sprechen. *Tierreich: Vergangene überphysische Ursachen zu gegenwärtigen Wirkungen.*

Und wir kommen auch da wiederum in den Zeitbegriff hinein.

Wir müssen, wenn ich mich trivial ausdrücken darf, in der Zeit spazierengehen. Wenn wir die Ursachen suchen wollen für irgend etwas, was in der physischen Welt geschieht, gehen wir in der physischen Welt spazieren; wir brauchen nicht aus der physischen Welt herauszugehen. Wenn wir für irgend etwas, was im lebendigen Pflanzenreiche bewirkt ist, die Ursache suchen wollen, müssen wir ja recht weit gehen. Wir müssen die Ätherwelt absuchen, und erst da, wo die Ätherwelt am Ende ist, wo – märchenhaft gesprochen – «die Welt mit Brettern vernagelt ist», erst da finden wir die Ursache für das Pflanzenwachstum.

Aber wir können da herumgehen, soviel wir wollen, da finden wir nicht die Ursache der Empfindungsfähigkeit, auch nicht der Bewegungsfähigkeit. Da müssen wir anfangen, in der Zeit spazierenzugehen. Da müssen wir in der Zeit zurückschreiten. Da müssen wir aus dem Raum herauskommen und in die Zeit hineinspazieren.

Sie sehen, wir können nebeneinanderstellen in bezug auf dieses Verursachen den menschlichen physischen Leib in seiner Leblosigkeit mit der leblosen Natur; den menschlichen Ätherleib in seinem Leben und in seinem Hinausgehen nach dem Tode in die Ätherweiten mit dem Ätherleben der Pflanzen, das auch aus den Ätherweiten hereinkommt, aber aus den gleichzeitigen Konstellationen des Überphysischen, des Überirdischen; und wir können zusammenstellen die menschliche astralische Organisation mit dem, was draußen im Tierischen ist.

Und wir schreiten dann fort von dem mineralischen zu dem pflanzlichen, zu dem tierischen Reiche, kommen herauf zu dem eigentlichen *Menschenreiche*. Sie werden sagen: Das haben wir ja schon immer berücksichtigt. Ja, aber nicht ganz. Wir haben das Menschenreich zunächst berücksichtigt, insofern der Mensch einen physischen Leib hat, dann insofern er einen Ätherleib hat, dann insofern er einen astralischen Leib hat. Aber sehen Sie, wenn der Mensch bloß seinen physischen Leib hätte, so wäre er – ein komplizierter, aber immerhin – ein Kristall. Wenn der Mensch bloß dazu noch seinen Ätherleib hätte, so wäre er vielleicht auch eine zwar schöne Pflanze, aber immerhin bloß eine Pflanze. Wenn der Mensch noch dazu einen astralischen Leib hätte, würde er auf allen vieren gehen, vielleicht Hörner haben und dergleichen, er wäre eben ein Tier. Das alles ist der Mensch nicht. Die Gestalt, die er hat als aufrechtgehendes Wesen, diese Gestalt hat er dadurch, daß er außer der physischen, ätherischen, astralischen Organisation eben noch die Ich-Organisation hat. Und erst von diesem Wesen, das auch noch die Ich-Organisation hat, können wir sprechen als dem Menschen, dem Menschenreich.

Betrachten wir jetzt noch einmal das, was wir schon angeschaut haben. Wenn wir die Ursachen suchen wollen für das Physische, können wir im Physischen bleiben. Wenn wir die Ursachen suchen sollen für das Pflanzliche, müssen wir in die Weiten des Ätherreiches hinausgehen, aber wir können noch im Raume bleiben, nur, wie gesagt, wird der Raum da etwas hypothetisch, denn man muß ja sogar zu Märchenbegriffen, «wo die Welt mit Brettern vernagelt ist», seine Zuflucht nehmen. Aber dennoch, die Sache ist so, daß ja wirklich sogar die rein im Sinne der gegenwärtigen Naturforschung denkenden Menschen schon darauf kommen, daß man wirklich von so etwas sprechen kann wie: «die Welt ist mit Brettern vernagelt». Es ist natürlich ein trivialer, grober Ausdruck. Aber man braucht nur daran zu denken, wie in kindlicher Weise die Menschen denken: Da ist die Sonne, die schickt ihre Strahlen fort und immer weiter fort; sie werden zwar immer schwächer und schwächer – das Licht geht da fort, fort, fort, immer weiter fort, eben ins Endlose.

Ich habe für diejenigen, die schon jahrelang die Vorträge hören, längst auseinandergesetzt, daß das ein Unding ist, sich vorzustellen, daß das Licht ins Endlose hinausgeht. Ich habe immer gesagt, die Ausbreitung des Lichts unterliegt der Elastizität. Wenn man einen Kautschukball hat und in ihn hineindrückt, so kann man bis zu einer gewissen Stelle eindrücken, dann schnellt er wieder zurück, das heißt, der Druck für die Elastizität hat ein Ende, dann geht es zurück. So, sagte ich, ist es auch für das Licht: das geht nicht ins Endlose hinaus, sondern wenn es eine gewisse Grenze erreicht hat, kommt es wieder zurück.

Dieses, daß das Licht nicht bis ins Endlose geht, sondern nur bis zu einer gewissen Grenze und wieder zurückgeht, das wurde nun auch zum Beispiel in England von dem Physiker Oliver Lodge[36] vertreten; so daß heute schon die physische Wissenschaft darauf gekommen ist, das, was die Geisteswissenschaft gibt, zu vertreten, wie sie in allen Einzelheiten eben einmal ankommen wird bei dem, was die Geisteswissenschaft sagt.

Und so kann man schon auch sprechen davon, daß da draußen, wenn man genügend weit hinausdenkt, man wieder zurückdenken muß, nicht einfach den endlosen Raum annehmen darf, der eine Phantasterei ist, noch dazu eine Phantasterei, die man nicht fassen kann. Vielleicht werden sich einige von Ihnen erinnern, wie ich in der Beschreibung meines Lebensganges[37] im letzten Kapitel, das vorige Woche erschienen ist, gesagt habe, daß es auf mich einen ganz besonders bedeutsamen Eindruck gemacht hat, wie ich beim Anhören der synthetischen neueren Geometrie zunächst von der Geometrie darauf hingewiesen worden bin, daß eine Gerade nicht so gedacht werden darf, daß sie da ins Endlose hinausgeht und niemals aufhört, sondern daß die Gerade, die da hinausgeht, von der anderen Seite wahrhaftig zurückkommt. Die Geometrie drückt das so aus: Die Synthese, der unendlich ferne Punkt nach rechts ist derselbe wie der unendlich ferne Punkt nach links. Das kann man ausrechnen. Das ist nicht etwa nach der bloßen Analogie, daß, wenn man einen Kreis hat und von hier ausgeht, man da wieder zurückkommt, daß, wenn der Halbbogen eine Unendlichkeit hat, er eine Gerade wäre. Das ist nicht so; das wäre eine Analogie, auf die derjenige, der exakt denken kann, nichts gibt. Das, was auf mich einen Eindruck machte, das war nicht diese triviale Analogie, sondern das wirklich rechnungsgemäße Nachweisenkönnen, daß der unendlich ferne Punkt von der einen Seite links derselbe ist wie der, der hier rechts eine Unendlichkeit ist, das also wirklich jemand, der hier anfängt zu laufen und immerfort nach der Linie läuft, nicht ins Endlose läuft, sondern daß, wenn man nur die richtige Zeit abläuft, er einem von der anderen Seite wieder entgegenkommt. Das sieht für alles physische Denken grotesk aus. In dem Augenblicke, wo man das physische Denken ablegt, ist es eben auch eine Realität, weil die Welt nicht endlos ist, sondern so wie sie als physische Welt vorliegt, begrenzt ist.

So daß man sagen kann: Man geht an die Grenze des Ätherischen, wenn man vom Pflanzlichen und von dem spricht, was im Menschen ätherisch ist. – Man muß aber herausgehen aus allem dem, was da im Raume überhaupt ist, wenn man das Tierische und im Menschen das Astralische erklären will. Da muß man in der Zeit spazierengehen, da muß man über das Gleichzeitige hinweggehen. Da muß man also vorschreiten in der Zeit.

Und nun kommt man an das Menschliche. Sehen Sie, wenn man in die Zeit hineinkommt, da überschreitet man eigentlich schon auf doppelte Art das Physische. Indem man das Tier begreift, muß man schon in der Zeit weitergehen. Nun muß man diese Denkweise nicht wiederum abstrakt fortsetzen, sondern konkret fortsetzen. Geben Sie jetzt einmal acht, wie man das konkret fortsetzt.

Nicht wahr, die Menschen denken: Wenn die Sonne Licht aussendet, so geht das Licht endlos fort. Oliver Lodge zeigt aber, daß man jetzt schon diese Denkweise verläßt, daß man weiß, das kommt an ein Ende und kommt wieder zurück. Die Sonne bekommt von allen Seiten ihr Licht wiederum zurück, wenn auch in anderer Form, in verwandelter Form; sie bekommt es aber zurück. Wenden wir nun diese Denkweise an auf das, was wir eben durchgedacht haben. Wir stehen zunächst im Raume. Der Erdenraum bleibt drinnen, wir schreiten hinaus zum Weltenraum. Das ist uns noch nicht genug, wir schreiten hinaus in die Zeit. Jetzt könnte einer sagen: Nun ja, jetzt schreiten wir immer weiter und weiter. – Nein, jetzt kommen wir wieder zurück! Wir müssen die Denkweise fortsetzen. Wir kommen wieder zurück. Wir kommen gerade so wieder zurück, wie wir, wenn wir im Raume immer weiterschreiten, an die Grenze kommen und dann wieder zurückkommen; so kommen wir auch hier wieder zurück. Das heißt, wenn wir die vergangenen überphysischen Ursachen gesucht haben in der Zeitenweite, müssen wir wieder ins Physische zurückkommen.

Was heißt denn aber das? Das heißt, wir müssen wieder aus der Zeit herunter, aus der Zeit wieder auf die Erde herunter. Wenn wir also für den Menschen die Ursachen suchen wollen, dann müssen wir sie wieder auf der Erde suchen. Nun sind wir zurückgeschritten in der Zeit. Wenn wir, indem wir in der Zeit zurückschreiten, wieder auf die Erde herunterkommen, dann kommen wir in ein voriges Menschenleben hinein, selbstverständlich. Wir kommen in ein voriges Menschenleben hinein. Beim Tiere schreiten wir weiter; das löst sich in bezug auf die Zeit geradeso auf, wie sich unser Ätherleib auflöst bis an die Grenze. Der Mensch löst sich da nicht auf, sondern wir kommen auf die Erde wieder zurück bis an sein voriges Erdenleben.

So daß wir für den *Menschen* sagen können: *Vergangene physische Ursachen zu gegenwärtigen Wirkungen im Physischen.*

Mineralreich:	Gleichzeitigkeit der Ursachen im Physischen
Pflanzenreich:	Gleichzeitigkeit der Ursachen im Physischen und Überphysischen
Tierreich:	vergangene überphysische Ursachen zu gegenwärtigen Wirkungen
Menschenreich:	vergangene physische Ursachen zu gegenwärtigen Wirkungen im Physischen

Sie sehen, es hat heute, ich möchte sagen, Mühe gekostet, sich vorbereitend einmal in Abstraktionen hineinzuversetzen. Aber das war notwendig, meine lieben Freunde. Es war notwendig, weil ich Ihnen einmal zeigen wollte, daß es auch für diejenigen Gebiete, die man als die geistigen betrachten muß, eine Logik gibt. Nur stimmt diese Logik nicht überein mit der groben Logik, die bloß von den physischen Erscheinungen abgezogen ist und an die die Menschen gewöhnlich einzig und allein glauben.

Wenn man rein logisch vorgeht und die Ursachenreihen absucht, dann kommt man auch im bloßen Gedankengang an die vergangenen Erdenleben. Und es ist notwendig, darauf aufmerksam zu machen, daß auch das Denken selber ein anderes werden muß, wenn man das Geistige begreifen will.

Nicht wahr, die Menschen meinen, man könne das nicht begreifen, was aus der geistigen Welt heraus sich offenbart. Man kann es begreifen, aber man muß seine Logik erweitern. Es ist ja auch notwendig, wenn man ein Musikstück oder ein anderes Kunstwerk begreifen will, daß man in sich die Bedingungen hat, die der Sache entgegenkommen. Wenn man diese Bedingungen nicht hat, so begreift man eben nichts davon. Dann geht die Sache als ein Geräusch vorbei. Oder man sieht in irgendeinem Kunstwerke nichts anderes als eben ein unverständliches Gebilde. So muß man auch dem, was aus der geistigen Welt heraus mitgeteilt wird, ein Denken entgegenbringen, das angemessen ist der geistigen Welt. Das aber stellt sich schon bei dem bloßen logischen Denken heraus. Man kommt, indem man die Verschiedenartigkeit der Ursachen untersucht, in der Tat dazu, die vergangenen Erdenleben auch in logischer Folge verstehen zu können.

Nun bleibt uns die große Frage, die da beginnt, wo wir den Leichnam betrachten. Er ist leblos geworden. Die leblose Natur draußen steht in ihren Kristallformen, in den verschiedenen Formen da. Die große Frage steht vor uns: Wie verhält sich die leblose Natur zum Leichnam des Menschen?

Vielleicht werden Sie schon finden, meine lieben Freunde, daß etwas beigetragen wird zu einem Sinn, der nach der Antwort dieser Frage hin liegt, wenn Sie die Sache in zweiter Etappe anfassen, wenn Sie sagen: Wenn ich die Pflanzenwelt anschaue, die um mich herum ist, so trägt diese in sich aus den Weiten des Ätherweltalls die Kräfte, zu denen mein Ätherleib zurückkehrt. Da draußen in Ätherweiten, da ist dasjenige oben, was ursächlich den Pflanzen ihren Ursprung gibt, da ist dasjenige, wohin mein Ätherleib geht, wenn er meinem Leben ausgedient hat. Ich gehe dahin, woher aus den Ätherweiten das pflanzliche Leben quillt. Ich gehe dahin, das heißt, ich bin verwandt damit. Ja, ich kann geradezu sagen: Da oben ist etwas, mein Ätherleib geht dahin, die grünende, sprossende, quellende Pflanzenwelt kommt daher. – Aber es ist ein Unterschied: Ich gebe meinen Ätherleib ab, die Pflanzen empfangen den Äther zum Aufwachsen. Sie erhalten den Äther zum Leben, ich gebe den Ätherleib ab nach dem Tode. Ich gebe ihn als etwas ab, das übrigbleibt; sie, die Pflanzen, erhalten diesen Ätherleib als etwas, was ihnen das Leben gibt. Sie haben ihren Anfang von dem, wohin ich mit meinem Ende gelange. Der Pflanzenanfang gliedert sich zusammen mit des menschlichen Ätherleibes Ende.

Dies legt Ihnen die Frage nahe: Könnte es denn vielleicht auch so sein, daß ich beim Mineral, bei den mannigfaltigst gestalteten Kristallen fragen könnte: Ist vielleicht auch das ein Anfang gegenüber dem, was ich als physischen Leichnam, als Ende von mir, hinterlasse? Gliedert sich vielleicht da Anfang und Ende zusammen?

Mit dieser Frage wollen wir heute schließen, meine lieben Freunde, und morgen anfangen, um recht gründlich einmal in die Frage des menschlichen Schicksals, des sogenannten Karmas, hineinzukommen. Ich werde also in dem folgenden Vortrage über das Karma weitersprechen.[38] Sie werden sich dann nicht mehr durch solches Gestrüpp von Abstraktionen durchzufinden haben, aber Sie werden auch einsehen, daß dies schon für eine gewisse Entwicklung des Denkens notwendig war.

Freiheit als Grundlage des Karma

Wie es mit dem Karma steht, sieht man am besten ein, wenn man den anderen Impuls im Menschenleben dagegenstellt, jenen Impuls, den man mit dem Worte Freiheit bezeichnet. Legen wir zunächst einmal, ich möchte sagen, ganz im groben uns die Karma-Frage vor. Was bedeutet sie? Wir haben im Menschenleben aufeinanderfolgende Erdenleben zu verzeichnen. Indem wir uns erfühlen in einem bestimmten Erdenleben, können wir zunächst, wenigstens in Gedanken, zurückblicken darauf, wie dieses gegenwärtige Erdenleben die Wiederholung ist von einer Anzahl vorangehender. Diesem Erdenleben ging ein anderes, diesem wieder ein anderes voran, bis wir in diejenigen Zeiten zurückkommen, in denen es unmöglich ist, in der Art, wie es in der gegenwärtigen Erdenzeit der Fall ist, so von wiederholten Erdenleben zu sprechen, weil dann rückwärtslaufend eine Zeit beginnt, wo allmählich das Leben zwischen der Geburt und dem Tode und das zwischen dem Tode und einer neuen Geburt einander so ähnlich werden, daß jener gewaltige Unterschied, der heute besteht, nicht mehr da ist. Heute leben wir in unserem irdischen Leibe zwischen der Geburt und dem Tode so, daß wir uns mit dem gewöhnlichen Bewußtsein stark abgeschlossen fühlen von der geistigen Welt. Die Menschen sprechen aus diesem gewöhnlichen Bewußtsein heraus von dieser geistigen Welt wie von einem Jenseitigen. Die Menschen kommen dazu, von dieser geistigen Welt so zu sprechen, als ob sie sie in Zweifel ziehen könnten, als ob sie sie ganz ableugnen könnten und so fort.

Das alles kommt davon her, weil das Leben innerhalb des Erdendaseins den Menschen auf die äußere Sinnenwelt und auf den Verstand beschränkt, der nicht hinaussieht auf das, was nun wirklich mit diesem Erdendasein zusammenhängt. Daher rühren allerlei Streitigkeiten, die eigentlich alle in einem Unbekannten wurzeln. Sie werden ja oftmals darinnen gestanden und erlebt haben, wie die Leute sich stritten: Monismus, Dualismus und so weiter. Es ist natürlich ein völliger Unsinn, über derlei Schlagworte zu streiten. Es berührt einen so, wenn in dieser Weise gestritten wird, als wenn, sagen wir, irgendein primitiver Mensch noch niemals etwas gehört hat davon, daß es eine Luft gibt. Es wird demjenigen, der da weiß, daß es eine Luft gibt und was die Luft für Aufgaben hat, nicht einfallen, die Luft als etwas Jenseitiges anzusprechen. Es wird ihm auch nicht einfallen zu sagen: Ich bin ein Monist, Luft und Wasser und Erde sind eins; und du bist ein Dualist, weil du in der Luft noch etwas siehst, was über das Irdische und Wässerige hinausgeht.

Alle diese Dinge sind eben einfach Unsinn, wie alles Streiten um Begriffe zumeist ein Unsinn ist. Also, es kann sich gar nicht darum handeln, gerade auf diese Dinge einzugehen, sondern es kann sich nur darum handeln, darauf aufmerksam zu machen. Denn geradeso wie für den, der noch keine Luft kennt, die Luft eben nicht da ist, sondern ein Jenseitiges ist, so ist für diejenigen, die noch nicht die geistige Welt kennen, die auch überall da ist geradeso wie die Luft, diese geistige Welt eine jenseitige; für den, der auf die Dinge eingeht, ist sie ein Diesseitiges. Also es handelt sich darum, bloß anzuerkennen, daß der Mensch in der heutigen Erdenzeit zwischen der Geburt und dem Tode so in seinem physischen Leibe, in seiner ganzen Organisation lebt, daß ihm diese Organisation ein Bewußtsein gibt, durch das er in einem gewissen Sinne abgeschlossen ist von einer gewissen Welt von Ursachen, die aber als solche hereinwirkt in dieses physische Erdendasein.

Dann lebt er zwischen dem Tod und einer neuen Geburt in einer anderen Welt, die man eine geistige gegenüber unserer physischen Welt nennen kann, in der er nicht einen physischen Leib hat, der für Menschensinne sichtbar gemacht werden kann, sondern in der er in einem geistigen Wesen lebt; und in diesem Leben zwischen dem Tod und einer neuen Geburt ist die Welt, die man durchlebt zwischen der Geburt und dem Tode, wiederum eine so fremde, wie jetzt die geistige Welt eine fremde ist für das gewöhnliche Bewußtsein.

Der Tote schaut herunter auf die physische Welt, so wie der Lebende, das heißt der physisch Lebende, in die geistige Welt hinaufschaut, und es sind nur die Gefühle sozusagen die umgekehrten. Während der Mensch zwischen Geburt und Tod hier in der physischen Welt ein gewisses Aufschauen hat zu einer anderen Welt, die ihm Erfüllung gibt für manches, was hier in dieser Welt entweder zu wenig ist oder ihm keine Befriedigung gewährt, so muß der Mensch zwischen dem Tod und einer neuen Geburt wegen der ungeheuren Fülle der Ereignisse, deshalb, weil immer zuviel geschieht im Verhältnis zu dem, was der Mensch ertragen kann, die fortdauernde Sehnsucht empfinden, wiederum zurückzukehren zum Erdenleben, zu dem, was dann für ihn das jenseitige Leben ist, und er erwartet mit großer Sehnsucht in der zweiten Hälfte des Lebens zwischen dem Tode und einer neuen Geburt den Durchgang durch die Geburt in das Erdendasein. So wie er sich im Erdendasein fürchtet vor dem Tode, weil er in Ungewißheit ist über das, was nach dem Tode ist – es herrscht ja im Erdendasein eine große Ungewißheit für das gewöhnliche Bewußtsein –, so herrscht in dem Leben zwischen dem Tod und einer neuen Geburt über das Erdenleben eine übergroße Gewißheit, eine Gewißheit, die betäubt, eine Gewißheit, die geradezu ohnmächtig macht. So daß der Mensch ohnmachtstraumähnliche Zustände hat, die ihm die Sehnsucht eingeben, wiederum zur Erde herunterzukommen.

Das sind nur einige Andeutungen über die große Verschiedenheit, die zwischen dem Erdenleben und dem Leben zwischen dem Tod und einer neuen Geburt herrscht. Aber wenn wir nun zurückgehen, sagen wir selbst nur in die ägyptische Zeit, vom 3. bis ins 1. Jahrtausend vor der Begründung des Christentums, wir gehen ja zurück zu denjenigen Menschen, die wir selber in einem früheren Erdenleben waren, wenn wir in diese Zeit zurückgehen, da war das Leben während des Erdendaseins gegenüber unserem jetzigen so brutal klaren Bewußtsein – und gegenwärtig haben ja die Menschen ein brutal klares Bewußtsein, sie sind alle so gescheit, die Menschen, ich meine das gar nicht ironisch, sie sind wirklich alle sehr gescheit, die Menschen –, gegenüber diesem brutal klaren Bewußtsein war das Bewußtsein der Menschen in der alten ägyptischen Zeit ein mehr traumhaftes, ein solches, das nicht sich stieß in derselben Weise wie heute an den äußeren

Gegenständen, das mehr durch die Welt durchging, ohne sich zu stoßen, dafür aber erfüllt war von Bildern, die zu gleicher Zeit etwas vom Geistigen verrieten, das in unserer Umgebung ist. Das Geistige ragte noch herein ins physische Erdendasein.

Sagen Sie nicht: Wie soll der Mensch, wenn er ein solches mehr traumhaftes, nicht brutal klares Bewußtsein hat, die starken Arbeiten haben verrichten können, die zum Beispiel während der ägyptischen oder chaldäischen Zeit verrichtet worden sind? Da brauchen Sie sich ja nur daran zu erinnern, daß bisweilen Verrückte gerade in gewissen Irrsinnszuständen ein ungeheures Wachstum ihrer physischen Kräfte haben und anfangen, Dinge zu tragen, die sie mit vollem klaren Bewußtsein nicht tragen können. Es war in der Tat auch die physische Stärke dieser Menschen, die vielleicht äußerlich sogar schmächtiger waren als die heutigen Menschen – aber es ist ja nicht immer der Dicke stark und der Dünne schwach –, es war auch die physische Stärke der Menschen entsprechend größer. Nur verwendeten sie dieses Dasein nicht so, daß sie alles einzelne, was sie physisch taten, beobachteten, sondern parallel gingen diesen physischen Taten die Erlebnisse, in die noch die geistige Welt hineinragte.

Und wiederum, wenn diese Menschen in dem Leben zwischen dem Tode und einer neuen Geburt waren, da kam viel mehr von diesem irdischen Leben in jenes Leben hinauf, wenn ich mich des Ausdruckes «hinauf» bedienen darf. Heute ist es mit den Menschen, die sich im Leben zwischen dem Tod und einer neuen Geburt befinden, außerordentlich schwer, sich zu verständigen, denn die Sprachen schon haben allmählich eine Gestalt angenommen, die von den Toten nicht mehr verstanden wird. Unsere Substantiva zum Beispiel bedeuten in der Auffassung der Toten vom Irdischen bald nach dem Tode absolute Lücken. Sie verstehen nur noch die Verben, die Zeitwörter, das Bewegte, das Tätige. Und während wir hier auf der Erde immerfort von den materialistisch gesinnten Leuten aufmerksam gemacht werden, es solle alles ordentlich definiert werden, man solle jeden Begriff scharf definierend begrenzen, kennt der Tote überhaupt keine Definitionen mehr; denn er kennt nur dasjenige, was in Bewegung ist, nicht das, was Konturen hat und begrenzt ist.

Aber in älteren Zeiten war eben auch dasjenige, was auf der Erde als Sprache lebte, was als Denkgebrauch, als Denkgewohnheit lebte, noch so, daß es hinaufragte in das Leben zwischen dem Tod und einer neuen Geburt, so daß der Tote noch lange nach seinem Tode einen Nachklang hatte von demjenigen, was er hier auf der Erde erlebt hatte, und auch von dem, was nach seinem Tode noch auf der Erde vorging.

Und wenn wir noch weiter zurückgehen, in die Zeit nach der atlantischen Katastrophe, ins 8., 9. Jahrtausend vor der christlichen Zeitrechnung, dann werden die Unterschiede noch geringer zwischen dem Leben auf der Erde und dem Leben – wenn wir so sagen dürfen – im Jenseits. Und dann kommen wir allmählich zurück in diejenigen Zeiten, wo die beiden Leben einander ganz ähnlich sind. Dann kann man nicht mehr sprechen von wiederholten Erdenleben.

Also die wiederholten Erdenleben haben ihre Grenze, wenn man nach rückwärts schaut. Ebenso werden sie eine Grenze haben, wenn man nach vorwärts in die Zukunft schaut. Denn das, was ganz bewußt mit Anthroposophie beginnt, daß in das gewöhnliche Bewußtsein hereinragen soll die geistige Welt, das wird zur Folge haben, daß auch wiederum in die Welt, die man durchlebt zwischen dem Tod und einer neuen Geburt, diese Erdenwelt mehr hineinragt, aber trotzdem das Bewußtsein nicht traumhaft, sondern klarer werden wird, immer klarer und klarer werden wird. Der Unterschied wird wiederum geringer werden. So daß man dieses Leben in den wiederholten Erdenleben begrenzt hat zwischen den äußeren Grenzen, die dann in ein ganz andersgeartetes Dasein des Menschen hineinführen, wo es keinen Sinn hat, von den wiederholten Erdenleben zu sprechen, weil eben die Differenz zwischen dem Erdenleben und dem geistigen Leben nicht so groß ist, wie sie jetzt ist.

Wenn man aber nun einmal für die weite Gegenwart der Erdenzeit annimmt, hinter diesem Erdenleben liegen viele andere – man darf gar nicht sagen unzählige andere, denn sie lassen sich bei einer genauen geisteswissenschaftlichen Untersuchung sogar zählen –, dann haben wir in diesen früheren Erdenleben bestimmte Erlebnisse gehabt, welche Verhältnisse von Mensch zu

Mensch darstellten. Und die Wirkungen dieser Verhältnisse von Mensch zu Mensch, die sich damals eben in dem auslebten, was man durchmachte, die stehen in diesem Erdenleben geradeso da, wie die Wirkungen dessen, was wir in diesem jetzigen Erdenleben verrichten, sich hineinerstrecken in die nächsten Erdenleben. Wir haben also die Ursachen für vieles, was jetzt in unser Leben tritt, in früheren Erdenleben zu suchen. Da wird sich der Mensch leicht sagen: Also ist dasjenige, was er jetzt erlebt, bedingt, verursacht. Wie kann er dann ein freier Mensch sein?

Nun, die Frage ist schon, wenn man sie so betrachtet, eine ziemlich bedeutsame; denn alle geistige Beobachtung zeigt eben, daß in dieser Weise das folgende Erdenleben durch die früheren bedingt ist. Auf der anderen Seite ist das Bewußtsein der Freiheit ganz unbedingt da. Und wenn Sie meine «Philosophie der Freiheit»[39] lesen, so werden Sie sehen, daß man den Menschen gar nicht verstehen kann, wenn man nicht sich klar darüber ist, daß sein ganzes Seelenleben hintendiert, hingerichtet ist, hinorientiert ist auf die Freiheit, aber auf eine Freiheit, die man eben richtig zu verstehen hat.

Nun werden Sie gerade in meiner «Philosophie der Freiheit» eine Idee der Freiheit finden, die aufzufassen im rechten Sinne außerordentlich wichtig ist. Es handelt sich dabei darum, daß man die Freiheit entwickelt hat zunächst im Gedanken. Im Gedanken geht der Quell der Freiheit auf. Der Mensch hat einfach ein unmittelbares Bewußtsein davon, daß er im Gedanken ein freies Wesen ist.

Sie können sagen: Aber es gibt doch viele Menschen heute, welche die Freiheit bezweifeln. – Das ist nur ein Beweis dafür, daß heute der theoretische Fanatismus der Menschen größer ist als das, was der Mensch unmittelbar in der Wirklichkeit erlebt. Der Mensch glaubt ja nicht mehr an seine Erlebnisse, weil er vollgepfropft ist mit theoretischen Anschauungen. Der Mensch bildet sich heute aus der Beobachtung der Naturvorgänge die Idee: Alles ist notwendig bedingt, jede Wirkung hat eine Ursache, alles, was da ist, hat seine Ursache. Also, wenn ich einen Gedanken fasse, hat das auch eine Ursache. An die wiederholten Erdenleben denkt man gar nicht gleich, sondern man denkt daran, daß dasjenige, was aus einem Gedanken hervorquillt, ebenso verursacht ist wie das, was aus einer Maschine hervorgeht.

Durch diese Theorie von der allgemeinen Kausalität, wie man es nennt, von der allgemeinen Verursachung, durch diese Theorie macht sich der Mensch heute vielfach blind dagegen, daß er deutlich in sich das Bewußtsein der Freiheit trägt. Die Freiheit ist eine Tatsache, die erlebt wird, sobald man nur wirklich zur Selbstbesinnung kommt.

Nun gibt es auch Menschen, die da der Anschauung sind, daß nun einmal das Nervensystem eben ein Nervensystem ist und aus sich die Gedanken herauszaubert. Dann wären die Gedanken natürlich gerade so, sagen wir, wie die Flamme, die unter dem Einflusse des Brennstoffes brennt, notwendige Ergebnisse, und von Freiheit könnte nicht die Rede sein.

Aber diese Menschen widersprechen sich ja, indem sie überhaupt reden. Ich habe schon öfters hier erzählt: Ich hatte einen Jugendfreund, der in einer gewissen Zeit einen Fanatismus hatte, dahingehend, recht materialistisch zu denken, und so sagte er auch: Wenn ich gehe, zum Beispiel, da sind es meine Gehirnnerven, die von gewissen Ursachen durchzogen sind, die bringen die Wirkung des Gehens hervor. – Das konnte unter Umständen eine lange Debatte abgeben mit diesem Jugendfreund. Ich sagte ihm zuletzt einmal: Ja, aber sieh einmal, du sagst doch, ich gehe. Warum sagst du denn nicht: mein Gehirn geht? Wenn du wirklich an deine Theorie glaubst, so mußt du niemals sagen: Ich gehe, ich greife, sondern: Mein Gehirn greift, mein Gehirn geht. Also, warum lügst du denn?

Das sind mehr die Theoretiker. Es gibt nun auch Praktiker. Wenn sie irgendeinen Unfug an sich bemerken, den sie nicht abstellen wollen, dann sagen sie: Ja, das kann ich nicht abstellen, das ist nun einmal so meine Natur. Es kommt von selber, ich bin machtlos dagegen. – Solche Menschen gibt es viele. Sie berufen sich auf die unabänderliche Verursachung ihres Wesens. Sie werden nur meistens unkonsequent, wenn sie einmal etwas zur Schau tragen, was sie haben möchten an sich, wofür sie keine Entschuldigung brauchen, sondern wofür sie eine Belobigung wünschen; dann gehen sie ab von dieser Anschauung.

Die Grundtatsache des freien Menschenwesens, die ist eben eine solche Tatsache, sie kann unmittelbar erlebt werden. Nun ist schon im gewöhnlichen Erdenleben die Sache so, daß wir vielerlei Dinge tun, in voller Freiheit tun, und eigentlich sie wiederum so liegen, diese Dinge, daß wir sie nicht gut ungetan sein lassen können. Trotzdem fühlen wir unsere Freiheit dadurch nicht beeinträchtigt.

Nehmen Sie einmal an, Sie fassen jetzt den Beschluß, sich ein Haus zu bauen. Das Haus braucht, um erbaut zu werden, meinetwillen ein Jahr. Sie werden nach einem Jahr drinnen wohnen. Werden Sie Ihre Freiheit dadurch beeinträchtigt fühlen, daß Sie sich dann sagen müssen: Jetzt ist das Haus da, ich muß da herein, ich muß da drinnen wohnen – das ist doch Zwang! – Sie werden Ihre Freiheit nicht beeinträchtigt fühlen dadurch, daß Sie sich ein Haus gebaut haben.

Diese zwei Dinge bestehen durchaus nebeneinander auch schon im gewöhnlichen Leben: daß man sozusagen sich für etwas engagiert hat, was dann Tatsache geworden ist im Leben, mit dem man rechnen muß.

Nehmen Sie nun alles das, was aus früheren Erdenleben stammt, alles das, womit Sie eben rechnen müssen, weil es ja von Ihnen herrührt, geradeso wie der Hausbau von Ihnen herrührt, dann werden Sie dadurch, daß Ihr gegenwärtiges Erdenleben von früheren Erdenleben her bestimmt ist, keine Beeinträchtigung Ihrer Freiheit empfinden.

Nun können Sie sagen: Ja, gut, ich baue mir ein Haus, aber ich will doch ein freier Mensch bleiben, ich will mich dadurch nicht zwingen lassen. Ich werde, wenn es mir nicht gefällt, nach einem Jahre eben nicht in dieses Haus einziehen, ich werde es verkaufen. – Schön! Man könnte darüber auch seine Ansicht haben, man könnte die Ansicht haben, daß Sie nicht recht wissen, was Sie eigentlich wollen im Leben, wenn Sie das tun. Gewiß, diese Ansicht könnte man auch haben; aber sehen wir ab von dieser Ansicht. Sehen wir ab davon, daß jemand ein Fanatiker der Freiheit ist und sich fortwährend Dinge vornimmt, die er dann aus Freiheit unterläßt. Man könnte dann sagen: Der Mann hat nicht einmal die Freiheit, auf dasjenige einzugehen, was er sich vorgenommen hat. Er steht unter dem fortwährenden Stachel, frei sein zu wollen, und wird geradezu gehetzt von diesem Freiheitsfanatismus.

Es handelt sich wirklich darum, daß diese Dinge nicht starr theoretisch gefaßt werden, sondern daß sie lebensvoll gefaßt werden. Und gehen wir jetzt, ich möchte sagen, zu einem komplizierteren Begriffe über. Wenn wir dem Menschen Freiheit zuschreiben, so müssen wir ja den anderen Wesen, die nicht beeinträchtigt sind in ihrer Freiheit durch die Schranken der Menschennatur – wenn wir zu den Wesen hinaufgehen, die den höheren Hierarchien angehören, so sind die ja nicht beeinträchtigt durch die Schranken der Menschennatur –, da müssen wir die Freiheit bei ihnen sogar in einem höheren Grade suchen. Nun könnte jemand eine eigentümliche theologische Theorie aufstellen, könnte sagen: Aber Gott muß doch frei sein! Und doch hat er ja die Welt in einer gewissen Weise eingerichtet. Dadurch ist er aber doch engagiert, er kann doch nicht jeden Tag die Weltordnung ändern; also wäre er doch unfrei.

Sehen Sie, wenn Sie in dieser Weise die innere karmische Notwendigkeit und die Freiheit, die eine Tatsache unseres Bewußtseins ist, die einfach ein Ergebnis der Selbstbeobachtung ist, gegeneinanderstellen, so kommen Sie aus einem fortwährenden Zirkel gar nicht heraus. Auf diese Weise kommen sie aus einem Zirkel gar nicht heraus. Denn die Sache ist diese: Nehmen Sie einmal – ich will das Beispiel gar nicht tottreten, aber es kann uns doch noch auf die weitere Fährte führen –, nehmen Sie noch einmal das Beispiel vom Hausbau. Also jemand baut sich ein Haus. Ich will nicht sagen, ich baue mir ein Haus – ich werde mir wahrscheinlich niemals eins bauen –, aber sagen wir, jemand baut sich ein Haus. Nun, durch diesen Entschluß bestimmt er in einer bestimmten Weise seine Zukunft. Nun bleibt ihm für diese Zukunft, wenn das Haus fertig ist und er mit seinem früheren Entschluß rechnet, für das Drinnenwohnen scheinbar keine Freiheit. Er hat sie sich freilich selber beschränkt, diese Freiheit; aber es bleibt ihm scheinbar keine Freiheit.

Aber denken Sie, für wievieles Ihnen dann noch innerhalb dieses Hauses doch Freiheit bleibt! Es steht Ihnen sogar frei, darinnen dumm oder gescheit zu sein. Es steht Ihnen frei, darinnen mit Ihren Mitmenschen ekelhaft oder liebevoll zu sein. Es steht Ihnen frei, darinnen früh oder spät aufzustehen. Vielleicht hat man dafür andere Notwendigkeiten, aber jedenfalls steht es Ihnen in bezug auf den Hausbau frei, früh oder spät aufzustehen. Es steht Ihnen frei, darinnen Anthroposoph oder Materialist zu sein. Kurz, es gibt unzählige Dinge, die Ihnen dann noch immer freistehen.

Geradeso gibt es im einzelnen Menschenleben, trotzdem die karmische Notwendigkeit vorliegt, unzählige Dinge, viel mehr als in einem Haus, unzählige Dinge, die einem freistehen, die wirklich ganz im Bereiche der Freiheit liegen.

Nun werden Sie vielleicht weiter sagen können: Gut, dann haben wir also im Leben einen gewissen Bereich von Freiheit. Den will ich hier in der Zeichnung hell machen, weil ihn die Menschen gern haben, und ringsherum die karmische Notwendigkeit (siehe Zeichnung, rot). – Ja, die ist nun auch da! Also ein gewisser eingeschlossener Bereich von Freiheit, ringsherum die karmische Notwendigkeit.

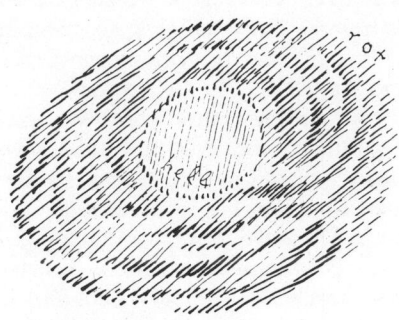

Nun, dieses anschauend, können Sie folgendes geltend machen. Sie können sagen: Nun ja, jetzt bin ich in einem Bezirke frei; aber nun komme ich an die Grenze meiner Freiheit. Da empfinde ich überall die karmische Notwendigkeit. Ich gehe in

meinem Freiheitszimmer herum, aber überall an den Grenzen
komme ich an meine karmische Notwendigkeit und empfinde
diese karmische Notwendigkeit.

Ja, meine lieben Freunde, wenn der Fisch ebenso dächte, so
wäre er höchst unglücklich im Wasser, denn er kommt, wenn er
im Wasser schwimmt, an die Grenze des Wassers. Außerhalb
dieses Wassers kann er nicht mehr leben. Daher unterläßt er es,
außerhalb des Wassers zu gehen. Er geht gar nicht außerhalb des
Wassers. Er bleibt im Wasser, er schwimmt im Wasser herum
und läßt das andere, was außer dem Wasser ist, Luft sein oder
was es eben ist. Und aus dem Grunde, weil der Fisch das tut,
kann ich Ihnen die Versicherung abgeben, daß der Fisch gar nicht
unglücklich ist darüber, daß er nicht mit Lungen atmen kann. Er
kommt gar nicht darauf, unglücklich zu sein. Wenn aber der
Fisch darauf kommen sollte, unglücklich zu sein darüber, daß er
nur mit Kiemen atmet und nicht mit Lungen atmet, da müßte er
Lungen in der Reserve haben und da müßte er vergleichen, wie es
ist, unter dem Wasser zu leben und in der Luft zu leben. Und
dann wäre die ganze Art, wie der Fisch sich innerlich fühlt, anders. Es wäre alles anders.

Wenden wir den Vergleich auf das Menschenleben in bezug auf
Freiheit und karmische Notwendigkeit an, dann ist das so, daß
zunächst der Mensch in der gegenwärtigen Erdenzeit das gewöhnliche Bewußtsein hat. Mit diesem gewöhnlichen Bewußtsein lebt er im Bezirk der Freiheit, so wie der Fisch im Wasser lebt,
und er kommt gar nicht mit diesem Bewußtsein in das Reich der
karmischen Notwendigkeit herein. Erst wenn der Mensch anfängt, die geistige Welt wirklich wahrzunehmen – was so wäre,
wie wenn der Fisch Lungen in Reserve hätte –, und erst dann,
wenn der Mensch wirklich in die geistige Welt sich einlebt, dann
bekommt er eine Anschauung von den Impulsen, die als karmische Notwendigkeit in ihm leben. Und dann schaut er in seine
früheren Erdenleben zurück und empfindet nicht, sagt nicht, indem er aus dem früheren Erdenleben herüber die Ursachen für
gegenwärtige Erlebnisse hat: ich bin jetzt unter dem Zwang einer
eisernen Notwendigkeit und meine Freiheit ist beeinträchtigt –,
sondern er schaut zurück, wie er selber sich dasjenige, was jetzt

vorliegt, zusammengezimmert hat, so wie einer, der sich ein Haus gebaut hat, auf den Entschluß zurückschaut, der zum Bau dieses Hauses geführt hat. Und dann findet man es gewöhnlich gescheiter, zu fragen: War dazumal das ein vernünftiger Entschluß, das Haus zu bauen, oder ein unvernünftiger? – Nun, da kann man natürlich allerlei Ansichten später darüber gewinnen, wenn sich die Dinge herausstellen, gewiß; aber man kann höchstens, wenn man findet, daß es eine riesenhafte Torheit war, sich das Haus zu bauen, man kann höchstens sagen, daß man töricht gewesen ist.

Nun, im Erdenleben, da ist das so eine Sache, wenn man sich in bezug auf irgendein Ding, das man inauguriert hat, sagen muß, es war töricht. Man hat das nicht gern. Man leidet nicht gern unter seinen Torheiten. Man möchte, daß man den Entschluß nicht gefaßt hätte. Aber das bezieht sich nämlich auch nur auf das eine Erdenleben, weil nämlich zwischen der Torheit des Entschlusses und der Strafe, die man dafür hat, indem man die Konsequenzen dieser Torheit erleben muß, das gleichartige Erdenleben dazwischen ist. Es bleibt immer so.

So ist es aber nicht zwischen den einzelnen Erdenleben. Da sind immer dazwischen die Leben zwischen dem Tod und einer neuen Geburt, und diese Leben zwischen dem Tod und einer neuen Geburt, die ändern manches, was sich nicht ändern würde, wenn das Erdenleben sich in gleichartiger Weise fortsetzte. Nehmen Sie nur an, Sie schauen zurück in ein früheres Erdenleben. Da haben sie irgendeinem Menschen Gutes oder Böses angetan. Das Leben zwischen dem Tod und einer neuen Geburt war zwischen diesem vorigen Erdenleben und dem jetzigen Erdenleben. In diesem Leben, in diesem geistigen Leben können Sie gar nicht anders denken als: Sie sind unvollkommen geworden dadurch, daß Sie einem Menschen irgend etwas Böses zugefügt haben. Das nimmt etwas weg von Ihrem Menschenwert, das macht Sie seelisch verkrüppelt. Sie müssen die Verkrüppelung wieder ausbessern, und Sie fassen den Entschluß, im neuen Erdenleben dasjenige zu erringen, was den Fehler ausbessert. Sie nehmen zwischen dem Tod und einer neuen Geburt dasjenige, was den Fehler ausgleicht, durch Ihren eigenen Willen auf. Haben Sie einem Menschen etwas Gutes zugefügt, dann wissen Sie, daß das ganze menschliche Erdenleben – das sieht man insbesondere in dem Leben zwischen dem Tod und einer neuen Geburt –, daß das ganze Erdenleben für die gesamte Menschheit da ist. Und dann kommen Sie darauf, daß, wenn Sie einen Menschen gefördert haben, er in der Tat ja dadurch gewisse Dinge errungen hat, die er ohne Sie nicht errungen hätte in einem früheren Erdenleben. Aber Sie fühlen sich dadurch wiederum in dem Leben zwischen dem Tod und einer neuen Geburt mit ihm vereinigt, um dasjenige, was Sie mit ihm zusammen in bezug auf menschliche Vollkommenheit erreicht haben, nun weiter auszuleben. Sie suchen ihn wieder auf im neuen Erdenleben, um gerade durch die Art und Weise, wie Sie ihn vervollkommnet haben, weiterzuwirken im neuen Erdenleben.

Also es handelt sich gar nicht darum, daß man etwa, wenn man nun den Bezirk der karmischen Notwendigkeiten ringsherum durch eine wirkliche Einsicht in die geistige Welt wahrnimmt, diese Notwendigkeit verabscheuen könnte, sondern es handelt sich darum, daß man dann zurücksieht auf diese Notwendigkeiten, wie die Dinge waren, die man da selber verrichtet hat, und sie so anschaut, daß man sich sagt: Es muß dasjenige geschehen – aus voller Freiheit auch müßte das geschehen –, was aus einer inneren Notwendigkeit heraus geschieht.

Man wird eben niemals den Fall erleben, daß man bei einer wirklichen Einsicht in das Karma mit diesem Karma nicht einverstanden ist. Wenn sich im Karma Dinge ergeben, die einem nicht gefallen, dann sollte man sie eben aus der allgemeinen Gesetzmäßigkeit der Welt heraus betrachten. Und da kommt man immer mehr darauf, daß zuletzt doch dasjenige, was karmisch bedingt ist, besser ist, als wenn wir mit jedem neuen Erdenleben neu anfangen müßten, mit jedem neuen Erdenleben voller unbeschriebener Blätter wären. Denn *wir sind eigentlich unser Karma selber*. Das, was da herüberkommt aus früheren Erdenleben, das sind wir eigentlich selber, und es hat keinen Sinn, davon zu sprechen, daß irgend etwas in unserem Karma, neben dem eben der Bezirk der Freiheit durchaus da ist, daß irgend etwas in unserem Karma anders sein sollte, als es ist, weil überhaupt in einem gesetzmäßig zusammenhängenden Ganzen das einzelne gar nicht kritisiert werden kann. Es kann jemandem seine Nase nicht gefallen; aber es hat gar keinen Sinn, bloß die Nase an sich zu kritisieren, denn die Nase, die man hat, muß tatsächlich so sein, wiesie ist, wenn der ganze Mensch so ist, wie er ist. Und derjenige, der sagt, ich möchte eine andere Nase haben, der sagt eigentlich damit, er möchte ein ganz anderer Mensch sein. Aber damit schafft er sich in Gedanken selber weg. Man kann das doch nicht.

So können wir auch unser Karma nicht wegschaffen, denn wir sind das, was unser Karma ist, selber. Es beirrt uns aber auch gar nicht, denn es verläuft durchaus neben den Taten unserer Freiheit, beeinträchtigt nirgends die Taten unserer Freiheit.

Ich möchte einen anderen Vergleich noch gebrauchen, der das klar macht. Wir gehen als Menschen; aber es ist doch der Boden da, auf dem wir gehen. Kein Mensch fühlt sich in seinem Gehen beeinträchtigt dadurch, daß unter ihm der Boden ist. Ja er sollte sogar wissen, wenn der Boden nicht da wäre, könnte er nicht gehen, er würde überall herunterfallen. So ist es mit unserer Freiheit. Die braucht den Boden der Notwendigkeit. Die muß sich heraus erheben aus einem Untergrunde.

Dieser Untergrund, wir sind es selbst. Sobald man in der richtigen Weise den Freiheitsbegriff und den Begriff des Karmas faßt, wird man sie durchaus miteinander vereinbaren können. Und dann braucht man auch nicht mehr davor zurückzuschrecken, diese karmische Notwendigkeit durch und durch zu betrachten. Ja, man kommt sogar dazu, in gewissen Fällen das Folgende sich zu sagen: Ich setze jetzt voraus, irgend jemand kann durch die Initiationseinsicht in frühere Erdenleben zurückschauen. Wenn er in frühere Erdenleben zurückschaut, weiß er dadurch ganz genau, daß ihm dieses oder jenes geschehen ist, was in dieses Erdenleben mit hereingekommen ist. Wäre er nicht zur Initiationswissenschaft gekommen, dann würde eine objektive Notwendigkeit ihn drängen, gewisse Dinge zu tun. Er täte sie unweigerlich. Seine Freiheit würde er ja dadurch nicht beeinträchtigt fühlen, denn seine Freiheit liegt im gewöhnlichen Bewußtsein. Mit dem reicht er gar nicht herein in die Region, wo diese Notwendigkeit wirkt, geradeso wie der Fisch nicht an die äußere Luft kommt. Aber wenn er die Initiationswissenschaft in sich hat, dann sieht er zurück, sieht, wie das war in einem vorigen Erdenleben, und betrachtet dasjenige, was da ist, als eine Aufgabe, die ihm für dieses Erdenleben bewußt zugeteilt ist. Es ist auch so.

Sehen Sie, derjenige, der keine Initiationswissenschaft hat, der weiß eigentlich immer – ich sage jetzt etwas, was Ihnen etwas paradox erscheinen wird, was aber doch so ist – durch einen gewissen inneren Drang, durch einen Trieb, was er tun soll. Ach, die Leute tun ja immer, wissen immer, was sie tun sollen, fühlen sich immer zu dem oder zu jenem gedrängt! Bei dem, der mit Initiationswissenschaft anfängt, bei dem wird es in der Welt doch etwas anders. Es tauchen, wenn das Leben an ihn herantritt, den einzelnen Erlebnissen gegenüber ganz merkwürdige Fragen auf. Wenn er sich gedrängt fühlt, etwas zu tun, ist er gleich auch wiederum gedrängt, es nicht zu tun. Der dunkle Trieb, der die meisten Menschen zu dem oder jenem drängt, er fällt weg. Und tatsächlich, auf einer gewissen Stufe der Initiationseinsicht könnte der Mensch schon, wenn nichts anderes an ihn heranträte, dazu kommen, sich zu sagen: Jetzt verbringe ich am liebsten mein ganzes folgendes Leben, nachdem ich zu dieser Einsicht gekommen bin – ich bin jetzt vierzig Jahre alt, das kann mir ganz gleichgültig sein –, so, daß ich auf einen Stuhl mich setze und gar nichts mehr tue; denn es sind nicht solche ausgesprochenen Triebe da, das oder jenes zu tun.

Glauben Sie nicht, meine lieben Freunde, daß die Initiation nicht eben reale Wirklichkeit hat. Es ist merkwürdig in dieser Beziehung, wie die Menschen manchmal denken. Von einem gebackenen Huhn glaubt jeder, wenn er es ißt, daß es reale Wirklichkeit hat. Von der Initiationswissenschaft glauben die meisten Menschen, daß sie nur theoretische Wirkungen habe. Sie hat Lebenswirkungen. Und eine solche Lebenswirkung ist diejenige, die ich eben jetzt angedeutet habe. Bevor der Mensch die Initiationswissenschaft hat, ist ihm immer das eine wichtig, das andere unwichtig aus einem dunklen Drange heraus. Der Initiierte möchte sich am liebsten auf einen Stuhl setzen und die Welt ablaufen lassen, denn es kommt nicht darauf an – so könnte es sich bei ihm einstellen –, ob das eine geschieht und das andere unterbleibt und dergleichen. Da gibt es dann nur die Korrektur – es wird ja nicht so bleiben, weil die Initiationswissenschaft auch noch etwas anderes bringt –, da gibt es nur die eine Korrektur dafür, daß sich der betreffende Initiierte nicht auf einen Stuhl setzt, die Welt ablaufen läßt und sagt: mir ist alles gleichgültig –, da gibt es nur die Korrektur: zurückzublicken in frühere Erdenleben. Da liest er dann aus seinem Karma die Aufgabe für sein Erdenleben ab. Da tut er dann dasjenige, was ihm seine früheren Erdenleben auferlegen, bewußt. Er unterläßt es nicht, weil er meint, daß seine Freiheit dadurch beeinträchtigt wird, sondern er tut es, weil er, indem er auf das kommt, was er erlebt hat in früheren Erdenleben, zugleich gewahr wird, was in dem Leben zwischen dem Tod und einer neuen Geburt war, wie er es da als vernünftig eingesehen hat, die entsprechenden Folgetaten zu tun. Er würde sich unfrei fühlen, wenn er nicht in die Lage kommen könnte, seine sich ihm aus dem vorigen Erdenleben gestellte Aufgabe zu erfüllen.

Ich möchte hier nur eine kleine Parenthese machen. Sehen Sie, das Wort Karma ist ja auf dem Umweg durch das Englische nach Europa gekommen. Nun, deswegen, weil man das so schreibt: Karma, sagen die Leute sehr häufig «Karma». Das ist falsch ausgesprochen. Karma ist geradeso zu sprechen, wie wenn es mit ä geschrieben wäre. Ich spreche nun, seit ich die Anthroposophische Gesellschaft führe, immer «Ka(=ä)rma», und ich bedaure, daß sehr viele Leute sich daraus angewöhnt haben, fortwährend das schreckliche Wort «Kirma» zu sagen. Sie müssen immer verstehen, diese Leute, wenn ich «Karma» sage, «Kirma». Das ist schrecklich. Sie werden es auch schon gehört haben, daß manche sehr getreue Schüler nun seit einiger Zeit «Kirma» sagen.

Also weder vor noch nach dem Eintritte der Initiationswissenschaft gibt es einen Widerspruch zwischen karmischer Notwendigkeit und Freiheit. Vor dem Eintritte der Initiationswissenschaft aus dem Grunde nicht, weil der Mensch eben mit dem gewöhnlichen Bewußtsein innerhalb des Bereiches der Freiheit bleibt und sich die karmische Notwendigkeit draußen wie naturhaft abspielt; er hat gar nicht etwas, das anders empfindet als das, was ihm eben seine Natur eingibt. Und nachher aus dem Grunde nicht, weil er mit seinem Karma ganz einverstanden geworden ist, einfach im Sinne des Karma handeln für vernünftig ansieht. Geradeso wie man nicht sagt, wenn man sich ein Haus gebaut hat: das beeinträchtigt meine Freiheit, daß ich da jetzt hineinziehe –, sondern wie man sich sagt: nun, das war ja doch ganz vernünftig von dir, daß du dir in dieser Gegend an diesem Platze ein Haus gebaut hast, jetzt sei frei in diesem Hause –, geradeso weiß derjenige, der mit Initiationswissenschaft zurückblickt in frühere Erdenleben, daß er frei wird dadurch, daß er seine karmische Aufgabe erfüllt, also in das Haus einzieht, das er sich in früheren Erdenleben gebaut hat.

So wollte ich Ihnen heute, meine lieben Freunde, die Verträglichkeit von Freiheit und karmischer Notwendigkeit im menschlichen Leben darlegen. Wir werden morgen vom Karma weiter sprechend auf Einzelheiten des Karma dann eingehen.

Die Bildung des Karma zwischen Tod und neuer Geburt

Heute möchte ich zunächst einige umfassendere Gesichtspunkte in bezug auf die Entwicklung des Karma bringen, um dann allmählich immer mehr und mehr auf diejenigen Dinge eingehen zu können, die eigentlich nur durch die, wenn ich so sagen soll, speziellen Ausführungen wenigstens veranschaulicht werden können. Wir müssen uns, wenn wir in den Gang des Karma Einsicht gewinnen wollen, vorstellen können, wie eigentlich der Mensch beim Heruntersteigen aus der geistigen Welt in die physische Welt seine ganze Organisation zusammensetzt.

Sie werden ja begreifen, daß es in der gegenwärtigen Sprache nicht eigentlich geeignete Ausdrücke gibt für Vorgänge, die in der gegenwärtigen Zivilisation ziemlich unbekannt sind, und daß daher die Ausdrücke für das, was da geschieht, eigentlich nur ungenau sein können. Wir haben, wenn wir aus der geistigen in die physische Welt heruntersteigen zu einem Erdenleben, zunächst unseren physischen Leib durch die Vererbungsströmung vorbereitet. Dieser physische Leib, wir werden sehen, wie er dennoch in einer gewissen Beziehung mit dem zusammenhängt, was der Mensch zwischen dem Tod und einer neuen Geburt erlebt. Für heute kann es uns genügen, wenn wir uns eben darüber klar sind, daß dieser physische Leib uns eigentlich von der Erde aus gegeben wird. Diejenigen Glieder der menschlichen Wesenheit dagegen, welche als höhere Glieder angesprochen werden können, ätherischer Leib, astralischer Leib und Ich, die kommen ja herunter aus der geistigen Welt.

Den ätherischen Leib zieht der Mensch gewissermaßen aus dem ganzen Weltenäther heran, bevor er sich mit dem physischen Leib, der ihm durch die Abstammung gegeben wird, vereinigt. Es kann eine Vereinigung des seelisch-geistigen Menschen nach Ich, astralischem Leib und ätherischem Leib mit dem physischen Menschenembryo nur dadurch erfolgen, daß sich der ätherische Leib des mütterlichen Organismus allmählich von dem physischen Menschenkeim zurückzieht.

Der Mensch also vereinigt sich mit dem physischen Menschenkeim, nachdem er seinen ätherischen Leib aus dem allgemeinen Weltenäther herangezogen hat. Die genaueren Beschreibungen dieser Vorgänge sollen uns später beschäftigen. Jetzt soll uns vorzugsweise interessieren, woher die einzelnen Glieder der menschlichen Wesenheit kommen, die der Mensch während seines Erdenlebens zwischen Geburt und Tod hat.

Der physische Organismus also kommt aus der Abstammungsströmung, der ätherische Organismus aus dem Weltenäther, aus dem er herangezogen wird. Der astralische Organismus – er bleibt ja, man möchte sagen, in jeder Beziehung während des Erdenlebens dem Menschen unbewußt oder unterbewußt –, er enthält alles dasjenige, was Ergebnisse des Lebens zwischen dem Tode und einer neuen Geburt sind.

Und zwischen dem Tode und einer neuen Geburt ist es ja so, daß der Mensch nach Maßgabe dessen, was er geworden ist durch die vorigen Erdenleben, in der mannigfaltigsten Weise zu anderen Menschenseelen in Beziehung kommt, die sich auch zwischen dem Tode und einer neuen Geburt befinden, oder zu anderen geistigen Wesenheiten höherer Weltenordnung, die nicht in einem Menschenleibe zur Erde herabsteigen, sondern in der geistigen Welt ihr Dasein haben. Alles das, was der Mensch herüberbringt aus früheren Erdenleben, nach dem, wie er war, nach dem, was er getan hat, das findet die Sympathie oder Antipathie der Wesenheiten, die er kennenlernt, indem er durchgeht durch die Welt zwischen dem Tode und einer neuen Geburt. Da ist für das Karma nicht nur von einer großen Bedeutung, welche Sympathien und Antipathien bei höheren Wesenheiten der Mensch findet durch das, was er getan hat im vorigen Erdenleben, sondern da ist vor allen Dingen von einer großen Bedeutung, daß der Mensch in Beziehung kommt zu denjenigen Menschenseelen, mit denen er auf Erden in Beziehung war, und daß eine eigentümliche Spiegelung stattfindet zwischen seinem Wesen und dem Wesen derjenigen Seelen, mit denen er auf Erden in Beziehung war. Nehmen wir an, irgend jemand hat zu einer

Seele, die er nun wieder trifft zwischen dem Tod und einer neuen Geburt, eine gute Beziehung gehabt. In ihm hat gelebt während früherer Erdenleben alles das, was eine gute Beziehung begleitet. Dann spiegelt sich diese gute Beziehung in der Seele, wenn diese Seele zwischen dem Tode und einer neuen Geburt getroffen wird. Und es ist wirklich so, daß der Mensch bei diesem Durchgange durch das Leben zwischen dem Tod und einer neuen Geburt in den Seelen, mit denen er nun zusammenlebt, weil er mit ihnen auf Erden zusammengelebt hat, überall sich selbst gespiegelt sieht. Hat man einem Menschen etwas Gutes zugefügt, es spiegelt sich etwas von der Seele herüber; hat man ihm etwas Böses zugefügt, es spiegelt sich etwas von der Seele herüber. Und man hat das Gefühl – wenn ich mich da des Ausdruckes «Gefühl» mit der Einschränkung, die ich im Beginne meiner Auseinandersetzungen gemacht habe, bedienen darf –: du hast diese Menschenseele gefördert. Was du da erlebt hast durch die Förderung, was du da empfunden hast für diese Menschenseele, was aus Empfindungen heraus zu deinem Verhalten geführt hat, deine eigenen inneren Erlebnisse während der Tat dieser Förderung, sie kommen zurück von dieser Seele. Sie spiegeln sich von dieser Seele aus. Eine andere Seele – man hat sie geschädigt; dasjenige, was in einem gelebt hat während dieser Schädigung, es spiegelt sich.

Und man hat eigentlich wie in einem mächtigen, ausgebreiteten Spiegelungsapparat seine vorigen Erdenleben, namentlich das letzte, aus den Seelen, mit denen man zusammen war, gespiegelt vor sich. Und man bekommt gerade bezüglich seines Tatenlebens den Eindruck: das alles geht von einem fort. Man verliert, oder hat eigentlich längst verloren, zwischen dem Tode und einer neuen Geburt, das Ich-Gefühl, das man auf Erden im Leibe gehabt hat; man bekommt aber das Ich-Gefühl von dieser ganzen Spiegelung. Man lebt in all den Seelen mit den Spiegelungen seiner Taten auf, mit denen man im Erdenleben zusammen war.

Auf Erden war das Ich als ein Punkt gewissermaßen. Hier zwischen dem Tode und einer neuen Geburt spiegelt es sich überall aus dem Umkreise. Es ist ein inniges Zusammensein mit den anderen Seelen, aber ein Zusammensein nach Maßgabe der Beziehungen, die man mit ihnen angeknüpft hat.

Und das ist alles in der geistigen Welt eine Realität. Wenn wir durch irgendeinen Raum gehen, der viele Spiegel hat, sehen wir uns in jedem Spiegel gespiegelt. Aber wir wissen auch: das ist – der gewöhnlichen Menschensprache nach – nicht da; wenn wir weggehen, bleibt es nicht, spiegeln wir uns nicht mehr. Aber das, was sich da in den Menschenseelen spiegelt, das bleibt, das bleibt vorhanden. Und es kommt eine Zeit im letzten Drittel zwischen dem Tode und einer neuen Geburt, da bilden wir uns aus diesen Spiegelbildern unseren astralischen Leib. Da ziehen wir das zusammen zu unserem astralischen Leib, so daß wir durchaus in unserem astralischen Leib, wenn wir von der geistigen Welt in die physische heruntersteigen, dasjenige tragen, was wir in uns wieder aufgenommen haben nach der Spiegelung, die unsere Taten im vorigen Erdenleben in anderen Seelen gefunden haben zwischen dem Tod und einer neuen Geburt.

Das aber gibt uns die Impulse, die uns drängen zu den Menschenseelen oder abdrängen von den Menschenseelen, mit denen wir dann im physischen Leib zugleich wiederum geboren werden.

Und auf diese Art – ich werde demnächst noch ausführlicher den Vorgang zu beschreiben haben, indem ich später auch auf das Ich Rücksicht zu nehmen haben werde –, aber auf diese Art bildet sich zwischen dem Tod und einer neuen Geburt der Impuls zum Karma im neuen Erdenleben aus.

Und da läßt sich verfolgen, wie ein Impuls des einen Lebens in die anderen Leben hinüberwirkt. Nehmen wir zum Beispiel den Impuls der *Liebe*. Wir können unsere Taten den anderen Menschen gegenüber aus dem heraus verrichten, was wir Liebe nennen. Es ist ein Unterschied, ob wir unsere Taten aus bloßem Pflichtgefühl heraus verrichten, aus Konvention, aus Anstand und so weiter oder ob wir sie aus einer größeren oder geringeren Liebe heraus verrichten.

Nehmen wir an, ein Mensch bringt es dazu, Handlungen zu verrichten in einem Erdenleben, die von der Liebe getragen sind, die durchwärmt sind von der Liebe. Ja, das bleibt als Kraft in seiner Seele vorhanden. Und was er nun mitnimmt als Ergebnis seiner Taten und was sich da spiegelt in den Seelen, das kommt

auf ihn zurück eben als Spiegelbild. Und indem der Mensch sich seinen astralischen Leib daraus bildet, mit dem er herunterkommt zur Erde, wandelt sich die Liebe des vorigen Erdenlebens, die von dem Menschen ausgeströmt ist, rückkommend von anderen Menschen, in *Freude*. So daß also, indem der Mensch seinen Mitmenschen gegenüber in einem Erdenleben irgend etwas tut, was von Liebe getragen ist, wobei also die Liebe von ihm ausströmt, mit den Taten mitgeht, die den anderen Menschen fördern, dann die Metamorphose beim Durchgang durch das Leben zwischen dem Tod und einer neuen Geburt so ist, daß sich, was ausströmende Liebe in einem Erdenleben ist, im nächsten Erdenleben metamorphosiert, verwandelt in an den Menschen heranströmende Freude.

Erleben Sie durch einen Menschen Freude, meine lieben Freunde, in einem Erdenleben, so können Sie sicher sein, daß diese Freude das Ergebnis der Liebe ist, die Sie ihm gegenüber in einem vorigen Erdenleben entfaltet haben. Diese Freude strömt nun wiederum in Ihre Seele zurück während des Erdenlebens. Sie kennen jenes innerlich Erwärmende der Freude. Sie wissen, was Freude im Leben für eine Bedeutung hat, Freude insbesondere, die von Menschen kommt. Sie wärmt das Leben, sie trägt das Leben, sie gibt dem Leben, können wir sagen, Schwingen. Sie ist karmisch das Ergebnis aufgewendeter Liebe.

Aber wir erleben ja wiederum an der Freude eine Beziehung

zu dem anderen Menschen, der uns Freude macht. So daß wir in den früheren Erdenleben innerlich etwas gehabt haben, was ausströmen machte die Liebe; in den folgenden Erdenleben haben wir schon als Ergebnis innerlich erlebend die Wärme der Freude. Das ist wiederum etwas, was von uns ausströmt. Ein Mensch, der im Leben Freude erleben darf, ist auch wiederum etwas für die anderen Menschen, was erwärmende Bedeutung hat. Ein Mensch, der Gründe dafür hat, freudelos durchs Leben zu gehen, ist anders zu den anderen Menschen als ein Mensch, der in Freuden darf durch das Leben gehen.

Das aber, was da erlebt wird in der Freude zwischen der Geburt und dem Tode, das wiederum spiegelt sich in den verschiedensten Seelen, mit denen man auf Erden zusammen war und die jetzt auch in dem Leben zwischen dem Tode und einer neuen Geburt sind. Und dieses Spiegelbild, das in vielfacher Weise dann von den Seelen der uns bekannten Menschen kommt, das wirkt wiederum zurück. Wir tragen es wiederum in unserem astralischen Leib, wenn wir zum nächsten – also jetzt sind wir beim dritten Erdenleben –, zum nächsten Erdenleben heruntersteigen. Und wiederum ist es eingeschaltet, eingeprägt unserem astralischen Leibe. Und jetzt wird es in seinem Ergebnis zur Grundlage, zum Impuls des leichten Verstehens von Menschen und Welt. Es wird zur Grundlage derjenigen Seelenverfassung, die uns trägt dadurch, daß wir die Welt verstehen. Wenn wir Freude haben können an dem interessanten Verhalten der Menschen, verstehen das interessante Verhalten der Menschen in einer Erdeninkarnation, so weist uns das zurück auf die Freude der vorhergehenden, auf die Liebe der weiter vorangehenden Erdeninkarnation. Menschen, die mit freiem, offenem Sinn so durch die Welt gehen können, daß der *freie, offene Sinn* die Welt in sie hereinströmen läßt, so daß sie für die Welt Verständnis haben, das sind Menschen, die diese Stellung zur Welt sich durch Liebe und Freude errungen haben.

Das ist etwas ganz anderes, was wir in den Taten aus der Liebe heraus tun, als dasjenige, was wir aus starrem, trockenem Pflichtgefühl heraus tun. Sie wissen ja, wie ich in meinen Schriften immer darauf gesehen habe, die Taten, die aus der Liebe kommen, als die eigentlich ethischen, als die eigentlich moralischen aufzufassen.

Ich habe oftmals auf den großen Gegensatz hinweisen müssen, der in dieser Beziehung zwischen Kant und Schiller besteht. Kant hat ja eigentlich im Leben und in der Erkenntnis alles verkantet. Es ist alles eckig und kantig in der Erkenntnis durch Kant geworden, und so auch das menschliche Handeln: «Pflicht, du erhabener, großer Name, der du nichts Beliebtes, was Einschmeichelung bei sich führt, in dir fassest ...» und so weiter. Ich habe die Stelle in meiner «Philosophie der Freiheit» zum geheuchelten Ärger vieler Gegner – nicht zum wirklichen, zum geheuchelten Ärger vieler Gegner – zitiert und habe dasjenige dagegengestellt, was ich selber als meine Anschauung anerkennen muß: Liebe, du warm zur Seele sprechender Impuls – und so weiter.[40]

Schiller, gegenüber dem starren, trockenen Pflichtbegriffe Kants, hat ja die Worte geprägt: «Gerne dien' ich den Freunden, doch tu' ich es leider mit Neigung, und so wurmt es mich oft, daß ich nicht tugendhaft bin.»[41] Denn nach Kantscher Ethik ist dasjenige, was man aus Neigung tut, nicht tugendhaft, sondern dasjenige, was man aus dem starren Pflichtbegriff heraus tut.

Nun, es gibt eben Menschen – die kommen nicht zum Lieben zunächst. Aber weil sie dem anderen Menschen nicht aus Liebe die Wahrheit sagen können – man sagt zu dem anderen Menschen, wenn man Liebe für ihn hat, die Wahrheit und nicht die Lüge –, aber weil sie nicht lieben können, sagen sie die Wahrheit aus Pflichtgefühl; weil sie nicht lieben können, vermeiden sie es aus Pflichtgefühl, den anderen gleich zu prügeln oder ihn mit Ohrfeigen zu traktieren, anzustoßen und dergleichen, wenn er irgend etwas tut, was ihnen nicht gefällt. Es ist eben ein Unterschied zwischen dem Handeln aus starrem Pflichtbegriff, das aber durchaus im sozialen Leben notwendig ist, für viele Dinge notwendig ist, und zwischen den Taten der Liebe.

Nun, die Taten, die in starrem Pflichtgefühl oder in Konvention, «weil sich's so schickt», getan werden, die rufen im nächsten Erdenleben nicht Freude hervor, sondern, indem sie eben so wie ich es geschildert habe, durch jene Spiegelung durch die Seelen gehen, rufen sie im nächsten Erdenleben etwas hervor, was man nennen könnte: Man spürt, man ist den Menschen mehr oder weniger gleichgültig. Und das, was mancher durchs Leben trägt, daß er den Menschen gleichgültig ist und daran leidet – man leidet mit Recht daran, wenn man den anderen Menschen gleichgültig ist, denn die Menschen sind füreinander da, und der Mensch ist darauf angewiesen, daß er den anderen Menschen nicht gleichgültig ist –, das, was man da erleidet, das ist eben das Ergebnis des Mangels an Liebe in einem vorigen Erdenleben, wo man sich als anständiger Mensch deshalb betragen hat, weil die starre Pflicht über einem hing wie ein Damoklesschwert, ich will nicht sagen wie ein stählernes, denn das würde beunruhigend sein für die meisten Pflichtmenschen, sondern eben wie ein hölzernes.

Nun aber sind wir beim zweiten Erdenleben. Was als Freude von der Liebe kommt, das wird im dritten Erdenleben, wie wir gesehen haben, ein offenes, freies Herz, das uns die Welt nahebringt, das uns für alles Schöne, Wahre, Gute den freien, einsichtsvollen Sinn gibt. Das, was als Gleichgültigkeit von seiten anderer Menschen zu uns strömt und was wir dadurch erleben in einem Erdenleben, das macht uns für das dritte, also für das nächste Erdenleben, zu einem Menschen, der nichts Rechtes mit sich anzufangen weiß. Wenn er in die Schule kommt, weiß er nicht, was er mit dem anfangen soll, was die Lehrer mit ihm tun. Wenn er etwas älter wird, weiß er nicht, ob er Schlosser oder Hofrat werden soll. Er weiß nichts mit sich im Leben zu machen. Er geht eigentlich ohne Richtung, direktionslos im Leben dahin. In bezug auf die Anschauung der äußeren Welt ist er nicht gerade stumpf. Er kann zum Beispiel Musik schon verstehen, aber er hat keine Freude daran. Es ist ihm schließlich gleichgültig, ob es mehr oder weniger gute oder mehr oder weniger schlechte Musik ist. Er empfindet schon die Schönheit irgendeines malerischen oder sonstigen Werkes, aber immer kratzt es ihn in der Seele: wozu eigentlich das alles? und so weiter. Das sind Dinge, die wiederum im dritten Erdenleben im karmischen Zusammenhange sich einstellen.

Nehmen wir aber an, der Mensch begeht gewisse Schädigungen seiner Mitmenschen aus dem *Haß* oder aus einer Neigung zur *Antipathie* heraus. Man kann da an alle Stufen denken, welche dabei vorkommen können. Es kann einer, sagen wir, mit verbrecherischem Haßgefühl seine Mitmenschen schädigen. Er kann aber auch, ich lasse die Zwischenstufen aus, er kann aber auch ein Kritiker sein. Man muß, um Kritiker zu sein, immer ein bißchen hassen, wenn man nicht ein lobender Kritiker ist, und die sind ja heute selten, denn das ist nicht interessant, die Dinge anzuerkennen. Interessant wird es ja nur, wenn man Witze macht über die Dinge. Nun gibt es ja alle möglichen Zwischenstufen. Aber es handelt sich hier um dasjenige an Menschentaten, das aus kalter Antipathie, aus einer gewissen Antipathie, über die man sich oftmals gar nicht klar wird, bis zum Haß hin hervorgeht. Alles das, was in dieser Weise von Menschen bewirkt wird gegenüber anderen Menschen oder selbst gegenüber untermenschlichen Wesenheiten, all das lädt sich wiederum in Seelenzuständen ab, die sich nun auch spiegeln in dem Leben zwischen dem Tod und einer neuen Geburt. Und da kommt dann im nächsten Erdenleben aus dem Haß dasjenige heraus, was uns zuströmt von der Welt als leidvolles Wesen, als Unlust, die von außen verursacht wird, als das Gegenteil der Freude.

Sie werden sagen: Ja, wir erleben doch so viel *Leid*, soll das wirklich alles von größerem oder geringerem Haß im vorigen Erdenleben herrühren? Ich kann doch von mir unmöglich denken, daß ich ein so schlechter Kerl gewesen bin – so wird der Mensch leicht sagen –, daß ich so viel Unlust erleben kann, weil ich so viel gehaßt habe! – Ja, wenn man auf diesem Gebiete vorurteilslos denken will, dann muß man sich schon klarmachen, wie groß die Illusion ist, die einem wohltut und der man daher sehr leicht sich hingibt, wenn es sich darum handelt, irgendwelche Antipathiegefühle gegen andere Menschen sich abzusuggerieren. Die Menschen gehen mit viel mehr Haß, als sie denken, eigentlich durch die Welt, wenigstens mit viel mehr Antipathie. Und es ist nun schon einmal so: Haß, er wird zunächst, weil er der Seele ja Befriedigung gibt, gewöhnlich gar nicht erlebt. Er wird zugedeckt durch die Befriedigung. Wenn er zurückkommt als Leid, das uns von außen zuströmt, dann wird eben das Leid bemerkt.

Aber denken Sie nur einmal daran, meine lieben Freunde, um, ich möchte sagen, in einer ganz trivialen Art sich vorzustellen, was da als Möglichkeit vorliegt, denken Sie nur einmal an einen Kaffeeklatsch, an einen so richtigen Kaffeeklatsch, wo ein Halbdutzend – es genügt schon! – irgendwelcher Tanten oder Onkels – es können auch Onkels sein – beisammensitzen und über ihre Mitmenschen sich ergehen! Denken Sie, wieviel da an Antipathien in anderthalb Stunden – manchmal dauert es länger – abgeladen wird auf die Menschen! Indem das ausströmt, bemerken es die Leute nicht; aber wenn es im nächsten Erdenleben zurückkommt, da wird es sehr wohl bemerkt. Und es kommt unweigerlich zurück.

So daß tatsächlich ein Teil – nicht alles, wir werden noch andere karmische Zusammenhänge kennenlernen –, so daß ein Teil dessen, was wir in einem Erdenleben an von außen zugefügtem Leid empfinden, tatsächlich von Antipathiegefühlen in früheren Erdenleben herrühren kann.

Bei alledem muß man sich natürlich stets klar sein, daß ja das Karma, daß irgendeine karmische Strömung irgendwo einmal anfangen muß. So daß, wenn Sie zum Beispiel hier hintereinanderliegende Erdenleben haben

$$a \; b \; c \; (d) \; e \; f \; g \; h$$

und dieses «d» das gegenwärtige Erdenleben ist, so muß natürlich nicht aller Schmerz, der uns von außen zukommt, im früheren Erdenleben begründet sein. Es kann auch ein ursprünglicher Schmerz sein, der dann im nächsten Erdenleben sich erst karmisch auslebt. Aber deshalb sage ich: Ein großer Teil jenes Leides, das uns von außen zuströmt, ist die Folge von Haß, der in früheren Erdenleben aufgebracht worden ist.

Wenn wir nun zum dritten Erdenleben wieder übergehen, dann ist das Ergebnis dessen, was da als Leid uns zuströmt – aber nur das Ergebnis desjenigen Leides, das uns aus sozusagen aufgespeichertem Haß zukommt –, dann ist das Ergebnis dieses Leides, das sich dann in der Seele abläd, zunächst eine Art Stumpfheit des Geistes, eine Art Stumpfheit der Einsicht gegenüber der Welt. Und wer gleichgültig und phlegmatisch der Welt gegenübersteht, nicht mit offenem Herzen den Dingen oder den Menschen gegenübersteht, bei dem liegt oftmals eben das vor, daß er sich diese Stumpfheit erworben hat durch das in seinem eigenen Karma verursachte Leid eines vorigen Erdenlebens, das aber zurückgehen muß, wenn es in dieser Weise in einer stumpfen Seelenverfassung sich ausdrückt, auf Haßgefühle mindestens im drittletzten Erdenleben. Man kann nämlich immer sicher sein: Töricht in irgendeinem Erdenleben zu sein, ist immer die Folge von Haß in einem bestimmten früheren Erdenleben.

Aber sehen Sie, meine lieben Freunde, das Verständnis für das Karma soll nicht nur darauf beruhen, daß wir das Karma zum Begreifen des Lebens auffassen, sondern daß wir es auch als Impuls des Lebens auffassen können, daß wir uns eben bewußt sind, daß es mit dem Leben nicht bloß ein «a, b, c, d» gibt (siehe Schema), sondern auch ein «e, f, g, h», daß auch kommende Erdenleben da sind und daß dasjenige, was wir in einem gegenwärtigen Erdenleben an Inhalt in unserer Seele entwickeln, Wirkungen, Ergebnisse im nächsten Erdenleben haben wird. Wenn einer in dem drittnächsten Erdenleben besonders töricht sein will, braucht er im gegenwärtigen Erdenleben ja nur sehr viel zu hassen. Wenn einer aber im drittnächsten Erdenleben einen freien, offenen Sinn haben will, braucht er ja nur in diesem Erdenleben besonders viel zu lieben. Und erst dadurch gewinnt die Einsicht, die Erkenntnis des Karmas ihren Wert, daß sie in unseren Willen für die Zukunft einströmt, in diesem Willen für die Zukunft eine Rolle spielt. Es ist durchaus so, daß gegenwärtig derjenige Zeitpunkt für die Menschheitsentwicklung vorhanden ist, wo nicht mehr in derselben Art, wie das früher der Fall war, während unsere Seelen durch frühere Erdenleben gegangen sind, das Unbewußte weiterwirken kann, sondern die Menschen werden immer freier und bewußter. Seit dem ersten Drittel des 15. Jahrhunderts haben wir das Zeitalter, in dem die Menschen immer freier und bewußter werden. Und so wird für diejenigen Menschen, welche Menschen der Gegenwart sind, ein nächstes Erdenleben schon ein dunkles Gefühl der vorigen Erdenleben haben. Und so wie der heutige Mensch, wenn er an sich bemerkt, daß er nicht besonders klug ist, das nicht sich selber, sondern eben seiner Anlage zuschreibt, gewöhnlich es in seiner physischen Natur sucht nach der Ansicht des heutigen Materialismus, so werden die Menschen, die diejenigen sein werden, welche wiederkommen aus den Gegenwartsmenschen, wenigstens schon ein dunkles Gefühl haben, das sie beunruhigen wird: Wenn sie nicht besonders klug sind, so muß da irgend etwas gewesen sein, das mit Haß- und Antipathiegefühlen zusammenhing.

Und wenn wir heute reden von einer Waldorfschul-Pädagogik, so müssen wir natürlich der gegenwärtigen Erdenzivilisation Rechnung tragen. Da können wir noch nicht mit voller Offenheit so erziehen, daß wir sozusagen für das Bewußtsein in wiederholten Erdenleben erziehen, denn die Menschen haben heute auch noch nicht einmal ein dunkles Gefühl für die wiederholten Erdenleben. Aber die Ansätze, die gerade in der Waldorfschul-Pädagogik gemacht werden, sie werden sich, wenn sie aufgenommen werden, in den nächsten Jahrhunderten dahin weiter entwickeln, daß man in die ethische, in die moralische Erziehung das hineinbeziehen wird: Ein wenig begabtes Kind geht zurück auf frühere Erdenleben, in denen es viel gehaßt hat, und man wird dann an der Hand der Geisteswissenschaft aufsuchen, wen es gehaßt haben könnte. Denn die müssen sich in irgendwelcher Umgebung wiederfinden, die Menschen, die gehaßt worden sind und denen gegenüber Taten begangen worden sind aus dem Haß. Und man wird die Erziehung nach und nach in den kommenden Jahrhunderten viel mehr ins Menschenleben hineinstellen müssen. Man wird bei einem Kinde sehen müssen, woher sich spiegelt oder spiegelte in dem Leben zwischen dem Tod und einer neuen Geburt dasjenige, was da in einer Metamorphose des Unverstandes sich auslebt im Erdenleben. Und dann wird man etwas tun können, damit im kindlichen Alter zu denjenigen Menschen besondere Liebe entwickelt wird, zu denen in früheren Erdenleben ein besonderer Haß vorhanden war. Und man wird sehen, daß durch eine solche konkret aufgewendete Liebe der Verstand, überhaupt die ganze Seelenverfassung sich aufhellen wird. Nicht in allgemeinen Theorien über das Karma wird dasjenige liegen, was der Erziehung helfen kann, sondern in dem konkreten Hineinschauen in das Leben, um zu bemerken, wie die karmischen Zusammenhänge sind. Man wird schon bemerken: daß schließlich Kinder in einer Klasse zusammengetragen werden vom Schicksal, das ist doch nicht ganz gleichgültig. Und wenn man hinauskommen wird über jene scheußliche Sorglosigkeit, die in bezug auf solche Dinge heute herrscht, wo man ja das, was an «Menschenmaterial» – man nennt es ja oftmals so – zusammengewürfelt ist in einer Klasse, wirklich so auffaßt, als ob es zusammengewürfelt wäre vom Zufall, nicht zusammengetragen wäre vom Schicksal, wenn man hinauskommen wird über diese scheußliche Sorglosigkeit, dann wird man gerade als Erzieher in Aussicht nehmen können, was da für merkwürdige karmische Fäden von dem einen zu dem anderen gesponnen sind durch frühere Leben. Und dann wird man in die Entwicklung der Kinder dasjenige hineinnehmen, was da ausgleichend wirken kann. Denn Karma ist in einer gewissen Beziehung etwas, was einer ehernen Notwendigkeit unterliegt. Wir können aus einer ehernen Notwendigkeit heraus unbedingt aufstellen die Reihe:

Liebe – Freude – offenes Herz.
Antipathie oder Haß – Leid – Torheit.

Das sind unbedingte Zusammenhänge. Aber es ist auch so, daß geradeso wie man einer unbedingten Notwendigkeit gegenübersteht, wenn ein Fluß läuft und dennoch man schon Flüsse reguliert hat, ihnen einen anderen Lauf gegeben hat, es auch möglich ist, die karmische Strömung, ich möchte sagen, zu regulieren, in sie hineinzuwirken. Das ist möglich.

Wenn Sie also bemerken, im kindlichen Alter ist Anlage zur Torheit, und Sie kommen darauf, das Kind anzuleiten, besonders in seinem Herzen Liebe zu entwickeln, und wenn Sie – und das würde für Menschen, die eine feine Lebensbeobachtung haben, schon heute möglich sein –, wenn Sie entdecken, mit welchen anderen Kindern das Kind karmisch verwandt ist, und das Kind dazu bringen, gerade diese Kinder zu lieben, ihnen gegenüber Taten der Liebe zu tun, dann werden Sie sehen, daß Sie der

Antipathie ein Gegengewicht in der Liebe geben können und in einer nächsten Inkarnation, in einem nächsten Erdenleben damit die Torheit verbessern können.

Es gibt ja wirklich, ich möchte sagen, instinktgeschulte Erzieher, die oftmals so etwas aus ihrem Instinkte heraus tun, die schlecht veranlagte Kinder dazu bringen, lieben zu können, und sie dadurch zu auffassungsfähigeren Menschenwesen allmählich heranerziehen. Diese Dinge, sie machen eigentlich erst die Einsicht in die karmischen Zusammenhänge zu einem Lebensdienlichen.

Nun, bevor wir weitergehen in der Betrachtung von Einzelheiten des Karma, muß sich ja noch eine Frage vor unsere Seele stellen. Fragen wir uns: Was ist denn der Mensch, demgegenüber man sich, im allgemeinen wenigstens, in einem karmischen Zusammenhange wissen kann? Ich muß einen Ausdruck gebrauchen, der heute oftmals in einem etwas spöttischen Sinne gebraucht wird: Ein solcher Mensch ist ein Zeitgenosse. Er ist eben zu gleicher Zeit mit uns auf der Erde.

Und wenn Sie dies bedenken, so werden Sie sich sagen: Wenn Sie in einem Erdenleben mit gewissen Menschen zusammen sind, so waren Sie auch in einem früheren Erdenleben – wenigstens im allgemeinen, die Dinge können sich auch etwas verschieben – mit den Menschen zusammen, und ebenso wiederum in einem früheren Erdenleben.

Ja, aber nun diejenigen, die fünfzig Jahre später leben als Sie, die waren im früheren Menschenleben wiederum zusammen mit Menschen! Im allgemeinen werden die Menschen, ich will sagen der B-Reihe, mit den Menschen der A-Reihe, nach diesem Gedanken, den wir hier entwickelt haben, nicht zusammenkommen. Das ist ein bedrückender Gedanke, aber ein wahrer Gedanke.

Über andere Zweifelsfragen, die sich ergeben dadurch, daß die Menschen oftmals sagen: die Menschheit vermehrt sich auf der Erde und so weiter, werde ich ja später sprechen. Aber ich möchte Ihnen jetzt diesen Gedanken nahelegen; er ist ein vielleicht bedrückender Gedanke, aber er ist ein wahrer Gedanke: Es ist tatsächlich so, daß das fortlaufende Leben der Menschen auf der Erde in Rhythmen sich vollzieht. Ich möchte sagen, ein Menschenschub geht im allgemeinen fort von einem Erdenleben zum anderen, und die sind in einer gewissen Weise voneinander getrennt, finden sich nicht im Erdenleben zusammen. In dem langen Leben zwischen dem Tode und einer neuen Geburt, da findet man sich schon zusammen; aber im Erdenleben ist es in der Tat so, daß man immer wiederum mit einem beschränkten Kreis von Leuten auf die Erde herunterkommt. Gerade für die wiederholten Erdenleben hat die Zeitgenossenschaft eine innere Bedeutung, eine innere Wichtigkeit.

Und warum das? Ich kann Ihnen sagen, diese Frage, die einen zunächst verstandesmäßig beschäftigen kann, diese Frage hat mir wirklich auf geisteswissenschaftlichem Boden die denkbar größten Schmerzen gemacht, weil es ja nötig ist, über diese Frage die Wahrheit herauszubringen, den inneren Sachverhalt herauszubringen. Und da kann man sich fragen – verzeihen Sie, daß ich ein Beispiel gebrauche, das wirklich, ich möchte sagen, eine Rolle für mich spielt, nur in bezug auf die Untersuchung –: Warum warst du nicht ein Zeitgenosse von Goethe? Dadurch, daß du nicht ein Zeitgenosse von Goethe bist, kannst du ungefähr schließen im allgemeinen nach dieser Wahrheit, daß du niemals mit Goethe zusammen auf der Erde gelebt hast. Er gehört zu einem anderen Schub von Menschen.

Was liegt da eigentlich dahinter? Da muß man die Frage umkehren. Aber um eine solche Frage umzukehren, muß man einen offenen, freien Sinn haben für menschliches Zusammenleben. Man muß sich fragen können, und über diese Frage werde ich nun in der nächsten Zeit sehr viel zu reden haben hier: Wie ist es denn eigentlich, Zeitgenosse eines Menschen zu sein, und wie ist es, von einem Menschen nur aus der Geschichte wissen zu können für das Erdenleben? Wie ist denn das?

Nun, sehen Sie, da muß man eben einen freien, offenen Sinn haben für die Beantwortung der intimen Fragen: Wie ist es mit allen inneren Begleiterscheinungen der Seele, wenn ein Zeitgenosse mit dir spricht, Handlungen verrichtet, die an dich herankommen –, wie ist das? Und man muß das dann vergleichen können, nachdem man sich die nötige Erkenntnis erworben hat, wie wäre das, wenn man mit einer Persönlichkeit zusammenkäme, die nicht ein Zeitgenosse ist, vielleicht in gar keinem Erdenleben ein Zeitgenosse war – die man deshalb doch aufs höchste verehren kann, viel mehr als alle Zeitgenossen –, wie es wäre, wenn man mit ihr als Zeitgenosse zusammenträfe? Also, wie wäre es, wenn – verzeihen Sie das Persönliche – ich ein Zeitgenosse von Goethe gewesen wäre? Ja, wenn man kein gleichgültiger Mensch ist – selbstverständlich, wenn man ein gleichgültiger Mensch ist und eben nicht Verständnis hat für dasjenige, was ein Zeitgenosse sein kann, dann kann man sich auch nicht gut die Antwort darauf geben –, dann kann man fragen: Wie wäre es, wenn ich nun in der Schillergasse von Weimar hinuntergegangen wäre gegen den Frauenplan und mir «der dicke Geheimrat» entgegengekommen wäre, meinetwillen im Jahre 1826, 1827? – Nun, man weiß ganz gut, das hätte man nicht vertragen! Den «Zeitgenossen» verträgt man. Denjenigen, mit dem man nicht Zeitgenosse sein kann, verträgt man nicht; er würde in einer gewissen Weise wie vergiftend auf das Seelenleben wirken. Man verträgt ihn, weil man nicht Zeitgenosse ist, sondern Nachfolger oder Vorgänger. Gewiß, wenn man für diese Dinge kein Empfinden hat, so bleiben sie im Unterbewußten. Man kann sich vorstellen, daß einer eine feine Empfindung für Geistiges hat und weiß: Wenn er die Schillerstraße in Weimar hinunterginge gegen den Frauenplan und würde als Zeitgenosse dem dicken Geheimrat Goethe mit dem Doppelkinn etwa begegnet sein, er würde sich wie innerlich unmöglich gefühlt haben. Derjenige aber, der keine Empfindung dafür hat, nun, er hätte vielleicht gegrüßt.

Ja, sehen Sie, diese Dinge sind eben nicht aus dem Erdenleben, weil die Gründe, warum wir nicht Zeitgenossen irgendeines Menschen sein können, eben nicht innerhalb des Erdenlebens sind, weil man da schon hineinschauen muß in geistige Zusammenhänge; deshalb nehmen sie sich für das Erdenleben zuweilen paradox aus. Aber es ist so, es ist durchaus so.

Ich kann Ihnen die Versicherung geben, ich habe in wahrer Liebe eine Einleitung zu Jean Paul geschrieben, die in der Cottaschen «Bibliothek der Weltliteratur» erschienen ist.[42] Hätte ich jemals in Bayreuth mit Jean Paul selber zusammensitzen müssen – Magenkrämpfe hätte ich ganz bestimmt bekommen. Das hindert nicht, daß man die höchste Verehrung hat. Aber das ist für jeden Menschen der Fall, nur bleibt es eben bei den meisten Menschen im Unterbewußten, bleibt im astralischen oder im ätherischen Leib, greift auch nicht den physischen Leib an. Denn das seelische Erlebnis, das den physischen Leib angreifen muß, muß eben zum Bewußtsein kommen. Aber Sie müssen auch darüber sich klar sein, meine lieben Freunde: Ohne das geht es nicht ab, wenn man Erkenntnisse über die geistige Welt gewinnen will, daß man Dinge zu hören bekommt, die einem grotesk, paradox erscheinen, eben weil die geistige Welt anders ist als die physische Welt.

Natürlich kann jemand leicht spotten, wenn irgendwie behauptet wird: Wäre ich Zeitgenosse von Jean Paul gewesen, dann würde ich Magenkrämpfe bekommen haben, wenn ich mit ihm zusammengesessen hätte. – Das ist natürlich für die gewöhnliche, banale, philiströse Welt des irdischen Lebens, ganz selbstverständlich, durchaus wahr; aber die Gesetze der banal-philiströsen Welt gelten nicht für die geistigen Zusammenhänge. Man muß sich daran gewöhnen, in anderen Denkformen denken zu können, wenn man die geistige Welt verstehen will. Man muß sich daran gewöhnen, schon durchaus das Überraschende zu erleben. Wenn das gewöhnliche Bewußtsein über Goethe liest, so kann es sich natürlich gedrängt fühlen, zu sagen: Den hätte ich gern auch persönlich gekannt, ihm die Hand gedrückt und dergleichen. Das ist eine Gedankenlosigkeit, denn es gibt Gesetze, nach denen wir eben für ein bestimmtes Erdenzeitalter vorbestimmt sind und in diesem Zeitalter leben können. Geradeso wie wir für einen bestimmten Luftdruck für unseren physischen Leib vorbestimmt sind und uns nicht erheben können über die Erde bis zu einem Luftdruck, der uns nicht genehm ist, ebensowenig kann ein Mensch, der für das 20. Jahrhundert bestimmt ist, im Zeitalter Goethes leben.

Das ist dasjenige, was ich zunächst über das Karma habe vorbringen wollen.

NACHWORT
ANMERKUNGEN

Nachwort

von Clara Kreutzer

Die Lehre von der *Seelenwanderung* war in vorchristlicher Zeit weit verbreitetes Lebensgut – von der alten indischen Kultur bis hinein in das Denken griechischer Philosophen. Das führt vielfach heute zu der Meinung, daß es sich bei dem gegenwärtigen Interesse an der *Wiederverkörperung* um ein Erwecken dieser alten Lehre handele, hervorgerufen durch die vom Osten nach dem Westen strömende Welle von Methoden der Kontemplation und Meditation. In Wahrheit hat sich von der *Lehre* der Seelenwanderung zur *Idee* der Wiederverkörperung eine bedeutsame geistige Entwicklung vollzogen, deren Ausgangspunkt in dem Christus-Ereignis zur Zeitenwende liegt. Durch die *wesenhafte* Verbindung der geistig-göttlichen Welt mit dem Erden- und Menschsein kann der Mensch sich seiner Ich-Wesenheit bewußt werden, vom Leben in der Seele zur *Selbst-Erkenntnis im Geiste fortschreiten*. Diese Entwicklung beginnt in der nachchristlichen Zeit mit einem entscheidenden Ansatz bei Augustin und erreicht einen ersten Höhepunkt im neuzeitlichen Denken bei Nikolaus von Kues.

Seelenwanderung ist – obwohl ein Weg persönlicher Entwicklung – immer rückwärtsgewandt. Folgen wir der alten indischen Anschauung, so ist die von der Gottheit in Reinheit geschaffene menschliche Seele durch ihren Fall hineingebannt worden in den «Kerker des Leibes». Für das indische «Veda» – das heilige Wissen – ist die Berührung mit der Erde Folge der Urschuld des Menschen; die wiederholten Erdenleben Opfergang der Seele, den sie immer wieder neu und so lange antreten muß, bis sie von allem Irdischen gereinigt dort, wo «lichterfüllte Räume» sind, in einem *«völligen Erlöschen alles Individuellen»* in seliger Ruhe «eingeht in das ewig Brahman» (Upanishaden). Die Upanishaden-Mystik vergleicht das sich auflösende, geläuterte *«Seelen-Selbst»* mit einem Salzklumpen, der, ins Wasser geworfen, sich selbst auflöst, eins wird mit dem wäßrigen Element. So geht die durch viele Erdenleben gereinigte Seele wieder ein in das Wesen der Gottheit, dem sie entstammt.

Seelenwanderung führt die Seele *zurück* zu ihrem *Urzustand*. – Der Sinngehalt der *Wiederverkörperung* leuchtet von der *Zukunft* herein in die Gegenwart. Er trägt in sich die Impulse einer ständigen Entwicklung des Menschen in Wandlung bis hin zu einer fernen Vervollkommnung in neuer individueller Geistgestalt. Die *Selbster-kenntnis* im Geiste wird ihm zur *Selbstbestimmung* seines Willens zu zukunftweisender Entwicklung. Ist so das Ziel der Re-Inkarnation – des Wieder-ins-Fleisch-Gehens – die Entwicklung zu einem höheren Mensch-Sein, so ist damit – man möchte sagen notwendigerweise – die Verantwortung für die Erde verbunden, auf der sich diese Entwicklung vollzieht. Der Lehre von der Seelenwanderung fehlt mit ihrem rückwärts gewandten Blick auf einen wieder anzustrebenden vorirdischen Zustand – auch notwendigerweise – dieses Verantwortungsbewußtsein. Aus der vollen Verantwortung für das irdische Dasein in seinen persönlichen und allgemein menschlichen Aufgaben hat Rudolf Steiner die Idee der Reinkarnation in ihrer Wirklichkeit als zentralen Impuls der Anthroposophie dargestellt, zum ersten Mal in dem Aufsatz «Reinkarnation und Karma, vom Standpunkte der modernen Naturwissenschaft notwendige Vorstellungen» (1903) und ausführlich in der Grundschrift «Theosophie» (1904).

Reinkarnation auch nur zu *denken*, als eine Möglichkeit, Schicksalsrätsel zu lösen, setzt eine rechte Anschauung des Menschen in seiner Doppelnatur als physisch-lebendiges und seelisch-geistiges Wesen voraus. In dem ersten in dieses Bändchen aufgenommenen Vortrag, der öffentlich gehalten wurde (24. Oktober 1907) stellt Rudolf Steiner die geisteswissenschaftliche Anschauung vom Menschen dar und zeigt, wie sie durch exakte Beobachtung – auch im Vergleich mit Pflanze und Tier – gewonnen werden kann.

Wiederverkörperung ist *Menschheitsschicksal*. In sein allgemein waltendes Gesetz weben sich die persönlichen Schicksale hinein, nach Maßgabe der Beziehungen, die der einzelne zur Gemeinschaft in seinen vorhergehenden Erdenleben gefunden hat. Der Mensch erfährt Schicksal nicht als ein allen anderen Menschen gleichgeordnetes Gattungswesen. Sein Schicksal ist ganz *sein eigen*, und keines anderen Menschen Schicksal ist diesem gleich, mögen auch äußere Lebenssituationen die gleichen sein und mögen dramatisch eingreifende Lebensumstände viele Menschen gleichermaßen treffen. In dieser *Einmaligkeit* jedes Menschenschicksals zeigt sich die Größe und die Freiheit individueller Schicksalsgestaltung. Auf der anderen Seite setzt Schicksal immer die Begegnung mit *dem anderen* voraus: mit dem anderen Menschen, mit einer Gemeinschaft, mit dem Geist der Zeit, nicht zuletzt mit bedeutenden geistigen Einschlägen in die Gesamtentwicklung. Das ist das große Geheimnis des Daseins, daß Schicksal in seiner Kraft individueller Entwicklung nur möglich wird durch die lebendige Beziehung zum Ganzen. Die Erkenntnis des vielseitigen Verwobenseins des Einzelschicksals mit Menschen-,

Völker- und Zeitenschicksalen öffnet den Blick für eine wahrhaft objektive Welt- und Lebensanschauung und bewahrt den Erkenntnissucher vor allen gradlinigen Spekulationen über vergangene Erdenleben, ja überhaupt vor allem spekulativen Umgehen mit dem Reinkarnations-Gedanken. Die rechte Verantwortung im Leben mit der Idee der Wiederverkörperung erweckt im Menschen das Gewissen (Vortrag 16. Mai 1910).

Das «Schicksal» des Tieres ist ein ganz anderes. Es steht nicht unter seiner Mitverantwortung. Es waltet über ihm. Sein Dasein wird durch seine physische Organisation bestimmt. Ihm mangelt das Selbst, und so «hat es keine Biographie» (Rudolf Steiner, 20. Oktober 1904). Mit dem Selbst mangelt ihm Erinnerung und Gewissen. Der Mensch geht den Weg der Selbst-Erkenntnis. Er kann übend vom Ahnen der Mit-Verantwortung im Erleben des Schicksals dazu fortschreiten, sich selbst als den Gestalter seines Schicksals zu erkennen. *Gedankenübungen* (Vorträge 20. und 21. Februar 1912) als Pflege einer objektiven, subtilen Erinnerung der Lebenstatsachen steigern den dem Menschen eingeborenen Willen, Falsches recht, Ungutes gut, Unvollkommenes vollkommener zu machen, begangenes Unrecht – selbst einen unguten Gedanken über andere Menschen – auszugleichen. Objektives Erinnern stärkt das Gewissen, und Gewissen befreit Erinnerung von aller subjektiven Täuschung.

Nicht immer gewährt das Leben die Möglichkeit des Ausgleichs. Es bleibt ein Rest, der neues Schicksal fordert. *Entwicklung* und *Ausgleich* sind es, die uns ins neue Dasein rufen. Werden die Gedankenübungen von den Lebenstatsachen und Erinnerungsbildern weg in meditativem Sinnen hingerichtet auf die reine Idee der «Ich-Entwicklung», dann tritt Reinkarnation in die Erkenntnis. Ihre Wahrheit wird im vertieften, d. h. selbstlosen *«Anschauen» der Idee* gefunden, wie der Naturwissenschaftler die seine in der Naturbeobachtung findet.

Werdeprozesse beginnen damit, daß eine Einheit in die Zweiheit tritt: Gott und Welt, Geist und Stoff, Ich und Du, Mann und Frau usw. Gegensätze treten in Erscheinung und werden zu tragenden Faktoren der Entwicklung. Sie können sich im Kampf verzehren oder in gegenseitiger Ergänzung zu höherer Gestaltung steigern. Im Werdegang des Weltgeschehens wird die in der Lebenshaltung des Menschen zum Ideal werdende Idee von Reinkarnation und Karma zur impulsierenden Triebfeder geistig-göttlicher Entwicklung und führt im persönlichen Leben zur freien Bejahung dessen, was als Schicksal dem Menschen entgegenkommt. Die Vorträge vom 26. November 1910 und 19. Mai 1923 enthalten Beispiele karmischer Wirkungen, wie sie Rudolf Steiner in seiner Lebens- und Geistesschau erforschen konnte, und weisen hin auf den Zusammenhang von Reinkarnation und Weltentwicklung. Sie bereiten damit vor auf die drei letzten Vorträge dieses Bändchens. Diese gehören zu den ersten Vorträgen, die Rudolf Steiner in seinem letzten Lebensjahr in der Reihe «Esoterische Betrachtungen karmischer Zusammenhänge» gehalten hat. Der aufmerksame Leser wird bemerken, daß in diesen drei letzten Vorträgen über manches, was in den vorhergehenden Vorträgen schon behandelt wurde, wie von höherer Ebene gesprochen wird. Rudolf Steiner spricht hier vor einem Personenkreis, von dem er annehmen durfte, daß er sich die Erkenntnis karmischer Gesetzmäßigkeiten durch jahrelange Mitgliedschaft erarbeitet hatte und in der Erfahrung lebte, daß die Menschen «selbst der Untergrund des Karma sind» (23. Februar 1924) und dadurch gerade in der «Erfüllung karmischer Aufgaben ihre Freiheit» erleben.

Schicksal-Erkenntnis im Sinne der Anthroposophie stärkt im Menschen die Gewißheit, daß er nicht nur das Leben seiner Seele, sondern sein Geistbewußtsein über die Schwelle des Todes tragen wird.

Anmerkungen

1 Achtes ökumenisches Konzil, Konzil von Konstantinopel, 869. Auf ihm wurde bestimmt, daß der Mensch als aus Leib und Seele bestehend anzusehen sei und daß die Seele nur einige geistige Eigenschaften habe.

2 Friedrich Albert Lange (1828–1875), «Die Geschichte des Materialismus und Kritik seiner Bedeutung in der Gegenwart», 1866.

3 «Die Naturwissenschaft am Scheideweg», Berlin, 24. 10. 1907; in demselben Zyklus GA 56.

4 Wilhelm Wundt (1832–1920), deutscher Psychologe und Philosoph, begründete 1879 das erste Institut für experimentelle Psychologie.

5 Aus «Entwurf zu einer Farbenlehre» (1830), Goethes Naturwissenschaftliche Schriften, herausgegeben von Rudolf Steiner in «Kürschners Deutscher Nationalliteratur», Goethes Werke, Bd. 35, Seite 88.

6 «Die Mission der Geheimwissenschaft in unserer Zeit», Berlin, 10. 10. 1907, GA 56.

7 Johann Wolfgang Goethe, Sprüche in Prosa, a. a. O., Bd. 36/2, Seite 417.

8 Johann Gottlieb Fichte (1762–1814), Zitat aus: «Grundlage der gesamten Wissenschaftslehre» (1794), Anm. zu §4.

9 «Die Seele der Tiere im Lichte der Geisteswissenschaft», Berlin, 23. 1. 1908, GA 56.

10 Friedrich Schiller, «Das Ideal und das Leben», 3. Strophe.

11 Johannes Kepler (1571–1630), Zitat aus «Harmonice Mundi» (1618), 5. Buch.

12 Siehe Rudolf Steiner, «Die Geheimwissenschaft im Umriß» (1910), Kap. Die Weltentwicklung und der Mensch, GA 13.

13 Vortrag, Paris, 11. 6. 1906; in: Kosmogonie, GA 94.

14 «Die menschliche Wesenheit», Berlin, 13. 10. 1904; in demselben Zyklus GA 53. Eine entsprechende Darstellung Rudolf Steiners gibt der erste hier abgedruckte Vortrag.

14a Der Text ist hier offensichtlich im Stenogramm korrumpiert festgehalten.

15 «Theosophie und Darwin», Berlin, 27. 10. 1904, in GA 53.

16 Carl von Linné, (1707–1778), schwedischer Naturforscher, Hauptwerk: «Das Natursystem» (1735).

17 Hingewiesen wird hiermit auf die Methoden der inneren, medi-

tativen Schulung, durch die sich der Übende die Erkenntnisorgane für die Erfahrung der seelischen und geistigen Welt ausbildet. Siehe Rudolf Steiner, «Theosophie», Kap. Der Pfad der Erkenntnis (1904), GA 9; «Wie erlangt man Erkenntnisse der höheren Welten» (1904/05), GA 10.

18 Paul Rée (1849–1901), «Die Entstehung des Gewissens», Berlin 1885.

19 «Faust» 1. Teil, Nacht.

20 Rudolf Steiner, «Die Erziehung des Kindes vom Gesichtspunkt der Geisteswissenschaft» (1907); in GA 34.

21 Siehe den vorausgehenden Vortrag vom 20. 2. 1912.

22 Rudolf Steiner, «Geisteswissenschaft und soziale Frage» (drei Aufsätze 1905/6); in: Luzifer-Gnosis, GA 34.

23 Nikolaus Kopernikus (1475–1543), «De revolutionibus orbium coelesticum libri VI», Paul III. gewidmet, 1543 in Nürnberg gedruckt, 1615–1822 auf dem Index des Sacrum Officium.

24 Der Physiker Léo Foucault (1819–1868) demonstrierte im Jahre 1851 im Panthéon zu Paris die Drehung der Erde durch ein freischwebendes Pendel.

25 Ein von Herbert Spencer (1820–1903) geprägtes Wort.

26 Siehe zum Beispiel den Vortrag vom 28. 5. 1910, in: Die Offenbarungen des Karma, GA 120.

27 Gedichte sprichwörtlich: «Ich Egoist! – Wenn ich's nicht besser wüßte! / Der Neid, das ist der Egoiste; / Und was ich auch für Wege geloffen, / Auf'm Neidpfad hab ich mich nie getroffen.»

28 Benvenuto Cellini (1500–1573), Goldschmied und Bildhauer. Selbstbiographie (1758), übersetzt von Goethe, Tübingen 1803. Cellini betont darin mehrfach seine Wahrheitsliebe, so im III. Buch, 8., und IV. Buch, 7. Kapitel. Dort spricht er von sich als einem beständigen Freunde der Wahrheit und Feind der Lüge.

29 Siehe Rudolf Steiner, «Die Geheimwissenschaft im Umriß», Kap. Die Weltentwicklung und der Mensch.

30 In dem in Nürnberg am 12. 11. 1910 gehaltenen Parallelvortrag, von dem nur eine fragmentarische Nachschrift vorliegt, heißt es in diesem Zusammenhang: «Etwas anderes ist es, wenn jemand eine esoterische Entwicklung durchmachen will. Da kann man ihm den Rat geben, wie er sein Schicksal am besten austragen kann.»

31 Joh. 2, 19–21.

32 Rudolf Steiner, «Seelenewigkeit des Menschen vom Gesichtspunkt der Anthroposophie» und «Entwicklung und Erziehung des Menschen vom Gesichtspunkt der Anthroposophie», Oslo, 14. und 15. 5. 1923.

33 Max Dessoir, «Vom Jenseits der Seele», Stuttgart 1917, S. 260. –
   Vgl. Rudolf Steiner, «Von Seelenrätseln» (1917), GA 21.
34 «Die geistige Führung des Menschen und der Menschheit. Geisteswissenschaftliche Ergebnisse über die Menschheits-Ent-
   wicklung» (Autorreferate 1911), GA 15.
35 Siehe insbesondere den Folgevortrag vom 20. 5. 1923 in dem
   Zyklus GA 226, in dem Rudolf Steiner von der Christus-Tat und
   dem Todesrätsel in der Menschheitsentwicklung spricht.
36 Sir Josef Oliver Lodge, englischer Physiker (1851–1940), Arbeiten über Elektrizität, vgl. «Der Weltäther», Braunschweig 1911.
37 «Mein Lebensgang», GA 28. Diese Lebensbeschreibung ließ
   Rudolf Steiner in 70 aufeinanderfolgenden Beiträgen zunächst in
   der Wochenschrift «Das Goetheanum», Jg. 1923–25, erscheinen.
38 Den in dem Zyklus GA 235 folgenden Vortrag vom 17. 2. 1924,
   der das menschliche Schicksal im Zusammenhang mit den Wesen
   der geistigen Hierarchien betrachtet, überspringen wir und
   übernehmen für die vorliegende Auswahl die konkreteren Darstellungen des 3. und 4. Vortrags (23. und 24. 2. 1924).
39 Rudolf Steiner, «Die Philosophie der Freiheit. Grundzüge einer
   modernen Weltanschauung, seelische Beobachtungsresultate
   nach naturwissenschaftlicher Methode» (1894), GA 4.
40 Immanuel Kant, in «Kritik der praktischen Vernunft», 1. Teil,
   3. Hauptstück. – Rudolf Steiner, in «Die Philosophie der Freiheit», IX. Kap.
41 Friedrich Schiller, Xenie «Gewissensskrupel».
42 Rudolf Steiner, Einleitung zur achtbändigen Jean-Paul-Werk-
   ausgabe; in der Gesamtausgabe: «Biographien und biographi-
   sche Skizzen 1894–1905», GA 33.

Quellennachweis

(Texte nach der Rudolf-Steiner-Gesamtausgabe: GA)

Die Erkenntnis der Seele und des Geistes; Berlin, 24. Oktober 1907; in: Die Erkenntnis der Seele und des Geistes, GA 56.

Wesen und Bedeutung des Karma; Hamburg, 16. Mai 1910; in: Die Offenbarung des Karma, GA 120.

Reinkarnation und Karma; Berlin, 20. Oktober 1904; in: Grundbegriffe der Theosophie, GA 53.

Erfahrungen über Reinkarnation und Karma durch Gedankenübungen; Stuttgart, 20. Februar 1912; in: Wiederverkörperung und Karma, GA 135.

Karmische Auswirkungen innerhalb der Inkarnationen; Stuttgart, 21. Februar 1912; in GA 135.

Lebensfragen im Lichte von Reinkarnation und Karma; Bremen, 26. November 1910; in: Wege und Ziele des geistigen Menschen, GA 125.

Denken und Wollen in ihrem Verhältnis zum Vergangenheits- und Zukunftsschicksal des Menschen; Oslo, 19. Mai 1923; in: Menschenwesen, Menschenschicksal und Weltentwicklung, GA 226.

Bedingungen und Gesetze des menschlichen Schicksals; Dornach, 16. Februar 1924; in: Esoterische Betrachtungen karmischer Zusammenhänge, GA 235.

Freiheit als Grundlage des Karma; Dornach, 23. Februar 1924; in GA 235.

Die Bildung des Karma zwischen Tod und neuer Geburt; Dornach, 24. Februar 1924; in GA 235.

Literaturhinweise

Emil Bock: Wiederholte Erdenleben. Die Wiederverkörperungs-idee in der deutschen Geistesgeschichte. Stuttgart 1932, [6]1975.

Rudolf Bubner: Evolution, Reinkarnation, Christentum. Stuttgart 1975.

Curt Englert-Faye: Ewige Individualität. Basel 1934.

Rudolf Frieling: Christentum und Wiederverkörperung. Stuttgart 1974, [2]1975.

Otto Julius Hartmann: Der Mensch als Selbstgestalter seines Schicksals. Lebenslauf und Wiederverkörperung. Frankfurt [8]1970.

Friedrich Hiebel: Rudolf Steiner im Geistesgang des Abendlandes. Bern/München 1965.

Friedrich Hiebel: Schutzgeist der Schicksalsforschung. In: Das Goetheanum 1980, S. 117–389.

Max Hoffmeister: Reinkarnation. Achberg 1980.

Manfred Krüger: Literatur und Geschichte – Über die Kunst, das Vergangene als künftig zu denken. Stuttgart 1982.

Hans Erhard Lauer: Die Wiederverkörperung des Menschen als Lebensgesetz der Geschichte. Freiburg 1958.

Hermann Poppelbaum: Schicksalsrätsel. Verkörperung und Wiederverkörperung. Dornach 1949, [3]1980.

Hermann Poppelbaum: Studien über das Schicksal. Dornach 1957, [2]1972.

Hugo S. Verbrugh: ... wiederkommen. Erfahrungen des Vorgeburtlichen und der Reinkarnationsgedanke. Stuttgart 1982.

Günther Wachsmuth: Die Reinkarnation des Menschen als Phänomen der Metamorphose. Dornach 1935, [2]1982.

Herbert Witzenmann: Vererbung und Wiederverkörperung des Geistes. Genf 1974, Neuausgabe Dornach 1982.

Berthold Wulf: Tod, nachtodliches Leben, Wiederverkörperung und die Mysterien Christi. Freiburg 1981.

Zeitschrift für Religions- und Geistesgeschichte, Band 9, Sonderheft «Reinkarnation», 1957, H.2.

Zeitschrift «Die Drei», mehrere Hefte des Jahrgangs 1981.

Rudolf Steiner
Themen aus dem Gesamtwerk

1 Wege der Übung

Herausgegeben von Stefan Leber. 255 Seiten.

Grundlage für die anthroposophischen Forschungsergebnisse bildet der Schulungsweg, auf dem die Erkenntnisorgane zur Erfahrung höherer, übersinnlicher Wirklichkeitsbereiche entwickelt werden.

2 Sprechen und Sprache

Herausgegeben von Christoph Lindenberg. 174 Seiten.

Im Gegensatz zur modernen Linguistik wird hier das Gesamtphänomen der Sprache angeschaut und aus ihrer ursprünglichen Verwurzelung im Sprechen des Menschen entwickelt.

3 Zur Sinneslehre

Herausgegeben von Christoph Lindenberg. 155 Seiten.

Die Sinneslehre Rudolf Steiners beschreibt den vollständigen, zwölfgliedrigen Sinnesorganismus, seine Erfahrungsbreite und seine Bedeutung für das menschliche Leben.

4 Vom Lebenslauf des Menschen

Herausgegeben von Erhard Fucke. 256 Seiten.

Die anthroposophische Menschenkunde kennt den gegliederten Lebenslauf als einen rhythmischen Zeitorganismus, in dem der Mensch die Kräfte und Fähigkeiten der Seele von Lebensepoche zu Lebensepoche entfaltet.

Verlag Freies Geistesleben

Rudolf Steiner
Themen aus dem Gesamtwerk

5 Erde und Naturreiche

Herausgegeben von Hans Heinze. 223 Seiten.

In diesen Vorträgen werden in anschaulicher Sprache eine Fülle von übersinnlichen Beziehungen in der Natur und zum Menschen dargestellt.

6 Naturgrundlagen der Ernährung

Ernährung des Menschen I
Herausgegeben von Kurt Th. Willmann. 171 Seiten.

Die hier gegebenen Darstellungen der Natursubstanzen, ihrer Bildung und Kultivierung, ihrer Stellung in der Natur und ihrer Wirkung im menschlichen Organismus bilden die Grundlage für eine Ernährungslehre, die dem Wesen des Menschen entsprechen will.

7 Ernährung und Bewußtsein

Ernährung des Menschen II
Herausgegeben von Kurt Th. Willmann. 190 Seiten.

Zum Verständnis des Ernährungsvorgangs gehört – über physiologische Gesichtspunkte hinaus – die Erkenntnis seiner Bedeutung für das Leben und für die geistige Entwicklung des Menschen. Das läßt sich nur auf dem Hintergrund eines umfassenden Menschenbildes darstellen.

8 Geschichtserkenntnis

Zur Symptomatologie der Geschichte
Herausgegeben von Christoph Lindenberg. 169 Seiten.

Die Geschichtsbetrachtung Rudolf Steiners versteht die historischen Tatsachen als Symptome für einen Prozeß, aus dem die Entwicklungsimpulse der Menschen, ihres Lebens und ihrer Kultur hervorgehen.

Verlag Freies Geistesleben

Rudolf Steiner
Themen aus dem Gesamtwerk

9 Wiederverkörperung

Zur Idee von Reinkarnation und Karma.
Herausgegeben von Clara Kreutzer. 214 Seiten.

Eine genaue, sachgemäße Betrachtung des menschlichen Daseins zeigt,
daß der individuelle Mensch selbst Ursache für die Entwicklung seines
Lebens ist.

10 Gesundheit und Krankheit

Herausgegeben von Otto Wolff. 192 Seiten.

Zur Begründung einer menschengemäßen Medizin und zur Klärung
der Begriffe Gesundheit und Krankheit bietet der vorliegende Band
die geisteswissenschaftlich-menschenkundlichen Erkenntnisgrund-
lagen.

11 Spirituelle Psychologie

Herausgegeben von Markus Treichler. 310 Seiten.

Das Thema «Spirituelle Psychologie» gehört zu den zentralsten des Ge-
samtwerkes Rudolf Steiners, da die psychologische Methode, die Selbstbeobachtung des Seelischen, die Grundhaltung der anthroposophischen Geisteswissenschaft schlechthin ist.

12 Elemente der Erziehungskunst

Herausgegeben von Karl Rittersbacher. 191 Seiten.

Schon lange vor der Begründung der ersten Waldorfschule hat sich
Rudolf Steiner mit den pädagogischen Bestrebungen seiner Zeit auseinandergesetzt und auch verschiedenste praktische Erfahrungen als Lehrer und Dozent gemacht. Aus dieser Frühzeit stammen die hier gesam-
melten Texte.

Verlag Freies Geistesleben

Rudolf Steiner
Themen aus dem Gesamtwerk

13 Soziale Frage und Anthroposophie

Herausgegeben von Dietrich Spitta. 318 Seiten.

Radikal und mit dem Blick für die den sozialen Problemen zugrunde-
liegenden Tatsachen nimmt Rudolf Steiner Stellung zur Trennung von
Arbeit und Einkommen, zur Frage von Grund und Boden, zur
Friedensproblematik und zur Emanzipation der Frau.

14 Christologie

Herausgegeben von Heten Wilkens. 286 Seiten.

Rudolf Steiners innerstes Anliegen war es, die christlichen Inhalte in das
Licht des modernen, erkennenden Bewußtseins zu stellen und zu
zeigen, daß der anthroposophische Erkenntnisweg einen spirituellen
Zugang zum Christentum eröffnen kann.

15 Das Leben nach dem Tod

Herausgegeben von Frank Teichmann. 280 Seiten.

«Die Geisteswissenschaft weiß, daß die Seele schon im Leibe sich für
das Leben zwischen Tod und Wiedergeburt vorbereitet; und Sinn und
Bedeutung bekommt das Leben zwischen Geburt und Tod, indem wir
hinschauen auf das Dasein zwischen Tod und nächster Geburt ...»

16 Mensch und Sterne

Herausgegeben von Heinz Herbert Schöffler. 186 Seiten.

«Anthroposophie ist ein Erkenntnisweg, der das Geistige im Menschen
zum Geistigen im Weltall führen möchte.»

Verlag Freies Geistesleben

Rudolf Steiner
Themen aus dem Gesamtwerk

17 Vom Wirken der Engel

Herausgegeben von Wolf-Ulrich Klünker. 229 Seiten.

Rudolf Steiner eröffnet dem modernen Bewußtsein wieder einen
Zugang zur Wirklichkeit der Engel. Anthroposophie macht deutlich,
wie wichtig ein Verständnis des Engelwirkens für die Fortentwicklung
der Menschheit ist.

18 Geistige Wesen in der Natur

Herausgegeben von Wolf-Ulrich Klünker. 246 Seiten.

Geistige Wesen in der Natur waren Menschen früherer Zeiten konkret
anschaubar. Ein Abbild davon findet sich in vielen Volksmärchen. Heute wird der Zugang zur Welt der Elementarwesen wieder gesucht.
Rudolf Steiner weist auf Wege hin, wie dieser Zugang bewußt gefunden
werden kann.

Verlag Freies Geistesleben

Praxis Anthroposophie

Verlag Freies Geistesleben

Praxis Anthroposophie

Verlag Freies Geistesleben

Martin Basfeld, Wolf-Ulrich Klünker, Angelika Sandtmann

Einsicht in Wiederverkörperung und Schicksal

168 Seiten, kartoniert.

Im vorliegenden Buch versuchen die drei Autoren aus jeweils anderer Perspektive einen Zugang zum Thema der wiederholten Erdenleben und des Schicksals. Während diese Themen im Bereich der esoterischen Literatur weit verbreitet sind, fehlt eine zeitgenössische Darstellung aus anthroposophischer Sicht schon seit langem.

Hugo S. Verbrugh

… wiederkommen

Erfahrungen des Vorgeburtlichen und der Reinkarnationsgedanke.
160 Seiten, kartoniert.

Der Versuch, das Thema in sachlich-kritischer Weise zu behandeln, geht von wenig bekannten Erfahrungen aus, die mit dem Schwangerschaftsbeginn zusammenhängen. Bereits zu diesem Zeitpunkt kann das Kind als Individualität erlebt werden. Sechs Berichte über derartige Erfahrungen werden hier vorgestellt und diskutiert.

Rudolf Treichler

Die Entwicklung der Seele im Lebenslauf

Stufen, Störungen und Erkrankungen des Seelenlebens.
352 Seiten, Leinen.

Der Autor, Facharzt für Psychiatrie und Neurologie, führend in der anthroposophisch orientierten Psychiatrie, legt mit diesem Werk eine Lebensarbeit vor. Der gesamte Umkreis der seelischen Welt, ihrer Möglichkeiten und Kräfte, erfährt auf der Grundlage des anthroposophischen Menschenbildes eine ausführliche, konkrete Darstellung. Im Rahmen der Entwicklungsgesetze des Lebenslaufes werden die lebensalter-spezifischen Formen des Seelenlebens, ihre natürlichen Anlagen und ihre Tendenz zu Entgleisungen beschrieben.

Verlag Freies Geistesleben